U0881481

新质生产力

>>>> 中国式现代化的引擎

余淼杰 著

NEW QUALITY PRODUCTIVE FORCES <<<

辽宁大学出版社 Liaoning University Press | 沈阳

图书在版编目（CIP）数据

新质生产力：中国式现代化的引擎/余淼杰著．
沈阳：辽宁大学出版社，2025．7．--ISBN 978-7-5698-2370-7

Ⅰ．F120．2

中国国家版本馆 CIP 数据核字第 20257GF501 号

新质生产力：中国式现代化的引擎

XINZHI SHENGCHANLI：ZHONGGUO SHI XIANDAIHUA DE YINQING

出 版 者：辽宁大学出版社有限责任公司

（地址：沈阳市皇姑区崇山中路 66 号　　邮政编码：110036）

印 刷 者：大连金华光彩色印刷有限公司

发 行 者：辽宁大学出版社有限责任公司

幅面尺寸：170mm×240mm

印　　张：22

字　　数：266 千字

出版时间：2025 年 7 月第 1 版

印刷时间：2025 年 7 月第 1 次印刷

责任编辑：徐振利　金　华　陈晓东　田东琰

封面设计：韩　实　高梦琦

责任校对：李天泽　张　蕊　于盈盈　范　微

书　　号：ISBN 978-7-5698-2370-7

定　　价：88.00 元

联系电话：024-86864613

邮购热线：024-86830665

网　　址：http://press.lnu.edu.cn

编写说明

《新质生产力：中国式现代化的引擎》作为《新发展理念：中国式现代化的底色》的姊妹篇，立足于新时代中国经济发展实践，深入剖析了新质生产力的理论内涵与实践路径，系统阐释了其在推动中国式现代化进程中的核心作用。全书分为五篇。首篇从宏观经济视角解读政策方向，分析新质生产力作为改革动力系统的关键地位；第二篇聚焦新质生产力的本质特征，探讨如何通过技术突破、要素配置和产业升级实现高质量发展；第三篇结合区域发展战略，展现新质生产力在促进区域协调发展中的实践价值；第四篇从国际视野出发，探讨高水平开放格局下的发展机遇与挑战；第五篇聚焦人才根本，强调人才培养对发展新质生产力和中国式现代化的基础性作用。

本书兼具政策高度与现实洞察，不仅为政策制定者提供丰富参考，也为关心中国经济发展的广大读者，指明理解新时代中国经济转型升级的路径。通过全面而深入的论述，有力论证了新质生产力作为中国式现代化引擎的重要地位，展现了在复杂国际环境下中国经济高质量发展的光明前景。

《新质生产力：中国式现代化的引擎》和《新发展理念：中国式现代化的底色》这两本书的成稿得益于辽宁大学栗一鸣老师和赵月老师的编辑和整理，也十分感谢辽宁大学出版社徐振利社长、金华副总编等人的大力支持，在此谨致谢忱。同时，也感谢所有为这两本书的出版付出努力的专家学者和出版工作者。

目 录

content

第一篇

综　述

信心2025！解读政府工作报告

三月的两会落幕，2025年中国经济的航向已然锚定。与2024年相比，2025年政府工作报告出现了一些新的亮点，政府对于提振消费、促进科技创新以及提振经济大盘的态度也更加明确和务实。

然而，全球动荡的局势、特朗普政府反复无常的政策以及不断调整的关税政策，都让2025年成为极具不确定性的一年。这样的环境就要求我们树立更大的发展信心，在发展策略上也更强调修炼内功。那么，我们的信心来源于何方？又如何通过修炼内功来增强这种信心呢？

2025年4月5日，央视财经频道《对话》栏目播出《信心2025》节目，邀请第十四届全国人大代表、辽宁大学校长余淼杰，第十四届全国人大代表、清华大学国家金融研究院院长田轩，第十四届全国政协委员、中国社会科学院经济研究所研究员黄群慧三位深度参与全国两会的经济学家一起探寻中国经济稳中求进的底层逻辑和中国经济行稳致远的信心坐标。

解码政府工作报告关键词

主持人：如果想让各位用几个关键词来形容2025年政府工作

报告，你们会用哪些关键词？

余淼杰：我会用三个字，稳、准、实，即稳健、准确和实在。说到稳健，如果我们看两会的政府工作报告，您可以看到它里面提到了2025年我国经济的预期目标包括国内生产总值增长5%左右，城镇新增就业1200万人以上，居民消费价格涨幅2%左右。2025年我国经济的预期目标与2024年的目标基本上是一致的，这体现出了我国经济发展稳健的步伐。

说到准确，今年把扩大内需放在第一位，而且明确地提到这里面有两项工作：一个是提振消费，另外一个是提高投资的收益。从“两重、两新”的角度我觉得是非常好地抓住了现在中国经济迫切需要破解的问题，也就是如何解决内需不足的问题，所以我觉得是准确的。

说到实在，您可以看到今年政府工作报告中提出的举措非常实在，比如将更加积极的财政政策以及适度宽松的货币政策相结合，还有很多区域的、贸易的，以及各种各样的政策的组合拳相搭配。

政府工作报告中的高频词体现出哪些重点？

主持人：发展、改革、创新、建设、民生，这些都是历年政府工作报告当中的高频词。安全、绿色、开放、现代化这些高频词，体现了今年经济工作的哪些重点？

余淼杰：我觉得这些高频词其实是一以贯之的，我也简要讲一讲我对这几个词的理解。比如说“创新”，第一个重要的指标就是研发强度占国内生产总值的指标，我们是2.68%，已经超过或者接近经济合作与发展组织（OECD）的水平，这是第一个。

第二个重要的指标就是基础研究占研发的比重，我们是6.9%，这项指标不错，但其实还可以再加把劲儿。

“绿色”的关键，除了我们所熟知的碳达峰、碳中和以外，还包含非化石能源占一次能源的消费比重。我国在这一领域的目标是在2030年达到25%，这个是“绿色”的重点。

“开放”更加明确，目标是要打造一个更大规模、更宽领域、更深层次的全面对外开放新格局。更大规模，您可以看到，2024年我国货物贸易进出口总值达到43.85万亿元，我个人的判断是，2025年我国的货物贸易进出口总值能够达到45万亿元。

关于民生也是非常明确，比如说怎么样使老百姓的税后收入能够有所增加。只有老百姓的收入增加了，才有钱消费，这是民生的内容。我们所有的目标都是通过这种高质量的发展，实现五个方面的中国式现代化。

AI时代还要学人文吗?

主持人：余校长，您所在的高校是不是也增加了人工智能相关的专业？

余淼杰：对，我们今年扩招了650人。

主持人：人工智能专业增加了多少？

余淼杰：我们正在商量说到底要多一点还是少一点，其实还没有完全定下来，但我们的一个主要目标是发展交叉学科。我觉得思想往往比技术更为重要，这是我一直强调的一点。比如说以前一直在说机器会代替人，但这么多年自动化代替人更多的只是一个互补的过程。所以我觉得如果你要是想知道你的专业好不好，或者担心你以后会不会被机器替代，你就问一个问题：你知道下一步你要想什么吗？如果你都不知道你下面要想什么，机器怎么会知道呢？也许它深度学习之后也很牛，但是相信机器也没有你牛，所以关键是一定要从事有创造性的工作。

个税10万元起征点能撬动多少消费？

主持人：能让大家敢消费、能消费、愿意消费，这是核心。之前余校长提出了一个建议，就是把个税的起征点提高至10万元/年。10万元这个数字您是怎么测算出来的？到底对提振消费有多大的帮助？您有精确地计算过吗？

余淼杰：您可以看到，现在是2018年开始的每个月5000元的起征点，那也就是每年6万元的起征点，如果起征点提高至每年10万元，平均每人每年就相当于可以增加1480元的收入，但这会使财政收入减少735亿元。但是，财政收入减少是不是一定意味着对财政是坏事情，或者对国家的收入是坏事情。我认为不一定，为什么呢？经济学上有一个“边际消费倾向”的概念，大概意思是说如果我增加1元收入的话，我会拿几角钱去消费。我们假设对这些普通老百姓来讲，是5角钱或者4~5角钱，那么735亿元中大概有300多亿元用于消费，这些增加的消费是不是也就创造了就业？因此，我们就能够形成一个减税—增加消费—扩大就业的良性循环。

如何保证高校创新积极性？

余淼杰：对这个问题，我觉得很重要的一点，就是要让学生去研究真实的问题、关注真实的世界。简单来说就是企业出题，政府搭台，高校答题。我们要研究真实的问题，通过真实的问题来找出我们现在真正要解决的问题。

2025年外贸会创新高吗?

朱弢（《财经》杂志副主编）：我的问题提给余校长。刚才余校长做了一个预测，就是2025年我国的进出口总额会创下一个新高。其实2024年中国的进出口总额就已经比较高了，特别是达到了一个万亿逆差的这么一个世界之最。刚才大家也都说了，接下来的外部环境是很难预测的，它有不确定性。那么在这种不确定性下，余校长怎么那么确定地说今年会创下一个新高？如果说要达到您预测的水平，需要做哪些突破？

余淼杰：我们现在面临着非常大的不确定性，这是一个事实，因为某些国家采取贸易保护主义，实行贸易单边行径。对此，全世界的很多国家都会反制，各国对美国的贸易额会越来越少，剩下的市场其实更加需要中国的贸易。所以从这个角度上看，我在“危”和“机”中看到的更多是“机”。

如果说从具体的政策上来看的话，您可以看到今年的政府工作报告、中央经济工作会议、党的二十届三中全会，都考虑了这几点。

第一点是中间品的贸易。以前我们是出口最终品，换言之我们的劳工成本比较便宜。但现在不一样了，我国将一部分劳动密集型产业都转移到东亚、东南亚国家去。所以现在变成了我们代替原来的日本和韩国来做中间品。

另外一点，您也可以看到我们现在特别强调跟多边和周边的合作。我一直对“一带一路”有一个核心的观点，我认为陆上丝绸之路应该向东发展，海上丝绸之路应该向北发展。俄罗斯远东地区的面积有650万平方公里，而居住人口只有650万人，那么企业家应该多到这边去投资。我一直认为日本、韩国是我们主要的经贸国，所以我们应该继续抓住中、日、韩自贸区的建设。如果说中、日、韩自贸区一落地，辽宁省特别是大连市它的开放要也变成“桥头堡”。

所以您可以看到海上丝绸之路向北发展也特别的重要。

2025年产业的“惊喜预言”

主持人：回顾一下最近一段时间以来，我们火爆的一些话题性的行业和产业，比如说《黑神话：悟空》《哪吒2》、DeepSeek等等。这些行业和产业可能不是传统意义上我们认知的中国的优势产业，但是它就已经爆发出来了。余校长认为下一个给我们带来惊喜的产业是什么？

余淼杰：我是选了人工智能。从产业的角度来看，如果咱们对比中美两国，我个人认为“人工智能+”是中国能够弯道超车的一个最重要的行业，所以正是因为“人工智能+”的出现，中美两国的差距才会快速缩小，所以我也同意田老师刚才所讲的，类似于20世纪二三十年代的互联网。我觉得新材料、新能源和新技术的出现，是后发国家能够发挥后发优势的一个主要的抓手。

主持人：在今天节目的最后，想请问各位嘉宾，如果让您用一句话来展现你们对中国经济的信心，您会怎么来形容2025年的这个春天？

余淼杰：2025年春暖花开，风景这边独好。

主持人：在2025年的这个春天，我们看到中国经济在风浪当中继续奋然前行，我们也期待着我们每一位奋斗者都能感受到GDP的温度，只有这样才能让中国经济行稳致远。

来源：CCTV《对话》、钛媒体　2025年04月05日，有改动

以新促质、以新提质是新质生产力的核心

2024年3月5日，备受瞩目的2024年政府工作报告出炉，并提出了2024年我国发展主要预期目标，包括国内生产总值（GDP）增长5%左右，城镇新增就业1200万人以上，居民消费价格涨幅3%左右，粮食产量1.3万亿斤以上，单位国内生产总值能耗降低2.5%左右。

过去的2023年，中国经济行稳致远，取得了GDP增长5.2%的好成绩。2024年，中国经济要怎么拼？怎么干？

2024年3月5日晚，在《新京报》贝壳财经两会经济策直播中，全国人大代表、辽宁大学校长余淼杰表示，中国经济长期向上、稳中向好的态势没有发生改变。首先，中国正在形成统一的国内大市场，有需求优势；其次，中国有全产业链的优势，还有产业集聚的特色，这是供给优势；再次，我国高水平、高层次人才越来越多，这是人才素质优势；最后，我们的大国体制能够集中力量办大事，这是制度优势。“我认为，中国成为21世纪上半叶最具有潜力的经济体没有问题。我对中国经济未来发展充满信心。”

2024年的政府工作报告“准、真、实”

在直播间，余淼杰用“准、真、实”三个字形容自己对2024年政府工作报告的感受。

之所以说“准”，是因为“政府工作报告对过去一年的国际国内环境用了‘异常复杂的国际环境和艰巨繁重的改革发展稳定任务’这样的表述，我认为这个表述既客观又准确”。

余淼杰称，“第二个字是‘真’，今年不少省份设定的国内生产总值（GDP）预期增速目标比政府工作报告中提到的预期目标要高。比如，辽宁省2024年的国内生产总值（GDP）增长目标定为5.5%，湖北省则定为增长6%，但政府工作报告还是将目标定在5%左右，并不是说今年只增长5%，而是体现一种求真务实的态度。”

余淼杰进一步表示，第三个字是“实”。“政府工作报告提到，实现预期目标，要从十个方面着手，包括加快发展新质生产力、实施科教兴国战略、扩大国内需求、深化改革等，出的招都非常实。”

以新促质、以新提质是新质生产力的核心

值得一提的是，2024年政府工作报告将“大力推进现代化产业体系建设，加快发展新质生产力”列为十大任务之首。如何理解新质生产力？如何加快发展新质生产力？

在余淼杰看来，提高全要素生产率是实现新质生产力的抓手。正如诺贝尔经济学奖得主克鲁格曼教授曾提出的，“生产率

不是一切，但在长期中近乎一切"，可见生产率的重要性。"具体而言，平时提到的AI（人工智能）、元宇宙、生物制药、商用航空等都属于新质生产力的范畴，新质生产力之所以'新'，是因为有新产品、新业态、新形式，关键在质优，以新促质、以新提质是新质生产力的核心。"

余淼杰进一步表示，在发展新质生产力时，一定要统筹好与传统产业之间的关系，先立后破，新的立起来，才能破旧的，避免出现经济结构的断层。换言之，大家不要一哄而上，而要因地制宜，根据不同地方的资源禀赋选择适合发展的优势行业。此外，发展新质生产力，也要避免脱实向虚，要坚持服务实体经济。

余淼杰认为，新质生产力的源泉是创新，只有加大研发强度，才能实现新质生产力的落地。官方数据显示，2023年，我国研究与试验发展（R&D）经费支出占国内生产总值的2.64%，还可以进一步提高。此外，更为重要的是要提高基础研究经费投入的比重。2023年，我国基础研究经费占研究与试验发展（R&D）经费支出的6.65%。"十四五"期间，我国基础研究经费投入占研发经费投入有望达8%左右，还有提升空间。

以进促稳，发展是硬道理

2024年政府工作报告还特别提出，各地区各部门要多出有利于稳预期、稳增长、稳就业的政策，谨慎出台收缩性、抑制性举措，清理和废止有悖于高质量发展的政策规定。

在当下如何才能进一步稳预期？余淼杰表示，要稳预期，必须坚持推进中国式现代化建设，同时要坚持高质量发展，只有实现经济的高质量发展，才能保障高水平的安全。

余淼杰进一步表示，我们还要坚持深化改革和对外开放，实现更大规模、更宽领域、更深层次的开放。但是，稳预期最重要的一点还是要做好全国统一大市场，只有实现统一大市场，才能发挥我国超大规模的市场优势，充分挖掘我国内需潜力。此外，还需要进行供给侧结构性改革，通过培育新质生产力实现我国经济的高质量发展。同时，“三驾马车”（最终消费支出、资本形成总额、货物和服务净出口）协同发力，应对有效需求不足的问题，这样才能保证经济稳中求进。“以进促稳，发展是硬道理，所以，稳定信心的前提是继续深化改革，继续对外开放，继续协调好供给侧结构性改革和应对有效需求不足。”

来源：《新京报》 2024年03月06日，有改动

记者：潘亦纯

提升全要素生产率

2024年以来，发展新质生产力被多次强调，多个部门都推出了推动加快发展新质生产力的各项措施。但也应看到，目前市场上对新质生产力的理解还存在一些误区。如何正确理解新质生产力，提升全要素生产率？

科学地理解新质生产力

理解新质生产力要从两个方面入手：第一，为什么要大力发展新质生产力？第二，如何大力发展新质生产力？

第一个问题，为什么要大力发展新质生产力？当前，我们正面临百年未有之大变局，国际环境发生深刻变化，国内也面临艰巨繁复的改革发展任务。在这样的背景下，中国经济增长模式已由高速增长转向高质量发展。过去粗放式的增长模式主要是依赖包括资金、土地、人力、能源等基本生产要素的低成本来实现的。而当前人工成本上升，资本流通随着逆全球化思潮抬头，也不像过去那么顺畅，资本成本也在上升，种种生产要素成本提高使得粗放式经济增长模式必须转变。而高质量发展的核心是集约式增长，其内涵是提升全要素生产率，从而实现新质生产力的提升。

进一步看，在新发展阶段，高质量发展体现在四个方面，即生产、流通、消费和分配，其中的“牛鼻子”就是生产。从微观的层面看，生产的高质量发展就是要实现产品附加值的提升、产品质量的提高、企业全要素生产率的提升，乃至整个行业形成全产业链、三大产业合理协调发展的生产体系。其中，最关键的是企业全要素生产率的提升，这也是新质生产力提升的核心。全要素生产率是指当控制了资本、劳动、土地、能源乃至数据等投入后，产品产量依然能够提高的部分，其中提高的来源就在于技术的进步。全要素生产率的进步就是技术的进步，而新质生产力的核心又在于全要素生产率的提升。换言之，新质生产力的提升就在于技术进步与科技创新。

新质生产力提升的核心是全要素生产率的提升，但其涵盖的范畴却远不止于此，还包含塑造与新质生产力发展相适应的新型生产关系，这与对新模式、新业态的培育密切相关。

第二个问题，如何大力发展新质生产力？新质生产力是符合新发展理念的先进生产力质态，其抓手一个是“新”、一个是“质”，源泉来自创新，关键在质优。以新促质、以新提质是理解新质生产力的关键所在。

首先，我们必须认识到，创新是五大新发展理念的首要理念，是必须完整准确理解并坚决贯彻的新发展理念之一。创新要从科技创新和技术进步两个方面去理解，科技创新和技术进步是有所区别并共同发展的：科技创新是从无到有、“从0到1”，技术进步则是深化应用、“从1到N”。科技创新能够催生新产业、新模式、新动能，是发展新质生产力的核心要素，没有“从0到1”，就无法实现“从1到N”，更无从形成新质生产力。那么，在发展新质生产力的过程中，如何发挥创新的作用？

一方面，要加强科技创新，特别是原创性、颠覆性科技创新，加快实现高水平科技自立自强，打好关键核心技术攻坚战，培育发展新质生产力的新动能。对于原创性创新，要提高研发投入和基础研发占比。2022年中国基础研究经费占研究与试验发展（R&D）经费的比重为6.57%，这一比率应当进一步提升，到“十四五”结束时提升到7%甚至接近10%的水平。另一方面，要大力发展应用研究。一般来说，基础研究主要靠有组织的科研机构的集体攻坚，而运用型的技术改进则可以靠小企业百舸争流，靠小企业密集的技术进步。对此要做好产学研用的结合，包括蓝图产品化和产品产量化两个阶段，以实现产品在行业内的大规模生产。只有实现产学研用的结合，才能实现新产业、新模式、新动能的发展，进一步实现科技原创性创新和技术进步的同频共振、同步发展。我们还应进一步破除体制机制障碍，推动产学研用深度融合，创新链、产业链、资金链、人才链深度融合，加快科技创新成果向现实生产力转化。

其次，创新、创造的最主要的行业载体应该是具有代表性的新兴产业、未来产业。比如，新材料、航空航天、低空经济、机器人、生物医疗设备、新能源汽车、集成电路装备、人工智能、元宇宙、深海开发、增材制造、柔性电子、氢能储能、细胞治疗、生物育种等产业。同时，做好“三篇大文章”（改造升级“老字号”、深度开发“原字号”、培育壮大“新字号”），对原材料行业进行产品的技术创造、革新、更新换代，拉长初级产品产业的附加值链条，实现“延链拓值”。此外，还要更好地利用数字经济的载体。这要求我们保证数字技术达到一定先进水平，只有数字技术形成产业化，从蓝图变成产品，再从产品变成产业后，才能大力发展产业的数字化，打造具有国际竞争力的数字产业集群。

再次，发展新质生产力，还需要深刻认识新质生产力并不是简单追求GDP的增长，而是实现人与自然的和谐。因此，必须大力发展绿色生产力，做好“先立后破”，发展新型绿色产业，做好风光火核储一体化的推进，逐步降低传统能源的比重。在具体落地上，要加快绿色创新和先进绿色技术的推广应用，比如碳捕捉的技术；同时，落地绿色制造产业，比如中国在新能源汽车制造业上已经取得了一些成绩。总之，我国应通过加快发展绿色服务业、绿色能源、低碳供应链等产业，构建绿色循环经济体系。

最后，要做好各种经济政策工具箱的应用，把宏观政策、货币政策、产业政策、能源政策、民生政策等结合起来，从宏观的、一体化的角度运用，以促进实现新质生产力的更好培育与发展。

培育新质生产力，提升供需适配性

新质生产力的发展通过科技创新，强化新型要素供给，进而助力优化供给结构，提高供给质量，提升供给体系对国内需求的适配性。党的二十大报告提出，“把实施扩大内需战略同深化供给侧结构性改革有机结合起来，增强国内大循环内生动力和可靠性”，“着力提高全要素生产率”。2023年中央经济工作会议再次强调，必须坚持深化供给侧结构性改革和着力扩大有效需求协同发力，发挥超大规模市场和强大生产能力的优势，使国内大循环建立在内需主动力的基础上，提升国际循环质量和水平。供给侧结构性改革的重要工作内容就是要培育新质生产力，这是重中之重。因为只有培育了新质生产力，我们的竞争优势才能够充分地体现出来，企业的全要素生产率才能更好地体现出来，才能够依托创新驱动，补齐供给短板，不断创造出新供给，不断提高满足市场新需求的能力，进而实现需求牵引供给、供给创造需求的更高水平的动态平衡。

供给侧结构性改革的主要内容包括四个方面：供给，需求，流通，分配。如果再展开一点的话，供给侧的高质量发展包括产品附加值的增加、产品质量的提高、企业全要素生产率的提升。我们希望能够看到产业集聚的良好态势，构建全产业链的完整体系，更希望看到三大产业协调统一发展，这是供给侧的高质量发展。

需求侧的高质量发展是，希望产品能够满足老百姓各种各样的需求，能形成个性化、多样化的需求。从流通的角度看高质量发展，我们要加快构建全国统一大市场，降低物流的成本，包括物流畅通，还有各种隐性成本和显性成本的下降。在分配的高质量发展方面，我们希望能够按照要素分配。

我们应通过大力发展以新制造、新服务、新业态为主要内容的新质生产力，强化新型要素供给，推动供给侧结构性改革，进而创造以数字消费、绿色消费、健康消费等为主要内容的新型消费，以新型基础设施等为主要内容的新型投资以及以中间品贸易、服务贸易、数字贸易等为主要内容的新型出口，从而提振需求。

此外，因地制宜发展新质生产力尤为重要。以辽宁省为例，辽宁省以“三篇大文章”推动产业转型升级，体现了新质生产力的重要性。辽宁省需审视自身的比较优势，注重“老字号”传统产业转型升级和“原字号”价值链的拓展，这在新质生产力的发展中非常关键。比如，在新能源汽车方面，沈阳应专注于新能源汽车在极寒条件下的续航能力的研究，以发挥地域优势。沈阳的数字化、智能化应围绕老字号、原字号、新字号展开，特别是在锂电池技术上若取得突破，将有力推动新质生产力的发展。

来源：中新经纬、学习强国　2024年07月09日，有改动

彰显中国经济稳进发展的信心

2025年3月5日，第十四届全国人民代表大会第三次会议在北京人民大会堂开幕，国务院总理李强作政府工作报告。报告勾勒出2025年经济工作最新“施工图”。其中，经济增长目标定在5%左右，赤字率拟按4%左右安排。2025年的目标释放了明确的信号：稳是大局和基础，进是方向和动力。2025年中国经济应该如何发力？《社会科学报》专访了全国人大代表、辽宁大学校长余淼杰教授。

记者：2025年政府工作报告中首次提出“更加积极的财政政策”，将连续实施了14年的“稳健的货币政策”调整为“适度宽松的货币政策”，请问您如何解读这样的宏观政策组合？

余淼杰：我们现在面临着严峻复杂的国际环境，也面临着艰巨繁重的国内改革发展任务。从中长期来看，中国面临两个挑战：一个是人口老龄化的挑战，另一个是逆全球化思潮抬头的挑战。从近期来看，中国经济面临三个方面的挑战：一是需求疲软；二是供给受到冲击；三是因为需求的疲软和供给的冲击而出现市场不畅。中国经济像其他国家经济一样，面临诸多挑战。2025年中国经济应该从多个方面发力。

相对于需求疲软态势，最重要的是实施积极的宏观政策，具体是实施更加有力的财政政策和适度宽松的货币政策，以此扩大需求。如果说需求比较疲软，那么主要原因就是内需不振。提振需求最重要的办法就是提高老百姓的收入水平，因为只有老百姓的真实收入得以增加，消费才能提高。提高老百姓的收入，一是“提低”，二是“扩充”。“提低”是提高低收入群体的收入水平，特别是加大对城镇居民在医疗卫生方面的财政补贴，更重要的是通过减税降费来提高老百姓的收入。如果要切实提高收入，前提是要保证充分的就业。这就要靠积极的宏观政策，主要是积极的财政政策和适度宽松的货币政策。

在财政政策方面，2025年政府工作报告提出，实施更加积极的财政政策，2025年赤字率拟按4%左右安排。除了赤字财政之外，我们还要安排超长期的国债。除了必要的发展之外，这些钱主要投在“两重”方面，即重大的项目以及关系到国家安全的重要项目，这应该是财政政策的发力点。

在货币政策方面，货币政策安排与以往不一样，2025年采用适度宽松的货币政策。那么，货币政策适度宽松到什么程度，或者说最优货币量到底是多少呢？对于这个问题，经济学有一项研究：广义货币通常是国内生产总值（GDP）的2倍左右。假设2025年国内生产总值在135万亿元左右，如果按照2倍算，那就是270万亿元左右。要保持总量和结构的最优配置，确保货币总量与经济增速保持一致。同时，要确保资金进入实体经济的渠道畅通，统筹宏观审慎政策与经济发展的需要。如果积极的财政政策与适度宽松的货币政策两个方面共同实施，今年拉动内需的前景还是比较光明的。

记者：2025政府工作报告中提出，因地制宜发展新质生产力，加快建设现代化产业体系，推动科技创新和产业创新融合发展。您认为培育新质生产力应该从哪些方面发力？

余淼杰：可以从三个方面来发力：一是生产要素和创新性的配置，二是技术革命性的突破，三是产业的深度转型升级。从产业的深度转型升级来讲，要做好“三篇大文章”，也就是原材料产业要提高附加值，延伸它的价值链；传统产业要用数字化、智能化进行深度赋能；更重要的是打造一批新兴的、战略性的前瞻产业。新兴的、战略性的前瞻产业之所以重要，是因为在中美长期的博弈中，我国新兴的战略性产业与美国各有千秋，因而我们可以发挥发展中国家的“后发”优势，从后面弯道超车赶上。新兴战略性产业涉及八大产业，即新一代信息技术、新能源、新材料、高端背景、新能源汽车、绿色环保、民用航空、船舶与海洋工程装备。具体模式、具体落地的产业可能是“低空经济”。我们可以看到粤港澳大湾区，特别是珠海现在推出的“低空经济”，事实上是2025年经济增长的一个新的引擎。

记者：2025年政府工作报告指出，要纵深推进全国统一大市场建设。加快建立健全基础制度规则，破除地方保护和市场分割，打通市场准入退出、要素配置等方面制约经济循环的卡点、堵点。政府工作报告连续两年专门部署统一大市场建设，请问您作何理解？

余淼杰：只有把全国统一大市场构建起来，才能够充分发挥我国超大规模市场优势，才能真正把我国从原来靠劳动力比较便宜、资源比较丰富的一种基于要素禀赋的发展模式，转变为经济规模集中增长、集中增加的模式。这是一种模式转变。

我们要形成一个高度统一的要素市场，比较重要的生产要素就是资金、人员、土地、能源、中间品及数据六大生产要素。要从六大生产要素入手打造一个全国统一大市场。培育新质生产力，重要的是要做研发。但研发是有风险的，是要“烧钱”的，这个风险的投资来自哪里？如果是原创性的资金、原创性的项目，当然是靠国家投资。但是很多技术的改进，可能更重要的是靠社会投资，这也是党的二十届三中全会和中央经济工作会议特别强调社会资本，特别强调公募基金作用的原因。

从要素市场统一的角度来看，还有一点非常重要，就是数据，要打造一个数据的全国统一大市场。首要工作就是打造“数字政府”，要保证政府各部门之间的数据是共享且一致的，这样数字经济才能够进一步有效地、健康地发展。构建全国统一大市场的目标或者终点是商品和服务市场的统一。当下商品市场的统一已经做得差不多了，下一步的目标是服务市场的统一以及我国内外贸产品的统一。要实现“三同”——同质、同线、同标，即同等质量、同条生产线、同个标准，以此推进内外贸产品质量一体化、标准一体化。

如果起点是要素市场统一，终点是产品和服务市场的统一，路径则是不断降低各类交易成本。交易成本分为两大类：一类是有形的交易成本，比如固定成本。现在我国的基础设施得到进一步改善，物流成本不断下降，这是有目共睹的。另一类是隐形的交易成本。除了降低有形的交易成本之外，降低隐形的交易成本也非常重要。这就要求各地优化政治生态，改善营商环境。现在从国家监管的角度推出了大数据的监督，大数据监督的目的其实就是打造良好的营商环境，有效改善投资环境，从而有效降低隐形的交易成本。从国家层面看，由国家市场监督管理总局来保障，可以做到有法可依、有法必依、执法必严、违法必究。

记者：2025年政府工作报告中提出，要扩大高水平对外开放，积极稳外贸稳外资。无论外部环境如何变化，要始终坚持对外开放不动摇，稳步扩大制度型开放，有序扩大自主开放和单边开放，以开放促改革促发展。您认为应该如何构建全面开放新格局？

余淼杰：首先要做好判断，我们现在是不是还处在一个全球化的时代。如果“是”，我们有“是”的应对方法；如果“不是”，我们有“不是”的应对方法。有人认为中美经贸博弈加剧，因而现在可能不是处于一个全球化的时代。其实这并不意味着现在已经不是全球化时代了。第一个判断是这几年全球的经贸总和在不断上升。具体来看，2018年全球经贸的服务贸易加商品贸易总额共51万亿美元，2023年底总额是64万亿美元，所以尽管逆全球化趋势抬头，但是全球经贸总和在不断提升。第二个判断是衡量全球化的基本特征并没有发生改变。衡量全球化的两个基本特征是生产的专业化、地区化和贸易的多边化、全球化。比如，手机有很多个零部件，每个零部件分别由每个国家和地区专业化生产，然后卖到全世界各个地方。前面的行为叫作生产的专业化、地区化，后面的行为叫作贸易的多边化、全球化。这两个特征并没有发生根本性变化，所以全球化依然是主流。

我们现在追求的是普惠、互惠、包容的经济全球化。请注意互惠、包容这两个形容词，它并不是排他性的，也不是某国优先或某国独大，它是包容的。经济基础决定上层建筑，正是因为有普惠、互惠、包容的经济全球化，所以我们追求平等、有序的世界多极化。多极化前面还有两个形容词——平等而有序，这是我们的目标。达到这样的目标就是要构建全面开放的新发展格局。

这可以从几个方面展开：出口目的地的多元化，进口规模的扩大化，大力推进服务贸易，服务贸易应该扩总量、调结构、树特色，继续引进外资。要鼓励企业到海外去投资，不仅要“走出去”，还要“走进去”“走上去”。要积极地推进从要素型开放向制度型开放转变，特别是推进“一带一路”的差异化发展。

我们今年需要努力做的工作有：一是实施积极的宏观政策，包括更加积极的财政政策和适度宽松的货币政策；二是通过培育新质生产力，增强我国价值链、生产链的韧性；三是积极推进构建全国统一大市场；四是积极构建全面开放新格局。通过四个方面的工作，我们可以对中国经济充满信心，2025年中国经济保持5%左右的增速是大有希望的。

来源：《社会科学报》 2025年03月13日，有改动

中国经济，在风浪中强健体魄、壮实筋骨

2023年，我国经济回升向好，高质量发展扎实推进，全面建设社会主义现代化国家迈出坚实步伐。

察势者智，驭势者赢。2024年政府工作报告指出，综合分析研判，今年我国发展面临的环境仍是战略机遇和风险挑战并存，有利条件强于不利因素。2024年，我们将如何聚焦经济建设这一中心工作和高质量发展这一首要任务，让中国经济继续在风浪中强健体魄、壮实筋骨？本刊特邀请代表委员辽宁大学校长余淼杰、浙江省湖州市市长洪湖鹏、民建上海市委副主席杨成长进行分析。

长期向好的基本面不会变

记者：2023年以来，我国经济持续回升向好，高质量发展扎实推进。2024年是实现“十四五”规划目标任务的关键一年，请您谈一谈对中国经济发展特点及未来走势的认识。

余淼杰：中国经济韧性强、潜力大、活力足，长期向好的基本面不会改变。主要体现在：我国有14亿多人口的庞大消费人群，是全球第二大消费市场，全国统一大市场的形成对中国经济长线增长起到巨大促进作用，超大规模市场优势正在逐步释放；

我国拥有庞大的工业体系，产业集聚有利于实现规模经济增长，全产业链供给优势明显；劳动力和人才素质普遍较高，科技创新动能强劲，人才红利正在不断释放；社会主义市场经济体制能够保证各项政策得到贯彻落实。这几大优势及其组合效应，使得中国经济长期向好的基本面不会改变。

洪湖鹏：过去一年，中国经济“稳”的基础在不断夯实。2023年我国国内生产总值同比增长5.2%；居民消费价格指数同比上涨0.2%，消费对经济增长的贡献上升，在国内大循环中的主体作用增强。同时，“进”的动能在加快蓄积。高水平科技自立自强迈出新步伐，传统产业加快转型升级，战略性新兴产业蓬勃发展，未来产业有序布局。2024年政府工作报告显示，2023年我国电动汽车、锂电池、光伏产品“新三样”出口增长近30%。“好”的态势在持续增强。随着新发展格局加快构建，内需市场潜力加速释放，2023年最终消费支出对经济增长的贡献率达到82.5%，高质量发展扎实推进。

杨成长：党的十八大以来，我国经济结构不断优化，协调发展成效显著。我国积极推动供给侧结构性改革，产业科技化、数字化和生态化效益正在显现，产业的竞争力和安全性进一步提升。2024年政府工作报告提出国内生产总值增长5%左右的发展目标。可以预见，在未来几年我国经济会在合理增长区间内持续稳定健康发展。

扎实推进高质量发展

记者：当前，我国经济恢复仍处在关键阶段，回升向好、长期向好的基本趋势没有改变，但也需要克服一些困难。请您谈一谈中国经济如何进一步巩固回升向好基础。

余淼杰：面对百年未有之大变局和艰巨繁重的改革发展稳定任务，中国经济也有前进中的困难、发展中的烦恼。这要求我们完整、准确、全面贯彻新发展理念，实现创新成为第一动力、协调成为内生特点、绿色成为普遍形态、开放成为必由之路、共享成为根本目的的高质量发展。现阶段，要注重有力有效推进乡村全面振兴，集中力量抓好办成一批群众可感可及的实事，加快构建全国统一大市场，充分挖掘我国超大规模市场的优势和潜力。

洪湖鹏：促进高质量发展，要更好统筹经济质的有效提升和量的合理增长。要持续增强创新引领力，聚力推进关键核心技术攻关，大力发展战略性新兴产业，着力推进新型工业化。持续发挥内需驱动力，既要培育壮大数字消费、绿色消费等新型消费，也要稳定和扩大传统消费，完善促进消费的长效机制。持续提升外贸综合竞争力，加快培育服务贸易、数字贸易、跨境电商等新业态新模式；持续提升政策牵引力，强化宏观政策逆周期和跨周期调节，加强政策工具创新和协调配合，更好支持实体经济发展。

杨成长：推动高质量发展，要着力扩大国内需求。要完善相关政策措施，把推动出口增长作为提升需求的一个重要抓手。多措并举，激发有潜能的消费，培育壮大新型消费，把中央关于绿色家电、绿色建材的补贴政策和激励政策落实到位。在投资方面，大力发展科技服务业、数字服务业等，创新金融产品和金融服务方式，更好地服务企业设备更新和技术改造。

更好激发内生动力和创新活力

记者：习近平总书记在参加他所在的十四届全国人大二次会

议江苏代表团审议时强调，完善落实“两个毫不动摇”的体制机制，支持民营经济和民营企业发展壮大，激发各类经营主体的内生动力和创新活力。请您谈一谈如何通过一系列举措深化重点领域改革，促进民营经济发展壮大。

余淼杰：民营经济是我国经济的重要组成部分，在国民经济中发挥着重要作用。民营经济要取得进一步发展，既要充分保证民营经济准入，又要强化要素支持，优化涉企服务，加强法治保障，让法治成为最好的营商环境。

洪湖鹏：促进民营企业发展壮大，在市场准入上，要全面落实公平竞争政策制度，积极支持民营企业承担国家重大科技项目，参与全球范围产业分工和资源配置。在要素获取上，加快推进全国统一大市场建设，使各种所有制经济依法平等使用生产要素、公平获取市场资源。在公平执法上，依法公开监管标准和规则，增强监管制度和政策的稳定性、可预期性。在权益保护上，健全对各类所有制经济平等保护的法治环境，为民营经济发展保驾护航。

杨成长：数据要素市场的培育、发展和健全是深化重点领域改革的关键，要建立适应并服务新质生产力发展要求的市场体系和相关市场制度。要以科技作为动力、金融作为催化剂，推动高科技产业持续稳定发展。要打通数字科技产业循环过程中的堵点，推动更多科技成果转化为现实生产力，提升高科技产业竞争力。

来源：《光明日报》 2024年03月06日，有改动

记者：刘华东　张文骁

评估经济发展应更重视国民生产总值（GNP）

党的二十届三中全会于2024年7月15日至18日在北京举行。

全会审议通过了《中共中央关于进一步全面深化改革、推进中国式现代化的决定》（以下简称《决定》）。

2024年7月21日《决定》全文出炉。《决定》对进一步全面深化改革、推进中国式现代化问题提出了更为具体的论述。

围绕高水平对外开放、构建全国统一大市场、完善城乡融合发展体制机制等话题，国际经济学会会士、辽宁大学校长余淼杰接受财联社记者专访。

以下为访谈实录：

党的二十届三中全会的亮点之一就是指明了改革与中国式现代化的关系。

财联社：对于党的二十届三中全会精神，您有哪些体会？

余淼杰：我认为此次会议最大的亮点之一就是指明了改革与中国式现代化的关系。《决定》明确指出，中国式现代化是在改革开放中不断推进的，也必将在改革开放中开辟广阔的前景。这两者之间是辩证统一、螺旋式上升的关系。换言之，改革是推进中国式现代化、实现中国式现代化的永续发动机。

党的二十大报告从五个方面概括了中国式现代化的中国特色，党的二十届三中全会强调进一步全面深化改革、推进中国式现代化，对进一步全面深化改革作出系统部署，强调十四个方面重大改革举措。

继续巩固并扩大制度型开放

财联社：《决定》提出，要完善高水平对外开放体制机制。高水平对外开放，高在何处？从哪些角度理解？

余淼杰：首先，开放是中国式现代化的鲜明标识。我们主张“以开放促改革，以改革带发展”。超大规模市场优势是开放的重要依托，这决定了国家是净进口国还是净出口国，而这又取决于企业实力。若企业不能实现规模经济递增，市场规模扩大反而会增加对外国产品的需求，使国家成为净进口国；若企业能够实现规模经济递增，就可以通过将所生产的差异化产品销往全球各地，使国家成为净出口国。

这也从另外一个角度解释了双循环的有机统一，即利用全国统一大市场和国际市场，以内循环促进外循环的形成，其中内循环是动力，而构建全国统一大市场则是确保超大规模市场优势的关键起点。

其次，继续巩固并扩大制度型开放。过去的开放主要是要素型开放，借助劳动力资源优势和出口劳动密集型产品。但随着市场规模的持续扩大，我们不仅出口劳动密集型产品，还出口资本密集型产品。制度型开放涉及要素型的比较优势，更包括在规则、规制、标准、管理四个层面的开放：规则讲的是世界贸易组织（WTO）的规则；规制讲的是国内特殊例外条款；标准讲的是行业的标准；管理讲的是企业的管理。我们应从这四个方面对标对表《全面与进步跨太平洋伙伴关系协定》（CPTPP）或其他高水平经贸协定来推进改革。

应更加重视国民生产总值（GNP）

财联社：在深化外商投资和对外投资管理体制的改革方面您有哪些建议？

余淼杰：具体而言，我建议未来在评估经济发展时，除了关注国内生产总值（GDP）的增长，还应更加重视国民生产总值（GNP）。随着越来越多的国企和民企“走出去”，海外收入计入国民生产总值（GNP）。对开放度高的国家，国民生产总值（GNP）往往会远大于国内生产总值（GDP）。

此外，外商投资和对外投资管理体制改革应包含诸多方面的具体措施。例如，“一带一路”倡议中陆上丝绸之路的重点是向东延伸，海上丝绸之路则重点向北拓展，东北地区作为海陆大通道，将成为国内的战略重心，这是顺应时势发展的必然选择。

财联社：《决定》强调，构建全国统一大市场。推动市场基础制度规则统一、市场监管公平统一、市场设施高标准联通。您认为建设全国统一大市场应该从哪些方面发力？

余淼杰：我认为构建全国统一大市场是改革的重要目标之一，要从四个方面发力建设全国统一大市场。一是构建要素市场的全国统一大市场，这是起点。二是坚持产品和服务市场的统一，这是重点。三是降低各类交易成本，包括显性交易成本和隐性交易成本，这是过程。四是全面推进依法治国，这是方式和保障。

需注重逆周期货币政策和利率的市场化改革

财联社：《决定》明确提出，健全推动经济高质量发展的体制机制，健全宏观经济治理体系。您如何看待宏观调控和政府治理的区别？

余淼杰：科学的宏观调控和有效的政府治理也要有所区别。政府的治理是国家管理的重要组成部分，但并不完全相等。鉴于此，我们既要强化宏观层面的政府治理能力，也要精准实施具体的宏观经济政策调控。

宏观经济政策一般会涉及财政政策和货币政策，通常两者要相结合。比如，针对目前的经济形势，我们实施积极的财政政策和稳健的货币政策。

党的二十届三中全会对财政政策作出部署，提出要推进财税方面的改革。在部署财政政策改革方面，未特别强调货币政策，而是将其纳入更广泛的金融范畴。统筹推进财税和金融领域改革，将货币作为金融改革工具，与金融强国紧密相关，需注重逆周期的货币政策和利率的市场化改革。

城乡协调发展是大势所趋

财联社：党的二十届三中全会还提出，完善城乡融合发展体制机制。据您观察，这背后有何现实逻辑？

余淼杰：党的二十届三中全会特别强调了其中的新型工业化和城镇化，因为信息化是赋能新型工业化和城镇化的工具，农业现代化是保障，因而更加强调新型工业化和城镇化的协调发展。

如果工业化过快、城镇化滞后会导致对劳动力的需求增多、供给不足，工资上升、企业利润下降，无法实现效益最大化、成本最小化和效率最优化。

反之，如果城镇化过快、工业化不足，就会导致城市“就业难”、贫困人口聚集以及社会不稳定。

因此，协调发展是大势所趋。目前，我们处于工业化相对超前而城镇化不足阶段，面临乡村空巢化的挑战，因而提出乡村振兴战略。乡村全面振兴关键在于促进城乡要素平等交换，实现双向流动。

那么农村与城镇要素如何交换？比如，农村拥有优美的生态环境，是建设美丽乡村的关键要素，这也对城市居民具有极大吸引力，鼓励他们在此租房、购房，推动农村土地制度改革，缩小城乡收入差距。这些举措一气呵成、环环相扣。

来源：财联社　2024年07月22日，有改动

记者：郭松峤

第二篇

新质生产力与中国式现代化

以新质生产力推进高质量发展

新质生产力是当前社会热点话题。2023年9月，习近平总书记在黑龙江考察调研期间首次提出“新质生产力”。2024年新年伊始，习近平总书记在主持二十届中共中央政治局第十一次集体学习时，深刻阐明以加快发展新质生产力推动高质量发展的现实意义、方法路径和重要举措，释放出坚定不移推进高质量发展的鲜明信号。

新质生产力如何持续“上新”？本期“两会面对面”，记者采访了三位代表委员——全国人大代表、辽宁大学校长余淼杰；全国人大代表、中国工程院院士、中建材玻璃新材料研究总院党委书记、院长彭寿；全国政协委员、中国铁道建筑集团有限公司党委书记、董事长戴和根，请他们谈一谈如何以新质生产力推进高质量发展。

发展新质生产力是推动高质量发展的内在要求和重要着力点

记者：新质生产力“新”在哪？如何理解新质生产力与高质量发展的关系？

彭寿：新质生产力具有高科技、高效能、高质量特征，特点是创新，关键在质优，本质是先进生产力。它的“新”主要体现在三个方面：一是目标新，主要聚焦制造业发展，目标是加速推进新型工业化，以中国式现代化全面推进强国建设；二是模式新，从更多依靠产业要素的外延式增长转向更多依靠创新驱动的内涵型增长，而且创新的核心驱动地位将不断加强；三是业态新，更加注重培育数字业态、低碳业态、服务业态，以先进制造业、先进服务业赋能构建具有中国特色的现代化产业体系。

余淼杰：作为中国经济增长的重要推手，新质生产力是符合新发展理念的先进生产力质态，源泉来自创新，特别是基础研究方面的创新，主要目标是提升全要素生产率，关键在质优，以新促质、以新提质是新质生产力的核心。

发展新质生产力是推动高质量发展的内在要求和重要着力点。高质量发展体现在供给、需求、流通和分配四个方面，供给是其中的“牛鼻子”。提升全要素生产率是实现高质量供给的关键，而新质生产力是提升全要素生产率的重要抓手。因此，可以说，新质生产力是推动高质量发展的重要着力点。

戴和根：不形成新质生产力，就无法实现高质量发展。当前，一些制约企业高质量发展的因素依然存在，比如部分关键核心技术受制于人、部分产业“大而不强”“全而不优”等。作为经济组织，国有企业要实现高质量发展就必须摆脱原有赛道的路径依赖，把关键核心技术牢牢掌握在自己手中，实现依靠创新驱动的内涵型增长。

科技创新能够催生新产业、新模式、新动能，是发展新质生产力的核心要素

记者：在发展新质生产力的过程中，创新如何发挥作用？为何要大力发展战略性新兴产业和未来产业？

余淼杰：创新要从科技创新和技术进步两个方面来理解：科技创新是从无到有、“从0到1”，技术进步则是深化应用、“从1到N”。科技创新能够催生新产业、新模式、新动能，是发展新质生产力的核心要素，没有“从0到1”，就无法实现“从1到N”，更无从形成新质生产力。我们应加强科技创新，特别是原创性、颠覆性科技创新，加快实现高水平科技自立自强，打好关键核心技术攻坚战，培育发展新质生产力的新动能。

戴和根：颠覆性技术能够有效替代现有主流技术，进而推动现有技术体系的“变轨”跃迁。可以说，颠覆性技术创新的过程，也是推动形成新质生产力，彰显未来发展张力、赢得未来发展主动权的过程。

中国铁建立足国家重大战略需求和建筑行业特点，不断开展原创性、颠覆性科技创新研究。比如，世界首台千吨级架桥机“昆仑号”助力修建世界首条跨海高铁、全球最大直径盾构机主轴承让大国重器有了“中国芯”等。这些原创技术设备的成功落地，为改变原有组织生产方式奠定了坚实基础，是企业高质量发展的不竭动力。

彭寿：加快形成新质生产力是实体经济创新发展的具体指向。战略性新兴产业和未来产业具有创新活跃、技术密集、价值高端、前景广阔等特点，为新质生产力发展提供了巨大空间。

我国玻璃领域经历了从跟跑到并跑领跑的根本性转变，根本原因在于坚持创新引领发展。一是以前沿创新引领新质生产力，打造了一批国家级创新平台，前瞻性开展空间玻璃等前沿材料技术攻关，为保障国家重大战略安全提供基础支撑。二是以产业创新发展新质生产力，推动科技创新“沿途下蛋”，实现超薄柔性玻璃、高世代液晶玻璃等原始创新成果产业化，保障了我国关键产业链供应链安全。三是以模式创新壮大新质生产力，以高端化、智能化、绿色化、国际化为发展主线，构建创新链、产业链、工程链“三链融合”发展模式，推动我国高端玻璃工程全球市场占有率超65%。

打通堵点卡点，塑造高质量发展的新动能新优势

记者：如何以新质生产力塑造高质量发展新优势？

彭寿：新质生产力带来的既是发展命题，也是改革命题。只有全面深化改革，着力打通束缚新质生产力发展的堵点卡点，才能塑造高质量发展的新动能新优势。

以新质生产力塑造高质量发展新优势，一要构建新型创新体系，加强应用基础研究等，加速实现新材料、新技术的持续涌现和群体性突破；二要构建新型产业体系，大力发展战略性新兴产业和未来产业，增强我国产业链供应链的竞争力和安全性；三要构建新型市场体系，探索建设新型要素市场、新型产品市场、新型服务市场等，建立符合新质生产力市场规律的新体系；四是构建新型管理体系，完善支持新质生产力发展的各类政策，实现知识、技术、人才等关键要素的良性循环和高效配置等。

余淼杰：我们要继续提高原始创新能力，加大研发经费投入

强度和基础研究经费占比。2022年，我国基础研究经费占研究与试验发展经费比重为6.57%，这一比率还应进一步提升。

用科技创新推动产业创新，才能最终转化为新质生产力。基础研究主要靠科研机构集体攻坚，应用型技术改进则靠企业百舸争流。我们要进一步破除体制机制障碍，推动产学研用深度融合、创新链产业链资金链人才链深度融合，加快科技创新成果向现实生产力转化。

戴和根：以新质生产力塑造高质量发展新优势，重点在于提升自主创新能力。我们应继续完善科技创新体系，广揽全球优秀人才，打造高水平的科技创新力量；赋能企业转型升级，推动新材料、新产品、新装备的技术研发和项目落地，开辟企业发展新领域、新赛道；系统推进科技创新成果转化，积极开拓专利转化的方式和途径，落实收益分红激励政策，激发科研人员活力，打通“科学技术化、技术产品化、产品产业化”发展路径。

记者：2024年两会，您关注哪些与新质生产力相关的话题？带来了哪些建议或提案？

戴和根：我关注如何通过培育新质生产力，开辟新领域、新赛道，塑造新动能、新优势。今年两会，我带来了关于加快城市深部地下空间开发利用，促进经济社会高质量发展的提案。我在提案中建议，要加快打造深部地下空间原创技术策源地，加大高端装备和新型材料的研发力度，强化城市深部地下空间应用场景牵引，完善城市深部地下空间产业发展体系，实现地下空间产业集聚发展。

余淼杰：人才是第一资源，发展新质生产力归根结底要靠创新人才。结合以高水平开放促进东北高质量发展的背景，我提出了关于建立高端人才统一流动大市场的建议。我们要按照发展新质生产力要求，完善人才培养、引进、使用、合理流动的工作机制，实施更开放的人才政策，促进人才流动，助力东北加快实现全面振兴。

彭寿：今年我带来了关于加速优势基础产业转型赋能新质生产力的建议。当前，我国钢铁、建材等基础产业在全球处于并跑领跑位置，是我国保持全球第一制造业大国地位的基本盘。持续推进我国制造业向全球价值链中高端迈进，加速实现新型工业化，必须加快优势基础产业转型，以新质生产力构筑发展新优势。对此，我提出了加大重点基础领域数字化转型支持力度，加大基础领域新材料、新技术战略转型与应用推广，发布基础领域优势产品、技术和服务“走出去”指导目录等建议。

来源：《中国纪检监察报》、中央纪委国家监委网站　2024年03月05日，有改动

发展新质生产力：创新是源泉，质优是关键

2024年是新中国成立75周年，也是实现“十四五”规划目标任务的关键一年。关键之年怎么干？如何凝心聚力谋发展？在2024年的全国两会上，中国网财经专访了全国人大代表、辽宁大学校长余淼杰。

谈中国经济：实现“5%左右”经济增速目标没问题

“目前‘十四五’规划已经过了一大半，明年就是收官之年。在此背景下召开的全国两会，对于今年一年中国经济社会发展作出怎样的部署，关系着今年的工作怎么干，更关系着‘十四五’规划目标能否顺利实现。”余淼杰表示，“可以说，今年的两会起着承上启下、继往开来的重要作用。”

2024年的政府工作报告明确了经济增速预期目标——5%左右，与2023年初设定的目标一致。这也是在综合考虑了国内外形势和各个方面因素，兼顾了“需要”和“可能”后所定的。

“实现这个目标是没有问题的。”余淼杰认为，中国经济依然是拉动世界经济增长的“火车头”，其长期向好、稳中向上的态势没有改变。

余淼杰认为，之所以得出这个结论，是因为中国经济有四个方面优势的支撑：一是超大规模市场的需求优势；二是全产业链的供给优势；三是拥有大量高素质人才的优势；四是我国的大国体制能够集中力量办大事，这是制度优势。“所以，我对我国经济发展充满信心。”余淼杰说。

在余淼杰看来，2024年我国经济增速甚至有处于5.3%~5.4%的潜力。不过，想要实现这样的增长并不容易，必须统筹好发展与安全的关系，真正认识到发展才是新时代的硬道理，要以进促稳，进才是最大的稳。此外，也要注重统筹扩大内需和深化供给侧结构性改革。

余淼杰说，在供给侧结构性改革方面，要加快培育新质生产力，推动经济高质量发展；发挥逆周期政策作用，积极的财政政策要适度加力、提质增效，稳健的货币政策要稳中求进、以进促稳，以此来有效拉动内需。

谈新质生产力：以新促质、以新提质是核心

2024年政府工作报告在部署2024年工作时，提到要“大力推进现代化产业体系建设，加快发展新质生产力”。这是“新质生产力”首次在政府工作报告中出现，并被列为2024年政府工作十大任务之首，足见其重要性。

“发展新质生产力是推动高质量发展的内在要求和重要着力点。”余淼杰表示，新质生产力的源泉来自创新，特别是基础研究方面的创新，目标是提升全要素生产率，关键在质优，以新促质、以新提质是新质生产力的核心。

“另外，新质生产力的主阵地是具有代表性的新兴产业、未

来产业，比如低空经济、人工智能、生物制药等。”余淼杰说。

谈及如何发展新质生产力，余淼杰建议，各地要因地制宜，发挥各自优势，不能一哄而上、一哄而散。此外，要真正协调好传统产业与新兴产业之间的关系。“发展新质生产力，不是简单的产业取舍，不是不要传统产业，而是要对传统产业进行升级改造，同时加快新兴产业的发展。”余淼杰说。

谈民营经济：推动民企、国企生产要素价格均等化

民营经济是我国经济的重要组成部分，也是现代化建设的重要力量。党中央、国务院对民营企业、民营经济发展一直高度重视。

在促进民营经济发展方面，2024年政府工作报告提出，全面落实促进民营经济发展壮大的意见及配套举措，进一步解决市场准入、要素获取、公平执法、权益保护等方面存在的突出问题。

余淼杰表示：“近年来，我国民营经济取得了长足发展，贡献了50%以上的税收、60%以上的国内生产总值、70%以上的技术创新成果、80%以上的城镇劳动就业和90%以上的企业数量，是推动经济社会发展的重要力量。”

他认为，促进民营经济发展，要放宽民营经济的市场准入，真正做到一视同仁。除了真正关系国计民生的产业需要国有企业专门运营之外，其他领域都应该允许民营企业的进入。

“另外，在各种要素的获得上，要保证国有企业和民营企业有‘要素价格均等获得’的权益，避免民营企业在拿地、贷款上出现困难。”余淼杰说。

来源：中国网财经　2024年03月15日，有改动

记者：张紫祎

发展新质生产力　需加强原创性创新

主持人：各位网友大家好！欢迎收看中国网《中国访谈》2024年全国两会特别报道。中国经济在由高速增长阶段转向高质量发展阶段之后，正在不断地开辟发展的新领域、新赛道。未来，如何为中国经济发展培育新动能？在强国建设过程中，如何增强人民群众的获得感？本期节目，特邀全国人大代表、辽宁大学校长余淼杰进行解读。

主持人：余校长您好！欢迎您做客中国网《中国访谈》。

余淼杰：主持人好！网上的各位朋友好！很高兴有机会来《中国访谈》和大家聊一聊。

主持人：参加2024年的全国人民代表大会，您带来了哪些建议？又比较关注哪些领域的问题呢？

余淼杰：我今年带来七八个建议，主要是围绕中国经济的高质量发展来展开的。其实从严格意义上来讲，是分成两大块：一个是关于深化改革，另一个是关于对外开放。

我先说对外开放。这里主要涉及两个方面：一方面是怎样更好地落地推进"一带一路"倡议。我的核心建议是，要加快推进中日自贸区的建设，做好海上丝绸之路进一步的发展。另一方面是要做好向北开放，推进陆上丝绸之路向东发展，促进与俄罗斯更加紧密的经贸合作。

关于对内（深化）改革有几个方面。首先，对内（深化）改革的核心，就是构建全国统一大市场。构建全国统一大市场，人才是不可或缺的。关于人才的流动，我也会提一个建议，主要是促进全国高端人才的自由流动，希望能够争取更多高质量的、高端的人才到东北发展，建设东北。其次，是关于促进全国的大循环，降低物流成本。去年我提的是关于公路方面的建议，今年我提的是关于怎样更好地提升高铁的高质量运营水平。再者，在教育方面，包括我们怎样提高基础教育和高等教育质量。这里面又涉及关于民生的内容，比如怎样重新认识、界定失业率的指标。如果按照国际通行的惯例或者科学标准来算的话，我国的失业率其实并没有像现在看起来那么高。所以，这个科学的界定也非常重要。还有，是关于怎样改善民生。改善民生，涉及财政政策和货币政策。这一方面的关键点在于，在减税降费方面多一些制度性的安排，少一些阶段性的安排。现在有很多临时性的或者阶段性的安排，客观地讲我们更需要一些制度性的安排，比如提高个人所得税的起征点等。所以，我的建议大概会从这几个方面展开。

主持人：2023年底召开的中央经济工作会议中提出了要“稳中求进、以进促稳、先立后破”，这一工作思路也将贯穿于今年的经济工作之中。那么您认为，我们“先立后破”，要“立”的是什么？要“破”的又是什么呢？

余淼杰：讲得特别对。2023年中央经济工作会议给2024年的经济工作指明了方向，特别是2023年中央经济工作会议讲到“五个必须”，我们必须要牢牢把握好“五个必须”。第一，必须坚持高质量发展。第二，必须坚持深化供给侧结构性改革和着力扩大有效需求协同发力。第三，必须坚持依靠改革开放增强发展内生动力。第四，必须坚持高质量发展和高水平安全良性互动。第五，必须把推进中国式现代化作为最大的政治。您刚才提到的“稳中求进”“以进促稳”讲的就是通过高质量的发展来实现高水平的安全。其实我个人认为，这是整个中央经济工作会议最核心的部分。怎样从方式上实现呢？“先立后破”。请注意，“先立后破”最早被提出是在党的二十大报告中，而且当时的“先立后破”指的是我们在“绿色”方面必须“先立后破”，也就是先把可再生能源立起来，然后再降低传统能源。而我们现在所讲的“先立后破”不只涉及“绿色”和“能源”，在去年的中央经济工作会议中，“先立后破”涉及许多方面。您可以看到，新发展理念的几个方面，包括创新，包括协调，包括开放，其实都有“先立后破”的含义。其中很重要的一点，就是将问题导向与目标导向相结合。先立“立”什么？先把基础研究这块给立起来。

主持人：基础研究是首位的。

余淼杰：对，基础研究占研发的比重，这是一个重点。然后，在“绿色”方面，刚才讲到可再生能源的比重，提高非化石能源占可再生能源的比重，这是“先立后破”的另外一点。

对外开放方面的“先立后破”，就正如前面所讲的，海上丝绸之路应重点向北发展，陆上丝绸之路重点向东发展，这也是我们提出的一个新发展的方式。

协调方面的“先立后破”，是更好地促进县域经济的发展，推动城市群的发展。共享方面的“先立后破”，最重要的是做好乡村振兴，建设好美丽乡村、社会主义新农村，这个是重点。所以，您可以看到，“先立后破”，去年的中央经济工作会议中是覆盖了方方面面的。

主持人：2024年经济工作的重点之一就是进行创新引领，加速形成新质生产力。那么您认为，形成新质生产力的关键是什么呢？

余淼杰：能否形成新质生产力是各个国家竞争的重点。而形成新质生产力的关键就是实现企业全要素生产率的提升。在产业布局方面就是做好“三篇大文章”：一篇是“老字号”，一篇是“原字号”，一篇是“新字号”。

主持人：这三篇文章具体怎么讲呢？

余淼杰：“老字号”，也就是老的传统产业要进行升级改造；“原字号”，比如原材料的产业，要拓宽延伸产业链，提高附加值；“新字号”就是未来产业、新兴产业，我们要加快培育。其实您可以看到，像元宇宙、人工智能等这些未来产业，其实是各个国家竞争的重点。换言之，新质生产力的着力点是未来产业进一步发展，所以我觉得这几点是最重要的。

我们有两类创新：一类是原创性的创新，一类是技术性的改造。对新质生产力而言，原创性的创新最为重要。我们必须加大基础研究占研发的比重，更好地做好产学研用相结合。

主持人：您认为，政府、企业以及科研机构，他们各自承担着怎样的职责？又发挥着怎样的作用呢？

余淼杰：我们要做好产学研用相结合。具体来讲，应该是企业出题，政府搭台，然后科研机构答题。企业先提出需求，明确发展的方向，因为一个基础性的技术，它可以应用到A，也可以应用到B，可以应用到方方面面，科研机构应根据企业的需求进行相应的努力。政府应搭建一个平台，把相关方串联在一起，并提供政策的支持和保障。

主持人：民营企业、民营经济是促进中国经济健康发展的重要力量。2023年，我国出台了一系列支持民营经济发展的举措，但我们发现，当下制约民营经济发展的一个重要因素就是民营企业的信心不足。那么您认为，未来在强国建设过程当中，我们应该如何提高民营企业对于中国经济发展的预期，提振他们的信心呢？

余淼杰：要提高民营经济的信心、民营企业的信心，首先必须对中国经济有信心。其实对于中国经济的信心，不只是对民营经济重要，对中国老百姓也很重要。我们首先要深刻地认识到，现在我们的确面临着风高浪急的国际环境。大家也可以看到，从某种角度上来讲，现在的20年代，和一百年前20世纪的20年代有很多相似的地方。

主持人：有哪些相似之处？

余淼杰：比如说经济相对来讲停滞不前，全球化的速度变缓，而且现在我们还出现一个新的挑战——人口老龄化。我们现在应该打造一种合作共赢的国际环境，这特别重要，这是大的背景。在这种大的背景之下，大家可能说中国经济的增速变缓了，这是因为在“黄金十年”的时候中国经济的增速在8%以上，而现在只有5%左右或者比5%高一点。

但是从历史发展的角度来看，我们应该认识到这是历史发展的必然规律。它的原因在于：第一，经济蛋糕做大的话，同一个水平量的增长，体现在比例上就有所下降，这是第一点。第二，如果从横截面的角度来比较的话，会发现是不一样的。换言之，对比中国的经济增速和其他国家的经济增速会发现，我们还是排在前面的。再加上中国经济的规模十分庞大，中国经济依然是拉动全球经济增长的“火车头”。

所以，民营企业家和普通老百姓一样，要对中国经济的明天充满信心，有很多实在的数据支撑我们对中国经济充满信心。最主要的，是要从全球化的视野、全局的视野来看它。

对宏观经济充满信心之后，要真正做到“两个毫不动摇”、“两个健康发展”（民营经济的健康发展、民营企业家的健康发展）。

正如您所说的，2023年国家出台了许多政策措施，其中有两点特别重要：一是市场准入；二是要素保障。市场准入的意思是说，其他企业能做的，民营经济也能做。在要素保障方面，民企和国企的拿地成本不一样，贷款的利率不一样，这是事实。为什么会出现这样一个差距？从银行或者是从贷款机构的角度上来讲，他们也有他们的理由，因为民企第一规模比较小、第二可能面临系统性的风险，因而他会给民企更高的利率来……

主持人：降低风险。

余淼杰：对，降低风险或者说补充。那么应该怎样破局呢？最重要的一点是，我们鼓励所谓的PPP，就是公私合营。这样原来在贷款中系统性的利率部分就会降低，从而真正比较好地支持到民营企业，有一个更好的要素保障。

此外，改善营商环境也特别重要。辽宁在这方面就做得特别好，真的就走在全国前面。我最近写了一本新书，叫《东北是个好地方》，讲的就是这个。我一共有两本新书准备在全国两会的时候同步发布，一本是《中国经济怎么看？怎么办？》里面也讲到了您提出的这些方方面面的问题，包括新质生产力等；另一本是《东北是个好地方》，里面从天时、地利、人和的角度，指出为什么东北能全面振兴？“东北全面振兴其时已至、其势已成、其兴可待。”

主持人：政府给了很多的支持。

余淼杰：对，而且东北本来竞争力就比较强。在广东工作

（月薪）可能要五六千元或者四五千元，在沈阳可能两三千元就够了，我们说的是这些工人的（基本工资）。改善营商环境之后，大家就会像以前去广东、去江苏（投资）一样来东北投资，其实资本都是往有利他发展的地方去的。

主持人：根据世界知识产权组织的报告，2023年中国的全球创新指数已经跃居全球第12位，“三新经济”占经济总量的比重也是在持续上升当中，您刚才也是举了很多例子。您认为，未来应该如何推动“三新经济”的高质量发展呢？

余淼杰：我认为，推动“三新经济”的高质量发展，要做到“先立后破”，这是第一点。再具体来讲，您可以看到，我们中国的产业政策其实很成功，可以先开展一些比较成熟的试点，然后逐步地推进。对外开放和对内改革其实并不是分开的，而是合在一起的，比如自贸试验区很多方面的改革和举措都是在推进这个内容。

第二点是因地制宜。每个地方有每个地方的产业集群，这就是我们所讲的因地制宜。比如说辽宁，要打造技术改进的重大策源地。广东也提这个，但它是要打造基础研究的重大策源地。所以，您可以看到，一个讲的是基础研究，一个讲的是技术的改进，其实各有各的比较优势。因为广东经济基础比较好，所以他们提出基础研究，他们可以试错，输了也没关系。辽宁的优势是有成熟的产业基础，有浓厚的工业底蕴，所以辽宁提出打造技术改进的重大策源地。

主持人：我国经济从高速增长阶段转向了高质量发展阶段之后，其实经济运行的主要矛盾是在供给侧。那么下一步为推进供给侧结构性改革，您认为还有哪些重点工作要做？又存在怎样的问题呢？

余淼杰：其实我们可以看到，正如这次中央经济工作会议所讲的，我们要做到供给侧结构性改革和有效需求不足两个方面相结合。关于供给侧结构性改革，我觉得最重要的一项工作是培育新质的生产力，这是重中之重。因为只有培育了新质生产力，我们的竞争优势才能够充分地体现出来，我们企业的全要素生产率才能更好地体现出来。

还有，就是我们平常所讲的化解过剩产能。其实我们可以看到，产能问题的过剩在目前情况下并不是特别得严峻。以前之所以会存在着过剩产能，一个原因是需求不是很通畅，比如说我们的钢材、我们的煤炭，如果在某种程度上说，真的没有卖出去，是产能过剩。但如果需求通畅，我们卖到其他地方去，价格比其他国家还便宜，那对其他国家来说更加是雪中送炭。所以，从这个角度上讲的话，我倒不认为说“三降一去一补”是个特别重要的矛盾。

我觉得供给侧结构性改革的一个目标，是提高整个新质生产力，然后真正形成“三新一高”的局面。我们天天讲高质量发展，那高质量发展到底讲的是什么内容呢？其实是四个方面内容，也就是供给侧结构性改革的重要内容：一个是供给方面，一个是需求方面，一个是流通方面，一个是分配方面。如果展开说的话，供给侧的高质量发展包括产品附加值的增加、产品质量的提高、企业全要素生产率的提升。我们希望能够看到产业集聚的良好态势，我们希望构建全产业链的完整体系，我们更希望看到我们三大产业协调统一发展，这是供给侧的高质量发展。

需求侧的高质量发展，是希望我们的产品能够满足老百姓各种各样的需求，能形成个性化及多样化的需求。如果说从流通的角度看高质量发展的话，我们希望构建全国统一大市场，降低物流的成本以及各种隐性成本和显性成本。

分配的高质量发展方面，我们希望能够按照要素分配，形成良好的分配局面。

主持人：国际货币基金组织（IMF）发布的《世界经济展望报告》中，将2024年的全球经济增长预期上调至了3.1%。可以说，2024年是世界经济企稳的关键之年，但其实还是存在很多复杂的变量的。我们知道，现在乌克兰危机还在继续，巴以冲突硝烟弥漫，包括全球气候问题也是非常严峻。那么您怎么看待未来中国经济发展所面临的严峻的国际环境以及挑战呢？

余淼杰：前几年出现了一个词叫“百年未有之大变局”。百年未有之大变局体现在什么地方呢？如果说从长变量角度来看的话，一是人口的老龄化，二是逆全球化思潮抬头，这是大的长变量。从短变量角度来看，一些地区的冲突在加剧。比如说，像你刚才提到的巴以冲突和现在的乌克兰危机在红海地区也越来越严峻。所以在这样的大背景之下，我国仍坚持和平的发展是时代的主流。而我们之所以认为和平的发展是时代的主流，是因为经济是政治的基础，我们判断这是一个经济全球化的时代。和平发展是时代的主流，但它并不是一蹴而就的。如果每个国家都乱的话，那何来和平发展？所以，就需要坚定地维护和平发展的主心骨和力量。中国的确支撑起了全球的经济发展，是和平发展的中坚力量，这点我们也可以非常清晰地看到。

所以，在这种大的国际变局下，我们要以不变应万变，以经济建设为核心、为中心，不断深化改革，促进对外开放，争取能够形成一个更大规模、更广领域、更深层次的对外开放新格局。

主持人：发展经济的根本目的是改善民生，其具体目标就是提高人民生活的质量和水平。那么在强国建设过程中，您认为应该如何切实提高人民群众的获得感呢？

余淼杰：对，民生是特别重要的一点。正如我今年准备在两会上提的两点：第一，提升居民的个税起征点。事实上，我国现在的个税起征点相对还比较低，所以我们可以把个税起征点再提高一点。第二，减税降费多一些制度性的安排，少一些阶段性的安排。

事实上，我们在民生方面还是有很多可以做的地方。而且民生可以做的地方，落到不同的行业之中，有时候并不见得是政策，也可以是每个领域很小的发展变化。比如说交通领域的、基础教育领域的、医疗领域的，等等。当然，这要一步一步来。

主持人：您对2024年中国经济总体的宏观判断或者预测是怎样的？

余淼杰：我个人对2024年的中国经济是充满信心的。我个人认为，2024年中国经济实现5.3%~5.4%的经济增速应该问题不大。因为2024年是126万亿元的基础，126万亿元再乘以1.053或1.054，那2025年可能就会实现133万亿元左右的总体水平。

在政策方面，我认为我国今年依旧会实行积极的财政政策和稳健的货币政策。上半年货币政策以进促稳，下半年稳中求进。

外贸这块，我的判断是，2024年我国的贸易顺差依然能够保持在6万亿元这个水平。原因是2024年中国的外贸结构相对于2023年并没有发生本质性的改变。至于外贸总额可能不会有特别显著的增长。2023年的外贸总额也没有大幅的提升，这是因为2023年的量上去了，但价格降了。所以，如果价格不降的话，它的总额就增长了。但2024年可能相反，2024年是量会下来，价格会上去。量为什么会下来呢？因为西方的出口，您可以看到，现在红海已经受阻，要绕到好望角，那里的运输成本就上去了。

所以，这个数量肯定会下来，这一块海上丝绸之路占中国出口的比重很高，因而会受到明显的影响。价格为什么会上去呢？因为欧盟对中国的产品在短期内没法找到替代品，所以他对中国产品的需求还是一样的，那供给减少的话，它的价格就会上去。所以，您就会看到价上去，量下来，如果从长期的角度来讲应该差不多。因此，我最终判断这两个数应该差不多，这是对外贸的判断。

主持人：可以说您对2024年中国经济的发展还是充满了信心的。那么在节目的最后，您对我们的强国建设之路，对于中国未来经济的发展有怎样的寄语呢？

余淼杰：我相信中国经济会越走越好，我也相信中国经济是拉动世界经济增长的“火车头”。我们生活在一个最好的时代，我们要好好地感恩这个时代。我相信大家的明天一定会更好，大家的生活也一定会更好。所以，请大家对中国经济有信心，对我们自己的未来有信心。

来源：中国网　2024年02月29日，有改动

编导/主持：佟静

布局未来产业，推动创新链、产业链“共融共舞”

2024年，“新质生产力”成为中国经济发展的核心关键词之一。2024年全国两会，“加力布局新质生产力”势必成为代表委员们高度关注的热点议题。其中，“未来产业”作为创新、创造的重要行业载体，也因肩负夯实新质生产力创新根基的重任而高度吸睛。

2024年1月18日，工业和信息化部等七部门发布《关于推动未来产业创新发展的实施意见》（以下简称《意见》），彰显出国家层面深刻布局未来产业发展、培育新质生产力的深谋远虑。

“开辟未来产业新赛道，抢占发展先机正在成为新时代必答题。”接受《中国经济时报》记者采访的代表委员、智库专家认为，全面布局未来产业，将是中国引领科技创新、带动产业创新、培育新质生产力和提升全球竞争力的战略选择。

以新提质，用科技改造现有生产力、催生新质生产力

2023年9月，习近平总书记在黑龙江考察调研期间首次提到“新质生产力”，2023年底召开的中央经济工作会议也明确提出，以科技创新推动产业创新，特别是以颠覆性技术和前沿技术催生

新产业、新模式、新动能，发展新质生产力。

“新质生产力的提升在于技术进步与科技创新。”全国人大代表、联合国国际经济学会会士、辽宁大学校长余淼杰在接受《中国经济时报》记者采访时表示，创新、创造的最主要行业载体，应该是具有代表性的新兴产业和未来产业。

全面布局未来产业发展，力促形成符合中国实际的未来产业发展模式被纳入《意见》，并提出将全面布局未来产业，加强前瞻谋划部署，重点推进未来制造、未来信息、未来材料、未来能源、未来空间和未来健康六大方向的产业发展。

《意见》指出，未来产业由前沿技术驱动，当前处于孕育萌发阶段或产业化初期，是具有显著战略性、引领性、颠覆性和不确定性的前瞻性新兴产业。

在余淼杰看来，当前，重大前沿技术、颠覆性技术持续涌现，为重塑新质生产力和提升全要素生产率提供了条件。他认为，中国经济增长模式已由高速增长转向高质量发展。高质量发展的核心是集约式增长，其内涵是提升全要素生产率，从而实现新质生产力的提高。

“提升全要素生产率，是指当控制了资本、劳动、土地、能源乃至数据等投入后，产品产量依然能够提高的部分，其中提高的来源就在于技术的进步。”余淼杰进一步解释称，全要素生产率的提升就是技术的进步，而新质生产力的核心又在于全要素生产率的提升。换言之，新质生产力的提升就在于技术进步与科技创新。

现阶段，随着新一轮科技革命和产业变革加速演进，我国正在瞄准元宇宙、人形机器人、脑机接口、量子信息等新产业发展方向布局新质生产力，培育未来产业成为引领科技进步、带动产业升级的重要战略选择。

“创新要从科技创新和技术进步两个方面加以理解。”余淼杰强调，一方面，对原始的创新创造，要提高研发投入和基础研发占比；另一方面，要大力发展应用研究，只有实现产学研用的结合，才能实现新产业、新模式、新动能的发展，进一步实现科技原始创新和技术进步的同频共振、同步发展。

深入布局未来产业，需推动创新链与产业链深度融合

产业是经济之本和发展之基，是生产力发生重大变革的具体支撑。包括发力布局未来产业在内，围绕创新实施的一系列主动而为，目的就是要将科技创新深深根植在产业发展的土壤中，以实现“以科技创新促进产业创新，夯实新质生产力发展的产业根基”的初衷。

“培育新质生产力的核心目的是进一步解放生产力和发展生产力。”中国宏观经济研究院国土开发与地区经济研究所综合研究室主任贾若祥在接受《中国经济时报》记者采访时表示，积极构建现代化产业体系，夯实新质生产力的产业根基实属必要，而未来产业作为创新、创造的重要行业载体，更肩负着夯实新质生产力创新根基的重任。

贾若祥认为，加快构建现代化产业体系是发展新质生产力的内在要求，也是新质生产力的核心支撑。当前，我国已经形成门类齐全、规模庞大的产业体系，为发展新质生产力提供了必要的产业支撑。但也要看到，与发展新质生产力的要求相比，我国在产业发展领域还存在不少短板和弱项，在关键环节还存在不少“卡脖子”问题。

“加大源头性技术储备，加快应用性技术研发，通过科技创新的重大突破促进战略性新兴产业和未来产业发展，对于推动我国产业迈上价值链中高端较为迫切。”贾若祥说，这就必须要做到推动短板产业加快补链、优势产业加快延链、传统产业加快优链、新兴产业加快建链，提升产业发展效率和效益，抢占战略性新兴产业和未来产业竞争制高点。

《意见》明确，到2025年，要实现建设一批未来产业孵化器和先导区、突破百项前沿关键核心技术、形成百项标志性产品等内容，初步形成符合中国实际的未来产业发展模式。

“产业是科技成果向现实生产力转化的核心载体，要围绕创新链布局产业链，围绕产业链部署创新链，推动创新链与产业链的深度融合，以研优产、以产促研，畅通科技成果转移转化和产业化渠道，加速科技成果向现实生产力转化，为新质生产力提供更多内生动力。”贾若祥认为，这更是抢抓颠覆性技术和前沿技术，催生新产业、新模式、新动能带来的重大机遇，重塑我国产业竞争新优势，加快打破国际产业分工传统路径依赖，通过换道超车开辟产业发展新领域新赛道，重塑我国产业竞争新优势新动能的关键所在。

来源：《中国经济时报》 2024年03月05日，有改动

记者：李海楠

新质生产力推动经济高质量发展

2024年一季度，国内生产总值（GDP）296299亿元，同比增长5.3%，国民经济延续回升向好态势，开局良好，为实现全年目标任务打下较好基础。其中，新质生产力在此间呈现出的一系列成效值得关注。接受《中国经济时报》记者采访的专家认为，全国上下积极培育发展新质生产力，正在助力经济稳健前行。接下来，要进一步坚定信心、鼓足干劲，继续培育和发展新质生产力，以此为高质量发展持续培育新引擎。

新质生产力尽显积极带动成效

2024年以来，“新质生产力”一词的热度持续攀升。在积极、主动作为之下，蓬勃发展的新质生产力带来了积极成效，并直观地体现在一季度经济数据当中。

数据显示，2024年一季度，全国规模以上高技术制造业增加值同比增长7.5%，比2023年四季度提升2.6个百分点；高技术服务业继续保持较快增长态势，信息传输、软件和信息技术服务业增加值同比增长13.7%，比2023年四季度提升2.5个百分点。高新技术产业快速发展同样带动新产品加快培育和发展。一季度，新能源汽车产量同比增长29.2%，太阳能电池产量同比增长

20.1%，与光伏相关的多晶硅、单晶硅产量增速仍在50%以上。此外，2024年一季度，全国规模以上工业增加值同比增长6.1%。分产品看，充电桩、3D打印设备、电子元件产品产量同比分别增长41.7%、40.6%、39.5%。

“新质生产力具有高科技、高效能、高质量的特征。”辽宁大学校长余淼杰在接受《中国经济时报》记者采访时表示，各地积极布局，为推动新质生产力相关产业发展增加高新技术产业投资，正带动新产品顺应市场需求实现快速增长，这也正是中国经济寻求高质量发展所迫切需要的。

2024年一季度新质生产力呈现出积极成效，正是各地积极布局新兴产业的正向表现。在余淼杰看来，从目前的趋势看，全国各地正瞄准放大各自的比较优势，企盼实现合力发展，以此确保新质生产力发挥推动全国经济高质量发展的关键作用。

继续加快培育新兴产业和未来产业

积极发展新质生产力，带来新产品不断涌现的背后，符合一系列新业态、新模式持续涌现的客观规律。现阶段，大数据、互联网、物联网的发展和应用，正推动生产方式变革，由此也为新投资、新基建继续呈现良好发展势头奠定前期基础。

2024年一季度，高技术产业投资同比增长11.4%。其中，高技术制造业和高技术服务业投资分别增长10.8%、12.7%。在此基础上，一批新的基建项目加快落地，包括5G基站等。与此同时，东数西算、光纤通信等一些新基础设施也在加快落地。

“数字经济是发展新质生产力的重要方面之一，对于布局相关新兴产业和未来产业也有着基础支撑作用。”北京大学国家发展研究院中国经济研究中心教授汪浩在接受《中国经济时报》记者采访时表示，对我国而言，数字经济已成为推动经济增长的重要引擎，更是建设现代化产业体系的重要优势，“这一过程需要聚集更多科技和资金实力雄厚的区域和城市，优先布局包括5G等新一代互联网基础设施在内的硬件设施，助力算力水平和能力共同提升，继而实现数字经济跨越式发展”。

数据显示，2022年，全国数字经济核心产业增加值为11.4万亿元，占国内生产总值（GDP）比重已达9.4%。在积极布局新质生产力的宏观背景下，数字经济之于举国经济的重要支撑作用亦将与日俱增。

在汪浩看来，更加积极推动数字经济发展，也是加快培育新兴产业和未来产业的必然要求。因为新质生产力更加注重高效性和智能化，而通过运用先进的信息技术、数字技术以及人工智能等手段，有助于提升生产自动化和智能化水平，降低生产成本，确保经济效益持续提升。

只有不断构建高效、智能的生产方式，才能为经济高质量发展提供强有力支撑，汪浩说，依托于此，也将让我国拥有的雄厚制造业基础更好“牵手”技术创新资源，助力新兴产业和未来产业广泛、优质布局。

来源：《中国经济时报》 2024年04月19日，有改动

加快形成新质生产力　助力东北振兴发展

"真的感觉到辽宁振兴、东北振兴其时已至、其势已成、其兴可待。"到辽宁工作一年半，全国人大代表、辽宁大学校长余淼杰已经是三句话不离东北。

2023年，是东北振兴战略实施20周年，辽宁省全年GDP超过3万亿元，经济增速10年来首次高于全国。这让余淼杰对东北振兴发展充满信心。

东北地区是我国重要的工业和农业基地，特别是辽宁是诸多大国重器的诞生地。履职一年来，余淼杰用大量时间去一线调研，东北地区深厚的工业底蕴令他印象深刻。他的建议也大多聚焦东北老工业基地振兴发展的重点、难点问题。

"发展新质生产力对推进东北振兴发展意义非凡，要以科技创新为引领加快形成新质生产力。"余淼杰说。

2023年12月召开的中央经济工作会议提出，"要以科技创新推动产业创新，特别是以颠覆性技术和前沿技术催生新产业、新模式、新动能，发展新质生产力"。

在余淼杰的调研中，一组数据多次出现：2023年，辽宁全省累计开通5G基站超11万个，培育省级工业互联网平台87个，省级5G工厂40个、国家级5G工厂8个，新增185家省级数字化车间、智能工厂，7家企业获评国家级智能工厂……

“这里有完整的工业体系、庞大的产业工人队伍，可以把各种新技术变成新产品，为新质生产力提供强大支撑。”在余淼杰看来，新质生产力是科技创新发挥主导作用的生产力，新技术、新思路与强大的工业制造能力相结合，恰恰是东北地区的优势。

“新业态是形成新质生产力的重要因素。”余淼杰认为，当前，绿色发展理念已经成为全球共识，绿色贸易、碳捕捉、碳中和等新业态在东北地区发展前景广阔，“比如中国一汽、华晨宝马等东北地区的汽车企业，新能源车型的比重越来越大，正在加速走出国门”。

“形成新质生产力，就是为了让东北走出一条高质量发展、可持续振兴的新路子。”余淼杰建议，一方面要加大科研投入力度，包括应用型科研投入和基础研究投入；另一方面要推进产学研用相结合，推动形成“企业出题、政府搭台、科学家答题”的创新研发流程。余淼杰说：“这是加快形成新质生产力的一个关键所在。”

来源：人民网　2024年03月06日，有改动

记者：那其灼　王　震　邱宇哲

对“产能过剩”与新质生产力的理解及思考

当前产能过剩的根源在于全球市场的有效需求不足，这是中国与世界其他国家共同面临的巨大挑战。美国宣扬所谓的“中国产能过剩论”，对中国采取的反倾销和反补贴措施存在极大的不公正和不合理性。中国在做好对外宣传工作，积极应对美国不公正做法的同时，要紧紧围绕推进中国式现代化进一步全面深化改革，积极构建全国统一大市场，大力发展新质生产力。发展新质生产力的关键在于以新促质，以新提质，提升全要素生产率。因地制宜发展新质生产力有助于优化供给结构，提高供给质量，提升供给体系对国内需求的适配性，进而提振有效需求，化解产能过剩。

一、如何理解“产能过剩”

当前，美国一些政客和媒体频繁炒作“中国产能过剩论”，宣称中国新能源行业存在“产能过剩”，致使这些“产能过剩”产品低价向美国倾销，因而美国必须对中国出口产品采取反倾销措施。2024年5月14日，拜登政府宣布对价值180亿美元的中国进口商品征收关税实施新关税税率。其中，对从中国进口的电动汽车征收关税税率由25%提高到100%，对中国太阳能电池的进口税由25%提高到50%，对部分从中国进口的钢铁和铝产品税率由7.5%提高到25%。所谓中国的“产能过剩”导致中国向美国或其他发达国家倾销产品这个逻辑当然是不成立的，其实质是一个伪命题，具体原因可从以下几个方面理解。

第一，正确理解“产能过剩”的内涵。2018年笔者和研究团队在《经济研究》发表的《工业企业产能利用率衡量与生产率估算》一文中曾指出，准确衡量产能利用率是理解和解决产能过剩问题的关键。衡量产能利用率的方法之一是直接调查法。例如，国家统计局采用的就是调查法，也就是将企业现实的产能与曾经达到的峰值产能进行比较，二者之间的差距就是“产能过剩”。直接调查法有一定的科学性，但也存在局限。这一方法仅适用于少数拥有设计生产能力的行业或者企业，覆盖的企业样本数量有限，不适合用于整体工业产能利用率的研究。还有一种衡量产能利用率的方法是用资本折旧推算产能利用率。换言之，某产业产能利用得越多，通常其资本折旧就越快，而资本折旧率是可以直接观察到的。基于这一理念，我们提出了一种估算产能利用率的新方法。与传统的估计企业生产率方法相比较，我们的研究方法在资本、劳动要素投入和产出水平的信息基础上，额外加入对资本折旧率的考量，这样就可以同时估算出企业的生产率和产能利用率，从而能够更好地估算“产能过剩”。根据我们的估算，2013年，中国大部分行业的平均产能利用率都处于相对较高的水平，基本达到79.9%的水平。其实相对于其他国家来讲，这是一个较为合理的空间。2000—2012年，美国平均产能利用率为77.7%，欧盟为78.1%，巴西为81.6%，中国是79.9%，可以看到这个数字其实差别不大。因此，中国是否存在“产能过剩”问题，取决于如何衡量“产能过剩”。如果按照潜在生产量与实际生产量之间的差额来界定产能过剩，那么中国在某种程度上确实存在一定的产能过剩现象。产能过剩并不是美国所谓的“中国独有”现象，如果说中国存在产能过剩的话，那么欧盟、美国或者其他国家也同样存在产能过剩。而且中国所提及的产能过剩与美国所宣称的因产能过剩而导致倾销，两者之间存在本质区别。从这个角度讲，产能过剩只是个伪命题。

第二，深入剖析产能过剩的成因。既然产能过剩是全球经济发展的共性问题，就需要进一步探讨产能过剩产生的根源。关于产能过剩形成的原因，主要有以下四个方面。

一是市场因素。它主要表现为有效需求不足。当前的产能过剩并不是真正的产能过剩，而是主要源于2008年全球金融危机之后的需求乏力。正是因为当前需求比较疲乏，导致产品卖不出去，造成企业减产，从而与潜在的产能之间存在差距，形成所谓“产能过剩”。因为有效需求不足导致产能过剩，还是因为产能过剩，然后倾销，这是一个本质性的问题。这个问题类似于1929—1933年美国经济危机的情况。为什么这么讲？如果说今天中国出现产能过剩不是因为有效需求不足，我们也可以认为1929—1933年美国经济危机的原因不是有效需求不足，甚至可以认为美国当年之所以把牛奶倒到河里面，是因为牛奶生产得太多了，但显然不是。显然是因为有效需求不足，大家没钱买牛奶，才造成当时的经济危机。

二是企业因素。我们可以看到如果某些行业被认为是一个新兴的产业，那么企业会蜂拥而至，这种现象在经济学上被称为“潮涌现象”或者“羊群效应”。比如说现在的电动汽车，包括以前的一些产业，都有“潮涌现象”发生，这实际上是企业追求利润最大化的自主选择行为。

三是行业因素。例如，钢铁、水泥、化工、纸和纸板、电解铝、炼油、平板玻璃、船舶行业八大产业，以及光伏等产业，存在显著产能过剩问题的基本原因就是由于产业进入的门槛比较低，造成粗放型的投入，而不是集约型的投入，大家一哄而上造成产能过剩。

四是地方政府因素。一些研究已表明，财政投入扩张是导致产能过剩的重要推力。如财政政策扩张在拉动上游企业产能的同时，抑制了下游企业对中间投入品的潜在需求，最终导致上下游产业均出现产能过剩（郭长林等，2016）。

在以上因素中，笔者认为有效需求不足是形成产能过剩最主要的因素。当前中国面临的产能过剩，其根源主要在于全球市场的有效需求不足，中国与世界其他国家共同面临着巨大挑战。为应对这一问题，中国正积极致力于构建全国统一大市场，以缓解全球市场有效需求不足带来的压力，发挥我国超大规模市场优势，推动全球经济稳步复苏和增长。

第三，正确解读中国的产业补贴政策。近年来，美国对中国产业政策屡加质疑，指责中国产业政策尤其是产业补贴政策不符合国际规则，频繁对中国发起反补贴调查，挑起贸易争端，这一做法是错误的。评判产业补贴政策是否合法的依据应该以世界贸易组织（WTO）所确立的相关多边规则为标准，而不是以单边规则为基准。根据世界贸易组织《补贴与反补贴措施协议》规定，补贴分为三种类型：禁止性补贴（红色补贴），可申诉补贴（黄色补贴），不可申诉补贴（绿色补贴）。禁止性补贴包括两种情形：出口补贴和进口替代补贴。当补贴属于禁止性补贴时，它是被世界贸易组织明确禁止的。而当补贴是针对科研、落后地区或环保方面的不可申诉补贴或者是不存在严重侵害情形的可申诉补贴，总的来讲是符合世界贸易组织法律规定的。我们通过对“北大法宝”法律数据库进行调研，发现中国的产业补贴以研发型的绿色补贴为主，目的是促进技术创新，不存在禁止性补贴的情况，且补贴受益者涵盖国有企业、民营企业、外资企业等多种所有制结构企业，不只是国有企业可以申请，民营企业和外资企业也可以申请这种类型补贴，不具有专向性特征。因此，我国的产业补贴政策总体上与世界贸易组织规则是一致的。而从当前国际经贸发展形势看，产业政策已经再次成为各国争夺经济、科技发展战略制高点的重要手段。美国近年来颁布的《创新与竞争法案》《芯片与科学法案》《通胀削减法案》等一系列法律规定，都为对半导体、新能源产业等实施补贴提供了法律支持。

第四，正确认识美国对中国采取反倾销的谬误。美国所谓的中国产能过剩产品造成倾销，然后征收反倾销税的逻辑是错误的，证据不足，认定无理。

首先，证据不足表现在两个方面：一是判断构成倾销的实质性损害证据不足。中国进口汽车并没有对美国本土汽车产业构成实质性损害。中国向美国出口的新能源汽车仅占美国汽车总销量的1%，这一比例并不足以对美国本土汽车产业造成实质性伤害。实际上，美国汽车产业所面临的挑战主要源于其自身的产业空心化和价值链不完整。美国之所以不能够出口“新三样”产品，不是因为美国没有补贴，而是因为美国不存在全产业链的配套，这些因素制约了其汽车产业的发展，而非仅仅因为中国进口汽车的竞争。二是采取反事实推理。如果说美国的逻辑是对的话，那么中国所出口的产品中增速最快的应该是这些所谓的产能过剩的产业，或者说出口金额最大的应该是这些所谓产能过剩的产业，但是这种现象并没有发生。2023年的相关数据显示，这些中国企业出口的产品中最多的是机电产品，然后第七位、第八位才是钢铁，钢铁出口额是1000亿美元左右，机电产品出口额是1万亿美元左右，二者的出口额差了一个数量级。换言之，中国出口金额最多的并不是产能过剩的产品，增速最快的也不是产能过剩的产品。这就是证据不足。

其次，认定无理表现在：美国视中国为“非市场经济国家”不具有客观公正性。美国对其认定的“市场经济国家”征收的反倾销平均税率是37%，而对中国新能源汽车征收高达100%的反倾销税，这一举措显然存在极大的不合理性。对于市场经济发展程度的认定，应该以经济体间同等收入水平时的制度差别作比较。建立社会主义市场经济体制是中国特色社会主义的伟大创造，尽管中国经济在一定程度上存在不平衡、不充分发展的问题，但目前中国经济毫无疑问是市场经济，市场在资源配置中一直起着决定性的作用。

二、如何应对产能过剩

第一，做好对外宣传工作。目前，我们在内部宣传工作中已经实现了思想的统一，取得了良好的成效。然而，在对外宣传方面，前行的道路仍然漫长且充满挑战。明明是我们吃了亏，但是没有把道理说出来，还好像我们理亏，这是非常不对的。我们今后应该避免这种情况，先就事论事，然后逐步推动国际经贸规则向更加公正合理的方向转变，绝不能陷入有理却难以言明、有理却不敢表达的困境。从反制的角度讲，我们应该积极应对美国的反倾销措施，做到有理、有利、有节。国际与国内的宣传工作是紧密相连、相互呼应的，我们必须确保国内外宣传口径的一致性。因此，我们要进一步加强对外宣传工作，讲好中国故事，不断提高宣传质量和水平。

第二，练好内功。练好内功的核心就是要建设全国统一大市场，紧紧围绕中国式现代化深化改革。加快建设全国统一大市场，既是畅通国内大循环、推动构建新发展格局的必然要求，也是释放内需潜力、巩固经济回升向好基础的关键举措。建设全国统一大市场有助于破除限制要素和产品自由流动的体制机制障碍，促进劳动力、资本、数据、能源等要素资源在区域间、行业间的自由流动，提高资源配置的效率。美国经济学家保罗·克鲁格曼（Poul R. Krugman）的规模经济贸易理论表明，企业可以通过扩大生产降低平均成本，提高利润。中国超大规模的市场正是实现规模经济的有利条件。美国的对外贸易额仅占其国内生产总值（GDP）的四分之一，其经济主要支柱为全国统一大市场；而欧盟更是在区域统一大市场中获得了显著优势。因此，随着外需不断疲软，我们必须着力构建全国统一大市场。

建设全国统一大市场，首先要促进要素与资源市场的统一。这包括：一是促进劳动力要素自由流动。为此，应逐步考虑取消户籍限制，破除劳动力跨地区流动的制度障碍，促进城乡统一人力资源市场的建立。二是规范资本要素流动市场。一方面，要充分利用资本要素，发展动产融资，降低融资难度，激发经济活力；另一方面，逐步统一各地区贷款利率，减少人为导致的金融市场扭曲现象，坚持金融服务实体经济，防止资本无序扩张对市场秩序造成冲击。三是建设统一的数据要素市场。一方面，数据要素可以通过传递信息促进劳动力、资本等传统要素自由流动，提高资源配置效率；另一方面，数据要素通过与其他传统产业融合，促进经济加快发展。为此，要建立健全数据安全、交易与共享的制度基础与标准规范，加快数据要素市场的培育。

其次，要促进商品与服务市场的高水平统一。统一的产品标准、质量及售后服务有助于提高产品竞争力，促进市场由大向强转变。具体来讲：第一，要提高产品质量，促进对内对外贸易商品的“三同”，即同线、同标、同质，促进内外贸市场一体化；第二，统一标准和计量体系，尤其是在新兴产业领域，建立完善的标准体系，并积极与国际标准对接，促进标准体系修订工作的公开、透明和开放；第三，全面提升消费服务整体水平，将提高消费服务水平贯穿消费全过程。

再次，要促进市场设施的联通统一。为此，要减少区域贸易税费壁垒，提高物流效率；打破市场信息障碍，提升交易效率；建立全国产权交易信息统一发布机制和市场联通机制，优化行业公告公示和市场主体信息等公示渠道，促进市场公共信息共享。

最后，要促进市场基础制度规则的统一。市场基础制度的统一规则是产品顺畅流通的基础，为此，需要从三个方面入手：一是健全统一产权保护制度，建立健全所有制经济产权保护体系；二是实施统一市场准入制度，进一步完善国家层面的准入管理制度，加强事中和事后监管，营造公平的市场准入环境；三是完善反垄断法律制度，强化市场监管职能，促进市场监管的公平与统一。

三、科学地理解新质生产力

理解新质生产力要从两个方面切入：第一，为什么要大力发展新质生产力？第二，如何大力发展新质生产力？

对于第一个问题，为什么要大力发展新质生产力？当前我们正经历百年未有之大变局，国际环境发生深刻变化，国内也面临艰巨繁重的改革发展任务。在这样的背景下，中国经济增长模式已由高速增长转向高质量发展。过去粗放式的增长模式主要是依赖包括资金、土地、人力、能源等基本生产要素的低成本来实现的。而当前人工成本上升，资本流通随着逆全球化思潮抬头，也不像过去那么通畅，资本成本也在上升，种种生产要素成本提高使得粗放式经济增长模式必须转变。而高质量发展的核心是集约式增长，其内涵是提高全要素生产率，从而实现新质生产力的提升。

进一步看，在新发展阶段中，高质量发展体现在四个方面，即生产、流通、消费和分配，其中的"牛鼻子"就是生产。从微观的层面看，生产的高质量发展就是要实现产品附加值的提升、产品质量的提高、企业全要素生产率的提升，乃至整个行业形成全产业链、三大产业合理协调发展的生产体系。其中，最关键的是企业全要素生产率的提升，这也是新质生产力提升的核心。全要素生产率是指当控制了资本、劳动、土地、能源乃至数据等投入后，产品产量依然能够提升的部分，其中提升的来源就在于技术的进步。全要素生产率的进步就是技术的进步，而新质生产力的核心又在于全要素生产率的提升。换言之，新质生产力的提升就在于技术进步与科技创新。

新质生产力的核心是全要素生产率的提升，但其涵盖的范畴却远不止于此，还包含塑造与新质生产力发展相适应的新型生产关系，这与对新模式、新业态的培育密切相关。

对于第二个问题，如何大力发展新质生产力？新质生产力是符合新发展理念的先进生产力质态，其抓手一个是"新"、一个是“质”，源泉来自创新，关键在质优。以新促质、以新提质是理解新质生产力的关键所在。

首先，我们必须认识到，创新是五大新发展理念的首要理念，是必须完整准确理解并坚决贯彻的新发展理念之一。创新要从科技创新和技术进步两个方面去理解，科技创新和技术进步是有所区别并共同发展的：科技创新是从无到有、“从0到1”，技术进步则是深化应用、“从1到N”。科技创新能够催生新产业、新模式、新动能，是发展新质生产力的核心要素，没有“从0到1”，就无法实现“从1到N”，更无从形成新质生产力。那么，在发展新质生产力的过程中，如何发挥创新作用？一方面，要加强科技创新，特别是原创性、颠覆性科技创新，加快实现高水平科技自立自强，打好关键核心技术攻坚战，培育发展新质生产力的新动能。对于原创性创新，要提高研发投入和基础研发占比。2022年中国基础研究经费占研究与试验发展（R&D）经费的比重为6.57%，这一比率应当进一步提升，到“十四五”结束时提升到7%甚至接近10%的水平。另一方面，要大力发展应用研究。一般来说，基础研究主要靠有组织的科研机构的集体攻坚，而应用型的技术改进则可以靠小企业百舸争流，靠小企业密集的技术进步。对此要做好产学研用的结合，包括蓝图产品化和产品产量化两个阶段，以实现产品在行业内的大规模生产。只有实现产学研用的结合，才能实现新产业、新模式、新动能的发展，才能进一步实现科技原创性创新和技术进步的同频共振、同步发展。我们还应进一步破除体制机制障碍，推动产学研用深度融合，创新链、产业链、资金链、人才链深度融合，加快科技创新成果向现实生产力转化。

其次，创新、创造最主要的行业载体应该是具有代表性的新兴产业、未来产业。比如，新材料、航空航天、低空经济、机器人、生物医疗设备、新能源汽车、集成电路装备、人工智能、元宇宙、深海开发、增材制造、柔性电子、氢能储能、细胞治疗、生物育种等产业。同时做好“三篇大文章”（改造升级“老字号”、深度开发“原字号”、培育壮大“新字号”），对原材料行业进行产品的技术创造、革新、更新换代，拉长初级产品产业的附加值链条，实现“延链拓值”。此外，还要更好地利用数字经济的载体。这要求我们保证数字技术达到一定先进水平，只有数字技术形成产业化，从蓝图变成产品，再从产品变成产业后，才能大力发展产业的数字化，打造具有国际竞争力的数字产业集群。

再次，在发展新质生产力的过程中，还需要深刻认识新质生产力并不是简单追求国内生产总值（GDP）增长，而是实现人与自然的共同和谐。因此，必须大力发展绿色生产力，做好“先立后破”，发展新型绿色产业，做好风光火核储一体化的推进，逐步降低传统能源的比重。在具体落地上，要加快绿色创新和先进绿色技术的推广应用，比如碳捕捉的技术；同时落地绿色制造产业，比如中国在新能源汽车制造业上已经取得了一些成绩。总之，我国应通过加快发展绿色服务业、绿色能源、低碳供应链等产业，构建绿色循环经济体系。

最后，要做好各种经济政策“工具箱”的应用，把宏观政策、货币政策、产业政策、能源政策、民生政策等结合起来，从宏观的、一体化的角度运用，以促进实现新质生产力的更好培育与发展。

四、以培育新质生产力化解产能过剩

培育和发展新质生产力，为化解产能过剩提供了方向指引和根本遵循。当前产能过剩形成的主要原因在于全球市场的有效需求不足。新质生产力的发展通过科技创新，强化新型要素供给，进而助力优化供给结构，提高供给质量，提升供给体系对国内需求的适配性。党的二十大报告提出，“把实施扩大内需战略同深化供给侧结构性改革有机结合起来，增强国内大循环内生动力和可靠性”，“着力提高全要素生产率”。2023年中央经济工作会议再次强调，必须坚持深化供给侧结构性改革和着力扩大有效需求协同发力，发挥超大规模市场和强大生产能力的优势，使国内大循环建立在内需主动力的基础上，提升国际循环质量和水平。笔者认为，供给侧结构性改革的重要工作内容就是要培育新质生产力，这是重中之重。因为只有培育了新质生产力，我们的竞争优势才能够充分地体现出来，我们企业的全要素生产率才能更好地体现出来，进而依托创新驱动，补齐供给短板，不断创造出新供给，不断提高满足市场新需求的能力，实现需求牵引供给、供给创造需求的更高水平的动态平衡。

供给侧结构性改革的主要内容包括四个方面：一个是供给方面，一个是需求方面，一个是流通方面，一个是分配方面。如果再展开一点的话，供给侧的高质量发展包括：产品附加值的增加、产品质量的提高、企业全要素生产率的提升。我们希望能够看到产业集聚的良好态势，希望构建全产业链的完整体系，更希望看到我们三大产业协调统一地发展，这是供给侧的高质量发展。

需求侧的高质量发展是，希望我们的产品能够满足老百姓各种各样的需求，能形成个性化和多样化的需求。如果说从流通的角度看高质量发展的话，我们要加快构建全国统一大市场，降低物流的成本，包括物流畅通，还有各种隐性成本和显性成本的下降。在分配的高质量发展方面，我们希望能够按照要素分配，有良好分配的局面。供给侧结构性改革，如果说从更宏观的角度上讲，应该从这四个方面理解，主要讲的是供给面的高质量发展。

通过大力发展以新制造、新服务、新业态为主要内容的新质生产力，强化新型要素供给，推动供给侧结构性改革，进而创造以数字消费、绿色消费、健康消费等为主要内容的新型消费，以新型基础设施等为主要内容的新型投资，以及以中间品贸易、服务贸易、数字贸易等为主要内容的新型出口，从而提振需求。

此外，为防止形成新的产能过剩，还要因地制宜发展新质生产力。对辽宁省来说，以“三篇大文章”推动产业转型升级，体现了新质生产力的重要性。辽宁省需审视自身的比较优势，注重“老字号”传统产业转型升级和“原字号”价值链的拓展，这在新质生产力的发展中非常关键。比如，在新能源汽车方面，沈阳应专注于新能源汽车在极寒条件下的续航能力的研究，以发挥地域优势。虽然美国对新能源汽车的关税问题依然存在，但更应警惕锂电池的高关税。沈阳的数字化、智能化应围绕老字号、原字号、新字号展开，特别是在锂电池技术上若取得突破，将有力推动新质生产力的发展。

来源：《辽宁大学学报（哲学社会科学版）》

2024年第4期，有改动

作者：余淼杰

从经济学的六个视角看“产能过剩”

我们今天研究讨论的话题是关于“是否因为产能过剩导致美国对中国产品进行反倾销”。在这个逻辑下，美国认为产能过剩导致了中国的产品低价出售，因而必须进行反倾销。

那到底是怎么样的一个情况呢？首先我的观点很明确，这个逻辑当然是不成立的。

我讲六句话。

产能过剩指控并不成立

第一句话，是不是存在产能过剩？产能过剩是不是中国所独有的？

所谓产能过剩，就是指实际产能与潜在产能之间的一个差距。我们之前也做过一些研究，2018年我和团队在《经济研究》上发表了《工业企业产能利用率衡量与生产率估算》这篇文章，里面讲到了产能过剩的衡量。

产能过剩的衡量刚才也有老师讲到有几个方法，其中有一个叫作调查法，国家统计局采用的就是调查法。调查法的具体应用是将一个企业现在的产能与曾经产能的峰值进行对比，它们之间的差距就是产能过剩的部分。调查法有一定的科学性，但也存在一定的不足。不足之处在于对一个简单的产品或者简单的企业也许可以采用调查法，但是对那些复杂的企业或者复杂的行业来说的话，这个方法就显得比较简单、不科学。调查法的另外一个缺点是它调查的样本量很有限。总体来说，这个方法还是比较粗糙的。

后来，世界各国的经济学家，也包括我们自己，做了一些改进。改进的方法其实就是用资本折旧，从企业的数据看资本折旧的差距。换言之，如果我们产业的水平比较高，技术比较先进，产能比较大的话，它的资本折旧也比较大，从资本折旧就可以反推出产能过剩的情况。正如刚才有位老师提到的数据，中国2013年的产能利用率达到79%。其实相对于其他国家来讲的话，这是一个合理的空间。

我这边还有当时的数据，美国2000—2012年产能利用率的平均数是77.7%，欧盟是78.1%，巴西是81.6%，中国是79.9%。可以看到，各个国家之间的差别其实并不大。换言之，如果说中国存在产能过剩的话，那欧盟、美国或者其他国家也存在产能过剩。

产能过剩是因为有效需求不足

第二句话，更为重要的是，如果说存在产能过剩，产能过剩的原因是什么？

我认为，产能过剩的原因主要来源于四个方面：一是企业；二是行业；三是政府；四是市场。

从企业的角度来讲，如果大家普遍认为某些行业是新兴产业，那么企业就会蜂拥而上，这在经济学上被称为“潮涌现象”

或者“羊群效应”。比如现在的电动汽车行业，包括以前的一些产业，都有“潮涌”这种情况，这是企业的自主选择。

从行业的角度讲，原来的八大产能过剩的产业，像电解铝、水泥、钢铁、化工等，之前还有船舶，它们过剩的根本原因是进入的门槛比较低，属于粗放型的投入，不是集约型的投入，所以大家一哄而上。

从政府的角度看，每个地方政府原来都在利用各自的地方投资平台，他们也有一些产业政策补贴，也的确容易导致所谓产能过剩。

更为重要，或者说最重要的角度，我个人认为是市场的角度。换言之，我们现在之所以出现所谓的产能过剩，并不是真正的产能过剩，而是因为有效需求不足。我再次强调这个观点，所谓的产能过剩是因为我们有效需求不足。正是因为现在需求比较疲乏，所以我们生产的产品卖不出去，产品卖不出去企业就会减产，这就会导致企业现在的产能和潜在的产能之间有一定差距。

这个所谓的有效需求不足，就导致了所谓的产能过剩。我觉得这点非常重要，到底是因为是有效需求不足导致了所谓的产能过剩，还是说因为我们产能过剩，然后倾销，这是一个本质性的问题。我们的观点是因为有效需求不足。

这有点类似于美国1929年至1933年的情况。为什么这么讲？如果我们说今天中国不是有效需求不足的话，那么我们也可以说当年美国不是有效需求不足，你甚至可以说当年之所以把牛奶倒到河里面，是因为牛奶生产得太多了，但事实显然不是。根本原因是有效需求不足，大家没钱买牛奶。

目前来看，产能过剩的本质原因是有效需求不足。当然，不只是因为有效需求不足，其实我们也存在“潮涌”现象。为什么这么说？因为客观上来讲，2008年之前，不存在有效需求不足，那个时候全球经济十分平衡。那时候为什么也有所谓的产能过剩情况，主要是因为存在“潮涌”现象。但现在“潮涌”现象并不是导致产能过剩的主要原因，最主要的原因是有效需求不足。

中国出口的强大源于规模经济递增

第三句话，现在中国具有强大的出口能力，我们现在拥有41万亿元的外贸总量，我们的出口能力全球第一。我们强大的出口能力来自什么呢？主要来自两个方面：一是我们产品的比较优势；二是我们很好地利用了一个不断扩大的“国际大市场”。

虽然不能叫作国际统一大市场，但可以说是不断扩大的大市场。换言之，现在你的产品之所以能卖出去，是因为产品有比较优势，也就是产品比别人便宜，你的产品竞争力强。

所谓规模经济递增是什么意思？就是说我把市场做大之后，降低企业的固定成本，然后企业能够卖出去更多，挣得更多，大白话就是这个意思。

所以，并不说因为中国有补贴，所以出口才多。哪怕中国没有任何补贴的产业，它的出口依然很多。

中国的产业补贴不违反世界贸易组织的规定

第四句话，中国到底有没有产业补贴？有，我觉得我们可以大胆地说。但中国的产业补贴基本上、总体上不违反世界贸易组织的规定。这非常重要，我们一定要说明这一点。

为什么这个重要呢？世界贸易组织的规定有三类：一类是绿

色，一类是黄色，一类是红色。

什么叫绿色呢？如果说我们的补贴是用于研发的，这种是合理的。如果说补贴是专门用于出口的，或者是进口替代的，那是违反世界贸易组织规定的。现在中国有没有任何一个法规或者是规定是针对出口补贴的，我们的补贴更多的是绿色补贴，而且这个绿色补贴不只是中国企业可以申请，外资企业也可以申请。比如宝马，它来中国投资的话也一样可以申请研发的补贴政策。

维护中国市场经济地位至关重要

第五句话，美国所谓的产能过剩，然后采取反倾销的说法证据不足、认定无理。

为什么说证据不足呢？如果说美国作为世界贸易组织成员方，要对另外一个国家的产品反倾销，它必须说明因为这个国家的低价销售的产品对它本国的市场形成了本质性的、不可替代的伤害。请大家注意两个表述：本质性的、不可替代的。

中国不出口“新三样”，美国能出口吗？美国之所以不能够出口“新三样”，不是因为美国没有补贴，而是因为美国不存在全产业链的配套，或者说是美国的产业空心化所导致的。换言之，现在中国的“新三样”并不是因为补贴才能够出口，这是第一点。

第二点，如果说美国的逻辑是对的话，那么中国所出口的产品中增速最快的应该是这些所谓的产能过剩的产业，或者说出口金额最大的应该是这些所谓产能过剩的产业。有没有这种现象？没有。2023年的数据显示，这些企业出口的产品中最多的是机电产品，然后才是钢铁。2023年，中国钢铁产业出口总额1000亿美元，机电产品产业出口总额1万亿美元，二者差了一个数量级。换言之，中国出口金额最多的并不是产能过剩的产品，增速最快的也不是产能过剩的产品，所以美国的说法缺乏证据。

为什么说认定无理？刚刚各位领导也讲到，2024年5月拜登政府颁布的反倾销税管理法，严重违反了世界贸易组织的规定。美国认为，如果是市场经济国家的话，它的反倾销税率是37%；如果不是市场经济国家的话，它的反倾销税率可以达到100%，所以它把中国定义为“非市场经济国家”。如果说中国不是市场经济国家的话，我还真的看不出哪个国家的市场经济比较强。我们是市场经济国家，为什么这么讲？因为我国现在的市场是通过供需来定价的，这是第一点。

第二点，美国说中国不是市场经济国家，是因为美国认为中国和美国有一定的差距。美国是市场经济国家，而中国与美国存在差距，所以中国不是市场经济国家。这个比较是不对的。我们要对比的是，美国人均收入在12000美元的时候，你的制度是怎么样的，也就是说应该对比同等收入水平的制度差别。所以从这个角度讲，我们争取第三世界的这种发展中国家地位固然重要，但更为重要的是争取市场经济地位。

应当大力发展全国统一大市场

第六句话，我们应该怎样应对？关于如何发展全国统一大市场，我有点不成熟的意见，不对的地方请大家批评指正。

第一点，我觉得还是要做好外宣的工作，讲好中国故事。明明是我们中国吃了亏，但是没有把道理说出来，还好像我们理亏，这是非常不对的。我觉得我们未来就应该避免这种情况，先就事论事，然后根据它的规则一个一个变，然后咱们再一个一个讲。

第二点，从反制的角度来讲，美国现在采取这种反倾销政策，同样地，我们也可以有理有据有节地做好应对准备。

怎么样做好应对准备呢？我觉得有两点：一是培育新质生产力。不管我们认不认同产能过剩，最重要的是培育新质生产力。

二是积极培育国内大市场。不管我们喜不喜欢、有没有办法，短期之内最客观、最实际的方式一定是投资。在如今全球这种大环境下，出口不会太多。拉动消费当然很好，但可能会心有余而力不足，而且培育消费需要时间，不可能一蹴而就，所以短期之内拉动经济的最有效方式就是投资。

如果说我们要深化改革，只能做一件事情的话，最重要的事情就是培育全国统一的大市场。

来源：新经济学家智库研讨会　2024年06月12日，有改动

以进一步全面深化改革，开辟中国式现代化广阔前景

党的二十届三中全会就进一步全面深化改革、推进中国式现代化作出重要部署，彰显了党和国家将改革进行到底的坚强决心和强烈使命担当，为中国未来改革开放和经济发展指明了前进方向，对以中国式现代化全面推进强国建设民族复兴伟业具有重大而深远的意义。

把舵引航，为中国式现代化绘制路线图、制定时间表

党的二十届三中全会审议通过的《中共中央关于进一步全面深化改革、推进中国式现代化的决定》（以下简称《决定》），聚焦“改革”与“中国式现代化”两大关键词。进一步全面深化改革，要紧扣推进中国式现代化这个主题，推进多个方面体制机制改革，为中国式现代化提供不竭动力与活力。

为进一步全面深化改革明确时间表。《决定》共15个部分，其核心要点就是“改革”，提出到2029年中华人民共和国成立80周年时，完成《决定》提出的改革任务；到2035年，全面建成高水平社会主义市场经济体制，中国特色社会主义制度更加完善，基本实现国家治理体系和治理能力现代化，基本实现社会主

义现代化，为到本世纪中叶全面建成社会主义现代化强国奠定坚实基础。

为进一步全面深化改革提供理论基础。党的二十届三中全会提出，进一步深化改革要推动“国家治理和社会发展更好相适应”的重要论断，将其与“推动生产关系和生产力、上层建筑和经济基础更好相适应”相并列。这是对马克思主义国家学说的进一步完善。进一步全面深化改革，要牢牢把握继续完善和发展中国特色社会主义制度、推进国家治理体系和治理能力现代化的目标任务，推动生产关系和生产力、上层建筑和经济基础、国家治理和社会发展更好相适应，为中国式现代化提供强大动力和制度保障。

以经济体制改革为牵引，为中国式现代化提供基础支撑

构建高水平社会主义市场经济体制是进一步全面深化改革的重要抓手。党的二十届三中全会强调统筹有效市场和有为政府。在发挥市场作用层面，《决定》提出实现资源配置效率最优化和效益最大化。在发挥政府作用层面，主要体现在有效的政府治理和科学的宏观调控两个维度。《决定》特别强调政府治理，提出“科学的宏观调控、有效的政府治理是发挥社会主义市场经济体制优势的内在要求”，并提出具体的宏观经济政策调控内容。推动经济体制改革，具体集中在以下几个方面：

构建全国统一大市场。构建全国统一大市场是构建高水平社会主义市场经济体制重要内容之一。构建全国统一大市场起点是要素市场的统一，终点是商品和服务市场的统一，过程是通过统

一的监管保证基础设施联通以及生产要素、消费成本（包括显性交易成本和隐性交易成本）的降低。

培育和发展新质生产力。培育和发展新质生产力是技术革命性突破、生产要素创新性配置、产业深度转型升级“三位一体”的系统工程。科技创新是发展新质生产力的核心要素。要推进科技创新特别是原始性创新，即从0到1的突破，并推动产品改进，即从1到N的转化。生产要素创新性配置需要构建支持全面创新体制机制，包括在资本方面规范发展天使投资、风险投资、私募股权投资，更好发挥政府投资基金作用，发展耐心资本，在人才方面要提高人力资源质量等。实现产业深度转型升级，“原字号”产业要延伸附加值链条，培育壮大战略性新兴产业和未来产业，健全因地制宜发展新质生产力体制机制。

深化财税体制改革。财税体制改革可以保证经济高质量发展，保障社会公平，其重点在于坚持事权和财权相匹配的原则。比如，可以通过调整税制、税率，在保证国家财源充足的基础上保证社会公平。实行相应的配套措施，合理扩大地方政府专项债券的支持范围，加快地方融资平台改革转型。

稳步扩大制度型开放。《决定》指出，“开放是中国式现代化的鲜明标识”。应从要素型的开放转向制度型的开放，推动在规则、规制、标准、管理4个层面开放，要对标对表《全面与进步跨太平洋伙伴关系协定》（CPTPP）等高水平经贸协定来推进改革。

以教育科技人才改革为支撑，为中国式现代化提供强大动力

《决定》指出，“教育、科技、人才是中国式现代化的基础

性、战略性支撑”。“统筹推进教育科技人才体制机制一体改革”，这一改革要求体现了全局性、战略性思维。这就要求我国深入推进科教兴国战略、人才强国战略、创新驱动发展战略，坚持教育发展、科技创新、人才培养一体推进。这不仅有利于推动经济的高速增长，使我国经济实力得到巨大增强，同时提高经济发展质量，还能够推动国民经济发展从外延型向效益型的战略转变。

要优化高等教育布局，建立科技发展、国家战略需求牵引的学科设置调整机制和人才培养模式，如培养服务战略性新兴产业，交叉学科、新兴学科、未来学科等国家所需所缺的高端人才。要统筹强化关键核心技术攻关，推动科技创新力量、要素配置、人才队伍体系化、建制化、协同化。要建立以创新能力、质量、实效、贡献为导向的人才评价体系，打通高校、科研院所和企业人才交流通道，健全新型举国体制，提升国家创新体系整体效能。

来源：《辽宁日报》 2024年08月15日，有改动

改革是实现中国式现代化的永续发动机

在认真学习《中国共产党第二十届中央委员会第三次全体会议公报》（以下简称“公报”）内容之后，我个人最大的感受是，党的二十届三中全会体现了两个关键词：一个是改革，一个是中国式现代化。

从公报的具体内容来看，主要讲了三点：一是改革的重要性；二是怎样改革；三是全面深化中国式现代化包含的内容。

在此，具体结合公报，谈一谈我的心得。

我觉得公报最大的亮点之一，就是指明了改革与中国式现代化的关系。

公报明确指出，“中国式现代化是在改革开放中不断推进的，也必将在改革开放中开辟广阔前景”。这句话讲的是，改革和中国式现代化这两者是辩证统一的螺旋式上升关系。换言之，改革是推进中国式现代化、实现中国式现代化的永续发动机。

党的二十大报告对中国式现代化作了深刻阐释，概括了中国式现代化是人口规模巨大的现代化、是全体人民共同富裕的现代化、是物质文明和精神文明相协调的现代化、是人与自然和谐共生的现代化、是走和平发展道路的现代化。这5个方面的中国特色也深刻揭示了中国式现代化的科学内涵。公报从14个方面对中国式现代化进行阐述，并希望通过改革来促进这14个方面的落地。

公报指出，“进一步全面深化改革的总目标是继续完善和发展中国特色社会主义制度”，“到二〇三五年，全面建成高水平社会主义市场经济体制”。社会主义市场经济体制并非首次提到，但“高水平社会主义市场经济体制”却是首次提出，并且给出了时间表。尤其是公报提到，“到二〇二九年中华人民共和国成立八十周年时，完成本决定提出的改革任务”。这也是一个全新的提法。可以看到，公报更多是从宏观的角度来讲如何推进改革。

公报指出，“高水平社会主义市场经济体制是中国式现代化的重要保障”，“实现资源配置效率最优化和效益最大化”。效益最大化和效率最优化两种表述，既有相同的地方，也有不同的内涵。从企业的角度来讲，“效益最大化”就是利润最大化。但在党的文件中，比较少见地提到“效率最优化”。在我看来，只有在效益最大化与成本最小化相结合的情况下，才能得到效率的最优化，而如何实现效益最大化和效率最优化，则需要市场来决定。

公报指出，“要毫不动摇巩固和发展公有制经济，毫不动摇鼓励、支持、引导非公有制经济发展，保证各种所有制经济依法平等使用生产要素、公平参与市场竞争、同等受到法律保护，促进各种所有制经济优势互补、共同发展。要构建全国统一大市场，完善市场经济基础制度”。我个人认为，构建全国统一大市场是中国改革最重要的目标之一。构建全国统一大市场，其中一方面是要素市场的统一，这也是起点，终点是商品和服务市场的统一，过程是降低各类交易成本，而方式和保障则主要是依靠法治。

同时，改革和中国式现代化之间，绕不过的一个关键节点就是如何发挥市场和政府的作用。在市场方面，要做到有效市场和有为政府相结合，而党的二十届三中全会进一步丰富了“有为政府”的内涵，即“科学的宏观调控和有效的政府治理”。

一般讲到科学的宏观调控会强调财政政策和货币政策相结合，但党的二十届三中全会在积极的财政政策方面讲到要“统筹推进财税、金融等重点领域改革”。换言之，货币只是金融一揽子改革中的一个工具。这也就和我们一直在讲的打造金融强国紧密相关。打造金融强国，既包含了逆周期的货币政策，也包含了推进利率市场化改革多个方面的内容。

公报指出，“城乡融合发展是中国式现代化的必然要求。必须统筹新型工业化、新型城镇化和乡村全面振兴”。党的十九大和党的二十大提到城乡融合发展，着重强调新型工业化、新型城镇化、新型信息化以及新型农业现代化，但党的二十届三中全会特别强调了新型工业化和新型城镇化。说到底，新型信息化是给这两项赋能的工具，而农业现代化则是重要保障，所以这进一步明确了新型工业化和新型城镇化的关系。而要处理好两者之间的关系，则必须强调全面的乡村振兴。

此外，公报指出，“开放是中国式现代化的鲜明标识。必须坚持对外开放基本国策，坚持以开放促改革，依托我国超大规模市场优势，在扩大国际合作中提升开放能力，建设更高水平开放型经济新体制”。

根据克鲁格曼的规模经济递增理论，如果企业或者行业可以实现规模经济递增的话，就可以通过生产不同的差异化产品销售到全球各地，从而变成一个净出口国。这也从另外一个角度解释了双循环的有机统一。

同时，公报指出，“要稳步扩大制度型开放，深化外贸体制改革，深化外商投资和对外投资管理体制改革”。之前中国的开放是要素型开放，而现在，除了要素型开放之外，中国的市场规模也在不断扩大，所以当今的中国，既出口劳动密集型产品又出口资本密集型产品。另外，制度型开放是指中国除了在要素型开放上保持比较优势之外，还要在规则、规制、标准和管理四个方面进行制度型的开放。

公报还指出，要“深化外商投资和对外投资管理体制改革”。我个人认为，尽管目前国内衡量经济增长往往使用GDP这个指标，但随着进一步改革开放，更多的企业走出去，衡量经济增长除了考核GDP之外，也许还要看GNP（国民生产总值）。

此外，公报指出，“党的领导是进一步全面深化改革、推进中国式现代化的根本保证”。这一点必须明确的是改革开放和党的领导之间的关系，即办好中国的事情，关键在党；抓好改革的事情，关键也在党。坚持党的全面领导，才能确保改革正确方向。改革是中国式现代化发展的原动力，开放是重要的法宝，而根本则在于党的领导。

从全球层面来看，在当今这个时代，每一个国家都在开放，但为什么只有中国每年GDP可以达到5%的增长？正是因为有了党的强有力的领导，中国式现代化才能够顺利实现。

总体而言，党的二十届三中全会可谓“干货”满满，给我们指明了方向，也进一步坚定了我们的信心。相信沿着党的二十届三中全会指出的发展路径，中国式现代化一定会有一个非常光明的前景。

来源：大河财立方　2024年07月20日，有改动

紧紧围绕推进中国式现代化进一步全面深化改革

2024年4月底召开的中共中央政治局会议指出，面对纷繁复杂的国际国内形势，面对新一轮科技革命和产业变革，面对人民群众新期待，必须继续把改革推向前进。

在以习近平同志为核心的党中央坚强领导下，中国经济已经进入以高质量发展为特征的新发展阶段。新时代新阶段，高质量发展是硬道理，改革是重要法宝。在新发展阶段，要完整、准确、全面贯彻新发展理念，加快构建新发展格局，发展新质生产力，实现中国式现代化。全面深化改革是实现中国式现代化的关键举措，必须自觉把改革摆在更加突出位置，紧紧围绕推进中国式现代化进一步全面深化改革。

构建全国统一大市场，实现规模经济红利

经过40余载的改革探索与实践，中国成功实现了从高度集中的计划经济到充满活力的社会主义市场经济的历史性转变。但由于市场分割、地方保护、不正当竞争等问题存在，国内市场不统一，大而不强，影响了国内经济循环的顺畅进行。只有建设统一开放、竞争有序的市场体系，才能发挥中国超大规模的市场优

势，充分挖掘中国内需潜力。

构建全国统一大市场中的“统一”不是回归“计划”，而是对社会主义市场和政府关系的深层次探索，是国家治理体系和治理能力现代化的重要体现。首先，“统一”的起点是要素统一，即构建人才、土地、资本、技术、能源、数据等要素的统一大市场。其次，“统一”的核心要义是要素的自由流动。突破束缚区域间要素流动的制度限制，实现要素在区域之间及产业之间的自由流动，做到人尽其才、物尽其用，进而推动劳动生产率提升。最后，“统一”的目标是产品和服务的统一。产品和服务的统一要求做到“三同”，即同质、同线、同标。比如，出口企业在同一条生产线上，按照相同的标准生产出口和内销产品，使供应国内市场和供应国际市场的产品达到相同的质量水准。因此，要逐步实现内外贸质量标准、认证认可等有效衔接，提升市场主体内外贸一体化发展水平。

为推动全国统一大市场的形成，必须着力降低交易成本，这涵盖显性成本与隐性成本两个维度。在降低显性成本方面，要撤销省际冗余公路检查站，提高铁路运输能力，大力发展高铁，节约人流物流的时间成本，有效提升贸易效率；在降低隐性成本方面，要实施统一的市场准入制度，坚持“两个毫不动摇”，确保民营经济在要素资源的获得方面具有与国有经济平等的市场地位，同时要优化营商环境，与各类形态的官僚主义作斗争，有效提高行政效率，真正做到“以进促稳”。

创新引领改革，加快形成新质生产力

发展新质生产力是推动高质量发展的内在要求和重要着力点。

高质量发展涉及生产、流通、消费、分配各环节，其中“牛鼻子”在生产。提升全要素生产率是实现高质量发展的关键，新质生产力则是提升全要素生产率的重要抓手。因此，新质生产力是推动高质量发展的核心要义所在。新质生产力是符合新发展理念的先进生产力质态。新质生产力之所以“新”，是因为有新产品、新业态、新形式，关键在质优，以新促质、以新提质是新质生产力的核心。

新质生产力的源泉来自创新。创新包括狭义的创新和广义的创新。狭义的创新主要包括技术进步与产品创新两个方面，而二者又存在显著差异。产品创新远难于技术改进，即从无到有的突破更难于边际上的改进。技术的进步与发展，强调工艺流程的优化和应用拓展。对于技术改进而言，所有企业都可以成为创新主体；而产品创新则依赖众多大型科研机构的协同攻坚。广义的创新是对规则机制和标准的创新。通过创新规则、创新规制、创新标准、创新管理，积极融入全球一体化，积极参与全球经贸治理。

提升研发强度是实现新质生产力落地的重要路径。中国在创新发展方面应更加着力于原创型创新，并在政策支持等方面加大对基础性研发的投入力度。2023年，中国研究与试验发展经费支出占国内生产总值的2.64%，接近经济合作与发展组织（OECD）国家的平均水平，但基础研究经费占研究与试验发展经费支出的6.65%，低于世界上最发达国家平均10%的比例。“十四五”期间，中国基础研究经费占研究与试验发展经费支出的比例有望提升至7%左右。由此，中国在基础研究上的投入还要加大力度。

推进金融体系改革，建设中国特色金融强国

建设金融强国要具备六大核心金融要素，即拥有强大的货

币、强大的中央银行、强大的金融机构、强大的国际金融中心、强大的金融监管、强大的金融人才队伍。要实现金融强国目标，就必须走中国特色金融发展道路，大力推进金融体系改革。这主要体现在以下四个方面。

第一，坚持党中央对金融工作的集中统一领导和坚持以人民为中心的价值取向。首先，当前中国经济的超大规模市场优势、全产业链供给优势、人才储备优势，特别是党领导下举国体制的优势，可以保障各项政策纵向到点、横向到边。其次，金融领域的具体实践体现出以人民为中心的深刻意义。例如，“普惠金融”的三个重点是对农村农业的扶持、对民营企业的支持、对其他方面尤其是弱势群体的关注和帮助。

第二，坚持把金融服务实体经济作为根本宗旨和坚持把防控风险作为金融工作的永恒主题。首先，金融要更好地服务于实体经济，要做好科技金融、绿色金融、普惠金融、养老金融、数字金融五篇大文章。其次，防范金融风险要做到“实、快、准、底”。一是明确责任归属，压实地方的执政基础。二是在面对金融问题时，要找准时机，迅速应对。三是坚持精准实施的原则。四是守住“防止爆雷”的底线。

第三，坚持在市场化法治化轨道上推进金融创新发展和坚持深化金融供给侧结构性改革。首先，加快完善相关法律法规，确保金融活动有法可依、违法必究，为金融市场的健康发展提供坚实的法治保障。其次，构建“以我为主”的金融设施体系，以保障实体经济发展。

第四，坚持统筹金融开放和安全与坚持稳中求进工作总基调。首先，统筹好高质量的金融开放和高水平的金融安全。其次，货币政策制定要做到稳中求进，以进促稳。

对外改革，打造全面对外开放新格局

当前，尽管我们面临异常复杂的国际形势，但和平与发展依然是时代的主流，我们要保持这种战略定力。当今依然处在经济全球化的大势之中，这是因为生产地区化和贸易多边化这两个经济全球化的核心特征依然发挥着重要作用。在这样的国际大格局下，我们要实现以和平发展道路为内在特征的中国式现代化，仍要坚持高水平对外开放，坚持“对外改革”，打造一个更大规模、更宽领域、更深层次的全面对外开放新格局。

第一，出口目的地多元化。当下，国际形势复杂多变，中国出口企业应更加积极地开拓欧美市场以外的新兴国家市场，如金砖国家、拉美地区等，同时深化向北开放。在向不同国家、地区市场出口产品时，中国企业应根据目的地国家或地位收入水平和现实情况提供差异化产品，在更好满足当地需求的同时增强自身竞争力。

第二，进口规模扩大化。从宏观政策层面，应持续扩大进口，降低关税，减少贸易成本，这将有利于引入更多产品进入国内市场，从而提升消费者的幸福感和获得感。在企业层面，若进口的是中间产品，成本下降有利于企业利润的可持续增长以及地方财政利税的增加；若进口的是最终产品，关税下降短期会带来竞争，但在长期竞争中会提升行业生产率，促进行业发展。

第三，服务贸易特色化。中国已成为全球货物贸易第一大国，但服务贸易还有较大发展空间，因而应从扩总量、调结构、树特色等方面努力。从总量上看，中国服务进出口规模总额不足9000亿美元，这和美国的服务贸易总量还有一定差距，需要继续扩大总量。从结构上看，中国服务贸易在主要产业方面逆差较大，因此为实现贸易平衡，有必要采取措施推动实现服务贸易顺差，特别是旅游服务贸易、教育服务贸易的扩大。从特色上看，需探寻我国服务贸易产业，如中医院产业的比较优势，以塑造独特产业特色。

第四，对外直接投资深度化。中国对外投资规模一直走在世界前列，“走出去”已经做得很成功，但中国企业还要“走进去”“走上去”。“走进去”指的是企业“走出去”后要承担更多的社会责任，真正实现民心相通。“走上去”则意味着对外直接投资要重质量，在开拓市场的同时，也要重视技术等各方面的提升。

第五，地区经贸合作层次化，陆上丝绸之路向东发展，海上丝绸之路向北发展。积极推进“一带一路”差异化发展。陆上丝绸之路的建设应重点向东发展，加强同远东的经贸合作。海上丝绸之路建设的重点应“两头并进”：一方面向北推进中日韩自贸区建设，特别是有序推进中日自贸区建设；另一方面考虑加强和中东、西亚、北非的经贸合作。陆上丝绸之路向东发展、海上丝绸之路向北发展，可以构建东北海陆大通道，在重塑中国对外开放战略版图的同时，也能大力推动东北全面振兴，真正实现以开放促改革，以改革促发展。

总之，新时代新征程。尽管如同其他国家一样，中国经济也面临一些挑战，但都是发展中的困难、飞跃中的烦恼。因此，只要我们把握住高质量发展这个硬道理，大力深化改革，中国式现代化其时已至，其势已成。

来源：《中国经济时报》 2024年05月13日，有改动

坚持改革开放　充分激发全社会创新动力和活力

习近平总书记在辽宁考察时强调，“东北全面振兴，归根到底靠改革开放”。这为新时代东北全面振兴指明了前进方向、明确了根本遵循。在全球政治经济格局深刻变化的时代背景下，我国不断推动更深层次的改革，实行更高水平开放，为构建新发展格局提供强大动力。推动辽宁全面振兴，要进一步聚焦问题、突出重点、攻克难点，通过改革开放充分激发全社会创新动力和活力，实现经济高质量发展，推动社会全面进步。

坚持改革创新推动新质生产力发展

党的二十届三中全会通过的《中共中央关于进一步全面深化改革、推进中国式现代化的决定》（以下简称《决定》）指出，中国式现代化是在改革开放中不断推进的，也必将在改革开放中开辟广阔前景。这充分体现了推动改革开放和推进中国式现代化的辩证统一关系。

坚持改革创新的重点在于培育和发展新质生产力。习近平总书记指出，新质生产力由技术革命性突破、生产要素创新性配置、产业深度转型升级而催生，以劳动者、劳动资料、劳动对象及其优化组合的跃升为基本内涵，以全要素生产率大幅提升为核心标志，特点是创新，关键在质优，本质是先进生产力。培育和发展新质生产力，首先是推动技术革命性突破。这一过程的核心在于创新，包括从无到有、从“0到1”的原始性创新以及从“1到N”的持续演进。不同企业于两类创新中的角色定位和战略侧重各不相同。巨头企业或者大型的科研机构要注重开展原始性创新，而推动技术的改进则是每个企业提升企业生产力和竞争力的最有效途径。其次，推动生产要素创新性配置。生产要素涵盖资本、人才、土地、数据等，要规范各类资本发展、提高人力资源质量、优化土地利用、建立健全数据治理体系等，因地制宜创新性进行生产要素配置，将有限的资源投入到最能创造价值的新质生产力领域，全面催生新质生产力发展动能。最后，推动产业深度转型升级。要培育壮大新一代信息技术、人工智能、航空航天、新能源、新材料、高端装备、生物医药和量子科技等战略性新兴产业，重点关注低空经济，重视绿色化发展，推进产业延链补链，有效厚植产品价值。

推动生产力与生产关系协调统一。生产力决定生产关系，生产关系对生产力具有反作用，好的生产关系能够为生产力发展创造良好的制度环境和资源保障，而生产力的发展又推动生产关系的变革和完善，形成良性循环。推动新质生产力发展，要鼓励更多社会资本进入关键领域，持续扩大外资市场准入，激发市场活力。充分利用政府投资基金的引导作用，鼓励发展耐心资本及公募基金资本，通过市场机制集中社会闲散资金投资有潜力的产业和项目，为企业提供稳定的资金支持，促进长期研发和创新。要持续改善营商环境，增强发展动力。实施简化行政审批流程、加强知识产权保护、完善市场信用体系等措施，为企业营造公平透明高效的市场环境，激发企业创新活力和投资积极性，确保企业在辽宁投资安心、发展顺心。

坚持对外开放构建双循环开放新格局

《决定》指出，“开放是中国式现代化的鲜明标识”。习近平总书记指出：“我们国家开放的大门越开越大，各级干部要提高在开放条件下想问题、作决策、抓工作的本领。”以开放促改革、促发展是我国现代化建设不断取得新成就的重要法宝。要完整、准确、全面贯彻新发展理念，坚持社会主义市场经济改革方向，坚持高水平对外开放，加快构建以国内大循环为主体、国内国际双循环相互促进的新发展格局。

加快构建全面开放新格局。首先，推进更大范围的开放。更大范围的开放不仅包括以制造业为主的商品贸易，还涵盖服务贸易、数字贸易和绿色贸易等，依托我国大市场优势，促进国际合作，实现互利共赢。其次，推进更宽领域的开放。在出口目的地多元化、进口规模扩大化、积极引进外资、推动对外直接投资和企业“走出去”以及“一带一路”差异化发展方面实施重要举措，进一步拓展国际经济合作空间，有力推动全球经济一体化进程。最后，推进更深层次的开放。稳步扩大制度型开放，主动对接高标准规则、规制、管理、标准，对标《全面与进步跨太平洋伙伴关系协定》（CPTPP）等规则，推动国内相关体制机制改革，营造与国际接轨的营商环境，进一步促进贸易和投资自由化、便利化，形成商品和要素顺畅流动的制度环境、经营主体公平竞争的市场环境和稳定、透明、可预期的政策环境。

建设对外开放“桥头堡”。东北是我国向北开放的重要门户，在我国加强东北亚区域合作、联通国内国际双循环中的战略地位和作用日益凸显。要增强前沿意识、开放意识，加强与东部沿海和京津冀的联系。辽宁要积极打造对外开放新前沿，主动服务和融入新发展格局。要抓住向北向东开放机遇，积极参与高质量共建“一带一路”，拓展开放新空间。抓住中国与俄罗斯深化新时代全面战略协作伙伴关系机遇扩大开放，加大与日韩的合作。要打造更大的平台以承接更大的市场。要不断深化体制机制改革，在完善采购贸易方式、跨境电商规则等方面先行先试，不断降低贸易成本、破除贸易壁垒、推进地区贸易合作。同时，要利用好中欧班列，推动与日韩和东南亚、中东等国家与地区的合作。

加快构建全国统一大市场。要加快建设高效规范、公平竞争、充分开放的全国统一大市场，为以中国式现代化全面推进强国建设、民族复兴伟业提供有力支撑。要推进要素市场统一。要坚持和落实“两个毫不动摇”，保证各种所有制经济依法平等使用生产要素、公平参与市场竞争、同等受到法律保护，促进各种所有制经济优势互补、共同发展，做大做强国有企业，引导并发展民营经济。要推动人才在国内合理、充分地流动，优化人才政策供给，营造优质人才环境，做到人尽其才、才尽其用。要推动土地要素在城乡间双向、自由、有序地流动。要推进数字政府建设，创新数据交易制度，强化数据要素市场风险监管，保障数据流通安全可控。优化交通网络布局，加强交通基础设施建设，运用大数据、物联网等先进技术手段优化物流管理流程，提高运输服务的质量和效率。要推动商品和服务市场的统一。健全商品质量体系，加强全供应链、全产业链、产品全生命周期管理，完善标准和计量体系，全面提高消费服务质量。同时，推进市场监管公平统一，进一步整治不当市场竞争和市场干预行为，以加快构建全国统一大市场推动经济高质量发展，为推进中国式现代化奠定坚实基础。

来源：光明日报客户端、《辽宁日报》 2025年02月10日，有改动

第三篇

区域振兴与协调发展

让新质生产力成为区域协调发展“加速器”

风鹏正举，春风渐酣。2024年全国两会上，“高质量发展”和“新质生产力”两个热词，因时因势碰撞，迸发绚烂火花。当前，全国各地循“新”出发，迎“新”而进，围绕“加快发展新质生产力”，谋划地方产业转型升级的经济发展“大戏”。

接受《中国经济时报》记者采访的专家认为，伴随新质生产力首次写入2024年《政府工作报告》，全国加速布局新质生产力赛道，各地须紧扣“因地制宜发展新质生产力”核心，进一步凸显区域产业、资源禀赋优势，围绕促进区域经济协调发展要求，合力推进，避免同质化。

放大自身优势抢占新质生产力先机

2024年全国两会期间，习近平总书记提出“因地制宜发展新质生产力”。顾名思义，因地制宜就是要督促地方进一步找到自身优势，立足各地资源禀赋、产业基础、科研条件等，统筹推进传统产业升级、新兴产业壮大、未来产业培育，确保各地在布局新质生产力中迸发比较优势，携手而进。

新质生产力具有高科技、高效能、高质量特征。按照“十四五”规划相关要求和国家层面部署未来产业的政策安排，新一代信息技术、生物技术、新能源、新材料、高端装备制造、新能源汽车、节能环保、航空航天、海洋装备等战略性新兴产业，以及类脑智能、量子信息、基因技术、未来网络、深海空天开发、机器人、人工智能、元宇宙、增材制造、柔性电子、氢能储能、细胞治疗产业，都是各地积极部署、竞相角逐的重要产业领域。

发展布局战略性新兴产业和未来产业，显然有着较高的产业门槛。“科研创新力量比较集中的东部地区如北京、上海、深圳等地具备的技术领先和科技创新能力比较优势突出。”辽宁大学校长余淼杰在接受《中国经济时报》记者采访时表示，在布局人工智能、机器人以及新材料、新一代信息技术上无疑将成为引领。同时，中西部地区以及东北地区因为工业基础雄厚、制造业链条完备等优势，通过积极引入技术创新资源，同样在大力推进战略性新兴产业和未来产业布局。

新能源汽车产业是培育新质生产力的重要引擎。从2023年各地新能源汽车产量来看，东部引领、中西部跟进的态势越发鲜明。其中，深圳依托“产业创新+科技领先”绝对优势，首次跃居“新能源汽车第一城”。2023年深圳新能源汽车产量178.6万辆，超过上海的128.68万辆和西安的98.38万辆，位居全国第一位。中部地区的合肥、长沙，西部地区的西安、重庆以及东部地区的济南跻身2023年新能源汽车产量前十城市。

可见，科技创新和制造业的“牵手”在布局新质生产力方面将成为常态。在余淼杰看来，对我国不同区域而言，进一步放大各自比较优势、合力发展，以发展新质生产力为重要着力点推进高质量发展，这一过程需要一些具体产业率先垂范，以形成带动和示范效应。

扫清相关障碍促进协调协同发展

产业的快速崛起需要多方面的共同发力，确保产业政策、经济政策、金融政策以及用地、人才、技术投入等“一路绿灯”，超前布局加速落地。

对于发展新质生产力而言，扫清相关障碍是各地的首要任务。其中，营造更优质的创新环境和制度体系是重中之重。余淼杰认为，要继续提高原始创新能力，加大研发经费投入的强度、提高基础研究经费的占比，“要让科技创新推动产业创新，最终转化为新质生产力”。他强调，做好产学应用的结合，确保实现新产业、新模式、新动能的发展是全国各地加速布局发展新质生产力须优先加以考量的。

余淼杰强调，发展新质生产力归根结底要靠创新人才。要按照发展新质生产力要求，完善人才培养、引进、使用、合理流动的工作机制，实施更开放的人才政策，促进人才流动。

可以预见，依托更加积极的产业政策、金融政策和促进新质生产力发展的地方实践，各区域将共同呈现极具吸引力的发展新机遇。

“发展新质生产力可为区域经济协调发展带来新机遇。”中国人民大学应用经济学院区域与城市经济研究所教授张可云在接受《中国经济时报》记者采访时表示，发展新质生产力会拓展区域合作领域并提高区域合作的成效。比如，“东数西算”工程就是将东部地区大量的算力需求引导到西部地区，使数据要素跨区域流动促进东西部合作共赢。此外，发展新质生产力会为振兴老工业基地注入新的活力，重建比较优势，推动东北地区再发展。

“发展新质生产力要避免一哄而上、同质化竞争。”张可云认为，要深刻认识发展新质生产力为区域经济协调发展带来新机遇和新挑战并存的客观实际，避免布局发展新质生产力过程中出现区域发展水平差距拉大，“要牢牢把握高质量发展这个首要任务，因地制宜发展新质生产力”。

来源：《中国经济时报》 2024年03月29日，有改动

如何发展县域经济

2024年12月24日，由中国信息通信研究院、沈阳市数据局和沈阳市大东区人民政府主办的县域工业经济发展论坛（2024）在沈阳成功举办。全国人大代表，国际经济学会会士，辽宁大学党委副书记、校长余淼杰教授出席论坛，并作主旨报告。现将报告原文转载如下：

特别感谢中国信息通信研究院提供的这次学习机会，借此平台跟大家汇报一下我对发展县域经济的两点初步思考。

第一，我想探讨新型工业化和新型城镇化的关系，尤其是为什么要发展县域经济。我们正面临着风高浪急的国际环境和艰巨繁重的国内改革发展稳定任务。在党中央的坚强领导下，中国经济已从高速增长阶段转入高质量发展阶段。在这个新的发展阶段，我们最重要的任务是真正深刻理解并全面贯彻新发展理念，构建"创新是第一动力、协调是内生特点、绿色是普遍形态、开放是必由之路、共享是根本目的"的新发展格局。今天，我将围绕"协调是内生特点"这一新发展理念，探讨发展县域经济的重要性。协调分为区域协调、城乡协调和行业协调三个层次。行业的兴衰交替更多是市场调节的结果，因而重点在区域协调与城乡协调。区域协调的目标是实现新型农业现代化、新型工业化、新型城镇化和新型信息化。其中，新型农业现代化是基础，新型信息化则主要为新型工业化和新型城镇化赋能。因此，新型工业化与新型城镇化之间的关系最为关键。从逻辑上讲，二者关系存在三种可能的模式，分别是城镇化发展领先于工业化发展、工业化发展领先于城镇化发展，以及两者协调均衡发展。前两种模式都可能产生负面影响。以南非为例，城镇化速度过快而工业化未能同步跟进，致使城市人口激增。因工作岗位稀缺，居民收入锐减，出现城市贫困区，甚至引发社会动荡，进而使得外国企业家因缺乏安全保障而对投资南非望而却步。而工业化发展速度超过城镇化同样不是理想状态，国内一些城市及其他国家都有此类情况发生：工业蓬勃发展，劳动力却不足，导致用工成本攀升、企业利润和税收被压缩，进而影响地区可持续发展。因此，实现工业化与城镇化的协调均衡发展至关重要。

中国目前工业化适度超前，而城镇化相对滞后。这一判断基于两个关键指标：一是非农就业占总就业的比重与城市化率之比，如果这一比值超过1.2，则表明工业化进程快于城市化发展；二是第二产业就业比重与城市化率之比，如果这一数值高于0.5，则说明工业化发展速度快于城市化。那么，如何准确衡量城镇化人口？如果以城镇户籍人口为标准，我国当前这两个指标都略高于基准值，意味工业化进程领先于城镇化发展；如果以城镇常住人口为依据，则刚好达到1.2和0.5的临界值。当前，我国正着力补齐城镇化发展这一短板。城镇化发展的第一个阶段要大力推进城市群建设。首先，稳步推进五大城市群的建设，包括长三角城市群、粤港澳城市群、京津冀城市群、长江中游城市群和成渝城市群。当前，其中四大城市群的GDP均已超过10万亿元，长三角城市群的GDP更是超过30万亿元。其次，持续促进二线城市群的发展。我们正处在一个百舸争流、竞相发展的时代，二线城市群的发展潜力巨大，未必会逊色于一线城市群。在北方发展较好的有哈长城市群、沈大城市群、山东半岛城市群、汉中城市群，在南方则有海峡西岸城市群、北部湾城市群等。城镇化发展的第二个阶段要逐步去中心化，这也是当前的发展阶段。受各类资源禀赋的限制，城市的承载力有限，难以支撑无限扩张。以往一线城市集资源与机遇于一身的局面正在改变，北上广深等一线城市吸引力渐弱。中央从“城市化”到“城镇化”的表述变化，虽一字之差却反映了两种截然不同的发展思路，是继续追求“大国大城”的路径，还是转向“大国小城”的模式？现在的方向已经非常明确：我们要发展县域经济。从省级层面逐步向市级、县级推进，实现工业化与城镇化的同步协调发展，这是实现高质量发展的关键。这也解释了为什么中央在2019年《政府工作报告》后特别强调严控县级市的设立。尽管过去一段时间内曾有此类做法，但现在的基本方针是要发展县域经济。只有县域经济得到充分发展，中国经济才能实现真正的高质量发展。

第二，我想探讨如何通过培育新质生产力来实现县域经济的高质量发展。这需要科学、完整地理解并借助“三位一体”的发展策略，即技术的革命性突破、要素的创新性配置和产业的深度转型升级。

首先，技术的革命性突破。科技是第一生产力。对于企业而言，实现技术的革命性突破是提升生产力的关键。这一过程并非一蹴而就，关键在于创新。创新可以分为两类：一类是原始性的创新，即从无到有、从“0到1”的突破；另一类是技术性的改进，即从“0到N”的演进。对于不同企业，这两类创新的意义也各不相同。对于像华为这样的巨头企业或者大型的科研机构而言，原始性的创新可能更为关键；而对于技术性的改进，每个企业都有能力进行。原始性的创新更多依赖大城市群或北上广深等拥有大型科研机构的城市。而县域经济更应侧重依靠技术的改进来实现发展。那么，如何实现这一目标？近年来，全球价值链呈现出短链化甚至断链化的趋势，传统的线性价值链正逐渐向价值块转移，强调地方特色和区域优势的产业集群变得愈发重要。产业集群的培育并非仅靠行政手段就能实现，关键在于识别地方的比较优势。了解和把握这些优势是形成有效产业集群的基础，也是真正实现县域经济高质量发展的重点。正如刚才刘克斌副市长讲到的辽宁正在推进四大万亿级产业和22个产业集群的发展，这正是基于对本地优势的精准把握。

其次，要素的创新性配置。要素包括资本、人才、土地、数据、能源和运输六大核心领域。一是资本。在创新性地配置这些要素时，我们需要认识到创新是一项高风险活动。因此，让行业中的尾部企业承担创新任务并不现实，它们自身生存尚且不易，更不用说投入资金进行创新。创新的责任往往落在行业领先企业或政府的肩上。对于具有潜力发展新质生产力的企业，政府可以直接投入资源。但政府资金毕竟有限，对于普通企业该如何帮扶？党的二十届三中全会指出，要引入社会资本和公募资金。这些正是资本在要素创新性配置上的体现。二是人才。人才的引进和培育至关重要。以辽宁大学为例，过去的两年时间里成功引进了60多位全国乃至世界顶尖的人才。这些人才的到来不仅激发了新的活力，也改变了外界对东北的认知。越来越多的人发现东北是个好地方、辽宁是个聚宝盆、沈阳是棵梧桐树。党的二十届三中全会提出的最重要的改革举措之一就是构建全国统一大市场，其中的关键在于实现要素的自由流通。这意味着要为人才创造一个开放包容的环境和平台，让他们自由流动，愿意来则来、不愿意来则去，这样他们才敢于并愿意前来。三是数据。数据包括数字产业化和产业数字化两个方面。从政府角度来看，最重要的是打造数字政府，确保基础数据和统计信息在各部门间的一致性，这是推进数字经济的基础工程。我们应率先实现数字产业化，扩大数字经济规模，再推进产业数字化的实施。

最后，产业的深度转型升级。第一方面，要着力做大做强党的二十届三中全会提出的八大战略性新兴产业，包括新一代信息技术、人工智能、航空航天、新能源、新材料、高端装备制造、生物医药和量子科技。然而，这些战略性新兴产业能否在县域层面得到发展，还是只能局限于省级层面或城市群中。我个人认为，需要因地制宜。那些原本发展基础较好的地区，完全有可能承接并发展这些新兴产业。而对于中西部或相对落后的山区，更重要的是实现传统产业的深度转型升级。那么，如何实现这一目标？我认为，可以借助数字化和智能化手段，将这些产业融入全球一体化的进程中。尽管中国的用工成本在不断上升，劳动密集型产业可能会转移出中国，但资本密集型产业并不会转移，因为这类产业最重要的成本并非劳动力，而是全产业链的比较优势，而这正是我们的优势所在。第二方面，绿色化发展也是一个重要方向。电动汽车的成功就是绿色化发展潜力的一个有力证明。在如此错综复杂的国际经贸格局之下，我国的电动汽车行业依然可以与外国积极开展合作，且销量斐然，这不仅为产业转型升级指明了一个重要方向，也为县域经济发展提供了广阔空间。当然，传统产业不必急于追求转型至所谓的新兴战略性产业，专注于原有产业的转型升级可能更为实际且有效。第三方面，原材料产业的延链、补链同样至关重要。这不仅关乎工业，也包括服务业、农业、生产型制造业等。以东北地区的农业为例，有些企业通过与知名品牌合作，通过贴牌方式，实现了产品的延链和升级。只要找准合适的方法，无论是通过贴牌还是打造自有品牌，都是提升产品价值的有效途径。此外，电商也是推动县域经济发展的有效方式。

发展县域经济，工业化无疑是基础和主体，但同时，各地也应因地制宜发展服务业。辽宁在这方面有着巨大的潜力，完全可以打造具有地方特色的文化品牌。无论是红色文化还是旅游文化，辽宁都有着得天独厚却未被外界充分认识的丰富资源。不论是本溪水洞、稻梦空间，还是刘克斌副市长力推的文体旅融合，都是极具潜力的文化亮点。

借助全国统一大市场的建设之势，把握经济发展的脉搏。通过培育新质生产力，推动县域经济的发展。我们有信心，东北经济会再现辉煌，中国经济会更上台阶。我们也有信心，在中国式现代化进程中，为辽宁篇章书写出浓墨重彩的一笔。

来源：县域工业经济发展论坛　2024年12月24日，有改动

减贫以构建中国美丽乡村

2024年10月31日，“2024减贫与发展高层论坛”在北京举办，农业农村部党组成员张治礼出席论坛并致辞，联合国秘书长古特雷斯为论坛专致贺信。古特雷斯对中方举办论坛表示热烈祝贺，呼吁各国设立以人为本的机构和制度，全面实施《未来契约》，团结一致，让贫困成为历史。

此次论坛主题为“共促全球减贫进程、共建和谐美丽乡村”，同期举办“2024中非合作论坛—减贫与发展会议”和“2024全球减贫伙伴研讨会”。来自30个国家的政府官员、26位驻华使节，10个国际组织及专家学者、社会团体、企业、媒体等约300名代表出席论坛。第十四届全国人大代表，国际经济学会会士，辽宁大学党委副书记、校长余淼杰教授应邀出席论坛，并以“减贫以构建中国美丽乡村”为题发表主旨演讲。

余淼杰指出，中国经济已从高速增长阶段转入高质量发展阶段。政府主要围绕“新发展理念”的五个方面进行推动，即创新、协调、绿色、开放、共享。尤其在共享方面，中国在减贫和构建美丽乡村建设上取得了显著成就。

2012年，中国贫困人口还接近一亿。到2021年，中国成功实现了近一亿人口脱贫，这一成就凸显了我国在扶贫工作上付出的巨大努力以及取得的卓越成效。一般而言，当一个国家人均

GDP高于5000美元时，脱贫工作会非常艰难。这是因为经济增长并不自动等同于减贫，国家经济可能越来越好，但收入差距也可能扩大。然而，这种情况在我国并未发生。实际上，中国政府在脱贫攻坚中取得了伟大成就。至2012年，中国仍有一亿人生活在贫困之中；到2015年，我国贫困人口仍高达5575万。但到了2021年，这些人均已脱贫。特别值得一提的是，中国的832个贫困县均已成功摘帽，这是我国扶贫工作的一项伟大成就。

余淼杰进一步阐述，巩固拓展脱贫攻坚成果是当前的重要任务。数据显示，2024年中国农民的人均可支配收入达到7947元，折合超过1000美元。实现这一成就的关键在于两个方面：第一，2022年，中国共有1.6万多家机构投入到救助和支持极端贫困人口的工作中；第二，同年接受护理服务的人数超过77万。一旦巩固拓展脱贫攻坚成果的目标实现，便可大力推进中国美丽乡村建设。

美丽乡村建设主要从三个方面来进行：首先是生活环境的改善。据统计，2022年，全国农村卫生厕所普及率已经超过75%。广东省农村卫生条件已可与北京等大城市相媲美。其次，乡镇卫生所多达33917家，医护人员总数达153万，进一步保障了农村居民的健康需求。最后，农村最低生活保障人数为3300多万，总支出为140多亿元。此外，农业技术领域的发展也在推动农村经济增长。2022年，农业机械总动力达到11亿千瓦，各类大型、中型、小型、混合型拖拉机设备逐年增加。在农业生态方面，使用沼气的农户数超过1500户，沼气工程也增加到75万多个。太阳能设施的普及率也显著提高，太阳能热水器、太阳能房及太阳能炉设备的使用率不断上升。防洪和节水工程持续推进，防洪区、水土流失控制区和堤坝长度均在增加，守护了大量耕地。

余淼杰指出，农村产业政策在促进美丽乡村建设方面发挥着重要作用。他提出了三个重点领域：

一是农业产业化。需要将资本、劳动力、土地和其他要素都投入其中，并增加劳动力成本，鼓励优秀人才返乡。政府支持形成龙头企业，推动其参与农业产业融合项目，并对生产绿色产品的企业给予研发补贴，这一政策践行世界贸易组织的倡导。

二是农业数字化建设。电子商务的发展让农村居民享有与大城市同等的购物便利，实现网购商品次日达，极大提高了农村生活质量。同时，智慧农业被高度重视并纳入《中华人民共和国乡村振兴促进法》。

三是鼓励和发展地方性优势产业，如旅游业和休闲业。自2010年以来，政府公布了一系列乡村旅游休闲示范县名单。对于农村而言，竞争性农产品的培育和品牌建设尤为重要。通过政策支持，帮助农村地区打造品牌，提高农产品附加值。在产业融合方面，余淼杰建议通过品牌忠诚度和延长供应链来提升农产品附加值，推进一、二、三产业融合，形成产业集群。

余淼杰对中国美丽乡村建设的快速发展持乐观态度，并希望这些成就能够为其他发展中国家提供借鉴。他认为，中国美丽乡村建设前景广阔，必将会迎来更加美好的未来。

自2005年成立以来，中国国际减贫中心在国家有关部委和有关国际机构的支持协作下，已举办多届减贫与发展高层论坛。中国国际减贫中心（原中国国际扶贫中心）系农业农村部直属事业单位，是中国政府与联合国开发计划署等国际组织共同发起成立的减贫和乡村振兴领域国际交流合作机构，旨在服务巩固拓展脱贫攻坚成果，接续推进乡村振兴新局，贯彻落实中国特色大国外交布局。

来源：减贫与发展高层论坛　2024年10月31日，有改动

粤港澳大湾区背景下深化深圳与香港科创合作研究

一、引言

粤港澳大湾区作为国家推动新一轮区域经济一体化的重要载体，肩负着推动国家高质量发展的历史使命。该区域不仅是我国国家战略发展的重点区域，还是中国改革开放进程中的前沿阵地。深圳市和香港特区作为粤港澳大湾区的核心地区，在推动粤港澳大湾区发展过程中扮演核心角色。随着全球科技竞争呈现愈演愈烈趋势，粤港澳大湾区建设为科技创新开辟出前所未有的发展机遇。自《粤港澳大湾区发展规划纲要》正式发布以来，深港两地在科技研发、人才交流以及创新平台建设等领域的合作不断深化，并释放出强大的协同效应。其中，深圳市凭借其灵活的市场机制、丰富的创新资源，已经奋起成为全球科技创新的“硅谷”。深圳的科技企业，凭借其强大的研发能力和市场导向，迅速推动了新兴产业的发展。与此同时，香港则以其作为国际金融中心的独特优势，凭借着雄厚的资本市场、成熟的法律体系以及多元化的人才市场，为深圳的科创企业提供了资金、人才及市场等多重支持。香港的资金和科技服务优势，更成为深圳企业国际化过程中不可或缺的资源。这种优势互补的合作模式，不仅促使两地企业在产品研发、市场拓展等方面实现了更深层次的协同创新，也为粤港澳大湾区整体科技创新生态系统的建设奠定了坚实的基础。随着市场需求的拉动，深港两地的科创企业获得了广阔的发展空间，这种环境为产业的集聚与融合创造了条件。借助大湾区的便利交通与信息平台，深港两城之间的创新资源得以高效流动，有效促进了人才的培育与引进、技术的转化与应用，形成了良性的互动关系。这不仅提升了区域内科技创新的质量和水平，也为粤港澳大湾区提升在全球科技竞争格局中的地位提供了强有力的支持。

因此，深圳与香港在科创产业的深度合作，不仅是两座城市自身发展的内在需求，也是推动粤港澳大湾区科技创新与协同发展的关键因素。在全球科技竞争愈演愈烈的当下，深港合作的成功经验，将不断为粤港澳大湾区培育出更多具有国际竞争力的创新型企业，进而推动整个区域在科技创新、经济转型等多方面实现跨越式发展。从这个角度看，深港科创产业合作的深化，必将在粤港澳大湾区的创新格局中占据重要席位，为区域的经济繁荣与可持续发展注入强大动力。

二、深港科创合作现状

深港科创合作历经四十多年的发展。初期为香港技术单项转移至深圳，并形成以“香港输出，深圳吸收”为主要特点的互补合作方式，为深圳市的科技发展创造了初始条件。进入20世纪90年代，特别是随着香港1997年回归祖国，深港两地的科技合作继续以“前店后厂”的方式进行，大量香港制造业“北上”，进一步增强了深圳市的工业化进程，但未能有效突破原有合作路径，从而形成合作的相对稳定期。内地与香港在2003年签订《内地与香港关于建立更紧密经贸关系的安排》（CEPA）后，深圳与香港逐步开启了“前研后产”的科技合作模式，双方通过签订一揽子合作协议，持续推进双方的合作进程。粤港澳三方在2017年签订《深化粤港澳合作 推进大湾区建设框架协议》后，深港两地加快科技创新合作进程，在落马洲河套地区建立科技创新合作区，以“一区两园”模式，集聚国内外科技创新资源，并在其他方面展开合作。

（一）深港两地加速落马洲河套地区科创合作进程

河套深港科技创新合作区（以下简称“合作区”）深圳园区自2017年启动以来，积极推动深港两地构建科创合作的发展生态和推动双方建立更为紧密的科创合作关系。首先，合作区建立了4个科研项目载体，总建筑面积达到48.80万平方米，这为园区内科创合作夯实了空间基础。其中，香港科技园深圳分园、深港协同创新中心、深港国际科技园为重要的深港科创合作平台，促进了“基础研究+技术创新+成果产业化”创新产业链的形成。这些平台帮助深港两地共享科技创新成果和科创知识外溢，从而促进科创产业发展和当地经济结构优化。其次，深圳园区以科创产业集群为主导方向，整合深港两地的科创资源，并初步形成产业聚合效应。深圳园区以引进香港科技园深圳分园作为突破口，积极吸引香港科创资源共同发展生物制药、量子信息等产业集群。在生物制药领域，通过建立国际生物医药产业园，共同开展人体干细胞等生物医药前沿技术的研发和应用。在量子信息领域，通过整合内地相关资源建立国际量子研究院，推动量子技术在安全、通信等领域的应用。最后，深圳园区通过深港科创综合服务中心改善营商环境。该中心在2020年推出的以“e站通”综合服务中心为核心的557项电子化公共服务措施，推动多名国内外高端科创人才和多项香港青年创新创业项目“落户”深圳园区，138个科研项目得以在园区顺利对接和启动。同时，深圳市2020年出台了《关于支持深港科技创新合作区深圳园区建设国际开放创新中心的若干意见》，以政策支持和地方立法的方式促进深圳园区发展。深圳市和香港特区还在2022年联合推出28条“联合政策包”，联合支持科创人才的创新活动、科创要素跨境流动等，持续改善营商环境。此外，深圳园区还为院内科创人员申请获批超过400个国际互联网访问权限。

与此同时，香港特区政府在2024年颁布的《河套深港科技创新合作区香港园区发展纲要》中，明确提出从科研项目载体、产业集群和服务体系三个主要方面推动香港园区科创产业的可持续发展。首先，在科研项目载体方面，香港园区充分利用香港特区的“超级联系人”独特角色和国际化优势，整合国内外和“产学研”各方力量建设“生命健康+人工智能”国际顶尖实验室、InnoHK 2.0、生命健康研发院及“InnoLife HealthTech Hub：或（生命健康创新科研中心）”等六大科研项目载体，构建香港园区科创合作的平台基础。其中，全国重点实验室和大湾区联合研发实验室作为直接推动深港科创合作的重要研究平台，协助参与平台建设的香港高校科研团队和科创企业直接与合作区内科创企业建立学术研究共同体建设，并加速推动科技成果转化进程，从而有效促进深港两地的产学研跨境合作。其次，香港园区也以科创产业集群为主导方向，整合深港两地的科创资源，致力于在未来形成产业聚合效应。这一规划为科创企业发展提供了资源共享和合作发展的平台，香港园区积极吸引香港科创资源共同发展在生命健康、人工智能与数据科学、先进制造与新能源、高端生产性服务业等领域建立四大产业集群。在生命健康领域，香港园区推动大健康临床试验相关数据在深港两个园区间跨境流动的管理和中医药国际商业化运作。在人工智能与数据科学领域，园区内科研团队与科创企业在人工智能算法、芯片设计和封装测试等方面加强产学研合作，推动园区相关行业的数字化转型。在先进制造与新能源领域，积极推动新一代绿色能源和新型环保材料的技术研发，促进香港总体产业转型和升级。在高端生产性服务业领域，积极整合香港特区法律、会计、财务管理、金融服务等高端服务业，为科创企业发展提供有效且必要的服务。最后，香港园区通过设立政务服务事项专窗，在使科创企业便捷完成设立公司所需要的行政审批程序的同时，及时向这些企业提供最新的园区政策信息。具体而言，这种专窗模式降低了初创过程中大量的交易成本和时间成本，从而减少行政程序对于企业正常生产经营的负面影响。同时，专窗及时向园区企业提供必要的政策信息，则可降低企业决策失误所带来的商业风险，使其在市场竞争中获得竞争优势。

（二）深港其他方面的科创合作

深港两地以合作办学、香港高校在深圳设立分校、合作设立创新研究院等方式积极开展产学研科创人才培养合作。这种合作方式不仅整合了两地优势教育资源，还打破了地域的空间限制。在合作办学方面，截至2022年7月，香港各高校在深圳共孵化265家初创科创企业，建立56个创新载体，联合培养各类人才达1.05万人。香港高校在深圳设立分校方面，香港中文大学（深圳）在2014年成为第一所在深圳设立分校的香港高等院校，其医学院也于2021年正式开课。该校联合深圳市重点发展的科创产业，已设立创新研究院、诺贝尔奖研究院、图灵奖研究院等，积极参与深圳市的科创产业化进程。

三、深港科创合作的困境

深港两地在科创领域经过40多年的合作，已经建立多种合作平台和机制，并针对科创企业出台多种扶持政策，但在合作过程中还面临如下困境。

（一）科技创新合作的规制“壁垒”

深港两地的规制“壁垒”，尤其是内地对于科创产业推行的一系列准入性和禁止类措施，在一定程度上限制了港资和外资科创企业对于内地的投资和进一步发展。例如，港资和外资科创企业在现阶段投资内地还受到投资准入和市场准入的双重限制，这使深港两地在开展部分领域科创合作时面临规制障碍，如生物医药领域。同时，港资和外资科创企业在内地开展融资业务时，需要解决征信问题和拥有足够的资产抵押，才能获得银行贷款，且这类贷款需要企业支付比内地同类企业更多利息，以保证银行资金安全。

（二）跨境科技创新要素自由流动不畅

深港两地为了促进科创要素跨境流动，已经采取了简化科创人员跨境边检措施。特别是合作区的“一园两区”模式，最大限度放宽科创人才、物资、设备的跨境流动，在一定程度上突破了深港两地的区域壁垒，紧密了合作区科创合作。但是，边界效应的存在降低了科技创新要素的跨境流动效率。深港两地的区域边界效应不仅体现在边境管理措施和行政审批流程上，还体现在深港两地文化和市场环境的差异，这使得科技创新要素在进行跨境流动过程中需要承担额外的交易成本，从而影响深港两地科创合作的广度和深度。

（三）高端科技创新人才数量不足和流失

自2000年以来，深圳市为了改变高等教育资源不足和基础研究薄弱的局面，积极引进国内外优秀高等教育资源和增强自身高等教育实力，在一定程度上缓解了深圳市科创人才不足的困境。目前，深圳市拥有全职院士的人数从2022年的86名增加到2023年的112名，高层次人才数量从2002年的2.2万人上升到2024年的2.6万人，留学回国人员数量从2022年的超过19万人到2024年的超过20万人。但是，在内地激烈的“人才争夺战”中，北京、上海等城市利用其高等教育和科技创新的积累优势，吸引了大量的高端科技人才。由此可见，深圳市与这些城市相比还存在较大差距。

2020年以来，香港特区积极采取吸引高端科技人才的政策，如“高才通”“优才计划”等，以缓解高端科技人才不足和流失的问题。但《香港特区行政长官2024年施政报告》显示，香港各行业人才缺口在未来五年约为18万人，其中科技人才在未来十年的缺口约为3.5万人。这一情况凸显了香港在应对当前全球科技快速发展所面临的挑战。激烈的人才市场竞争与高昂的生活成本迫使许多优秀科技人才选择到其他地区发展，加剧了香港的人才流失问题。香港本土的教育和培训体系尚未能与国际科技前沿接轨，缺乏具备前瞻性和创新能力的人才培养方案。

（四）行政权限导致政策供给不足

深港两地在科创合作过程中，可能会面临由于深圳市和香港特区的行政权限无法提供超出行政权限范围的政策支持，需要省级甚至多个中央部委协同提供政策支持，从而造成职权和事权不匹配的问题。例如，深圳作为一个副省级城市，已经叠加了深圳特区、中国特色社会主义先行示范区、粤港澳大湾区的政策优势，但是在涉及如简化科创人员跨境流动程序等需要多个中央部门协同解决的事项时，其行政权限就显得相对有限。在现有行政体制下争取类似政策，需要“层层上报”上级部门，而上级部门则具有否决其上报各相关中央部委的权力，这将削弱深港两地科创合作的基础。

四、深港科创合作的改进建议

为了进一步推动深港两地科创领域深层次合作，建议以河套深港科技创新合作区作为政策试点核心区域，给予一系列政策支持。

（一）逐步缩减科创合作的“负面清单”

深港两地可根据现阶段和未来科创合作的计划，逐步消除“负面清单”限制深港两地科创合作的条款。具体做法是：可将河套深港科技创新合作区作为试点区域，探索更加有利于深港科创融合的“负面清单”制度。例如，在不违反伦理道德原则的前提下，在合作区取消港资和外资科创企业投资准入限制，有效激活合作区内科技创新活力，从而吸引国内外优质科创资源在该区域形成科创增长极，进一步提升深港科创合作的国际竞争力。给予港资和外资科创企业与内地科创企业同等的融资待遇。通过设立投资基金和特殊征信体系，解决初创科创企业巨大的科研基金需求问题，进一步培育“瞪羚”企业。

（二）在河套深港科技创新合作区实行跨境无障碍融合政策试点

在坚持“一国两制”方针的前提下，河套深港科技创新合作区可借鉴中哈霍尔果斯国际边境合作中心的建设经验，采取跨境无障碍措施使深圳园区和香港园区实现深度融合。具体而言，河套深港科技创新合作区可积极利用落马洲河套地区实行“一线放开、二线管住”措施，对深圳园区和香港园区对外实行封闭式管理，两个园区内部取消边检措施。这一政策不仅通过取消边检措施实现合作区内部科创生产要素和人员的完全自由流动，而且推动深港科创合作进入实际性融合的阶段。更重要的是，这种深度融合不仅可以最大限度实现合作区资源优化配置及其科技创新竞争力的提升，还为合作区下一阶段的规制和治理融合创造条件。例如，生物制药产业可充分利用合作区跨境无障碍融合政策，实现生物制剂设备、生物材料、临床和病例电子数据等在合作区内自由流动，这些审批流程在进入合作区前就已经完成。

（三）创新科创人才联合培养体系和深化吸引人才的“软环境”建设

深港两地需要将相关高校、科研院所、科创企业纳入科创人才联合教育联盟，以跨境“政产学研”双向融合的模式，提升科创人才的创新和实际操作能力。首先，通过建立教育联盟整合深圳和香港两地高等教育资源，开展跨境学习和学分互认，使学生可以跨深港高校和跨学科进行选课，提升其多学科融合能力、具备国际视野。其次，邀请相关科创企业研发人员以实践课程和校外指导教师方式融入联合人才培养体系，培养学生创新思维和了解社会科技创新领域的最新动态。最后，以科创项目和科研实习的方式将学生纳入科研院所和科创企业的科创实践中，让学生全程参与科技成果转化和市场化的过程，以期使其提前适应未来科创市场的实际需求。与此同时，深圳和香港两地应整合各自引才优势，共同制定科创人才引进计划，进一步完善“软环境”建设，重点解决住房、生活成本、子女教育、配偶工作等问题。此外，鼓励深圳本土高校到香港特区开设创新研究院，在吸引香港和全世界科创人才的同时，缩小与世界先进水平的差距。该类研究院可采用多元化合作模式，使深圳、香港和国外三方的科创资源得到有效融合的机会，并对深港两地的高校、科研院所和科创企业产生技术外溢的正外部性效果。

（四）设立河套深港科技创新合作区部省际联席会议机制

深港科技创新合作区发展所需要的政策不仅涉及粤港澳大湾区各级政府的支持，还需要中央各部委以及各级政府协调解决。因此，该合作区可借鉴昆山深化两岸产业合作试验区部省际联席会议的经验，设立包含中央相关部委、香港特区政府、广东省人民政府、深圳市人民政府在内的部省际联席会议机制。这样的机制不仅能为河套深港科技创新合作区的发展提供超出深圳市和香港特别行政区行政权限的政策支持，还能有效提升中央相关部委的政策协调性。具体而言，联席会议围绕合作区重大发展问题，以定期或不定期召开会议的方式整合中央相关部委和香港特区政府的政策资源，为合作区的发展提供跨部门和跨区域的政策支持，以解决合作区的人员跨境流动、深港两地税收制度统一、跨境资金流动、科创技术标准统一等方面的问题。同时，联席会议通过整合中央和地方的政策资源形成的跨部门和跨区域的政策协调机制，将为合作区科创企业提供连续性的创新生态体系。

来源：《港澳研究》　2025年01月24日，有改动

作者：余森杰　赵子龙

从浙江的“稳”“进”“立”看劲儿往何处使

2023年，浙江全省生产总值增长6%，高于全国5.2%的平均值，显示出浙江强大的韧性和活力。浙江省政府工作报告提出，2024年要推动经济实现质的有效提升和量的合理增长，为全国大局勇挑大梁、多作贡献。本报记者就此采访了辽宁大学党委副书记、校长、北京大学博雅特聘教授余淼杰和浙江大学求是特聘教授、民营经济中心主任潘士远。

信心从何而来

记者：浙江省政府工作报告提出，聚焦聚力科技创新塑造发展新优势。您认为浙江在深入推进科技创新体系建设上有哪些优势？

余淼杰：创新是第一动力。这些年来，浙江大力建设创新型省份，深入实施科技创新和人才强省首位战略，不仅有国家实验室、高校等科研机构聚力攻克基础研究和关键核心技术“卡脖子”难题，很多企业也设立了自己的研发中心，自主提升产品的技术含量和市场竞争力。

下一步，我建议继续聚力数字化，大力研发数字技术，深入实施数字经济创新提质“一号发展工程”，同时运用数字技术赋能实体经济，实现“数实结合”，为打造现代化产业体系提供强有力的支撑。

潘士远：近年来，浙江加速构建“产学研用金、才政介美云”十联动的创新创业生态系统，企业创新主体地位不断凸显、技术创新能力不断提升、产学研的结合更为紧密、开放型区域创新体系加速形成。2023年，浙江区域创新能力位居全国第4。

记者：营商环境是市场主体发展之基、活力之源。在您看来，浙江的营商环境有哪些优势？

潘士远：浙江围绕营商环境优化提升“一号改革工程”，重点在四个方面推进营商环境优化，取得显著成效：一是保障经营主体公平竞争权利，制定出台全省域公平竞争政策先行先试改革实施方案；二是提升要素流动性，靠前推出“3个70%”的要素保障机制；三是保护经营主体产权，依法依规切实保障经营主体的合法产权；四是提升政务服务效率，创新营商环境“无感监测”。正在提请浙江省人民代表大会审议的《浙江省优化营商环境条例（草案）》充分彰显了浙江不断优化营商环境的决心。

余淼杰：在我看来，浙江营商环境的最大优势在于降低企业各种显性和隐性成本。降低市场交易成本是加快建设全国统一大市场的重中之重。在这方面，浙江通过不断创新政策供给，已经让企业在很多方面实现了“最多跑一次”甚至“一次不用跑”。特别是2023年以来，浙江深入实施营商环境优化提升“一号改革工程”，全面推广政务服务增值化改革。从过去的“便捷”，到现在的“增值”，更强调服务的个性化、精准化、全周期、全链条，体现的是政府治理理念和能力的系统性变革，必将在更深层次上促进各级政府和市场的有效互动。

记者：民营经济是浙江的最大特色、最大资源和最大优势，您怎么看浙江民营经济的发展胜势？

余淼杰：浙江能成为民营经济大省，从根本上来说，得益于“以人为本”的发展理念，真正做到“藏富于民”。一方面，浙江人骨子里就有敢为人先、勇于创新、开放包容的精神；另一方面，各级党委、政府也非常尊重和支持民间投资创业的热情，做了大量工作，如深化数字化改革、制定实施民营经济32条政策、推进“地瓜经济”提能升级“一号开放工程”等。

潘士远：过去一年，面对复杂严峻的外部经济环境，浙江的民营企业与民营企业家不畏艰险、主动求变。从企业数量看，2023年，浙江在册民营企业和个体工商户达1001万户，民营经济作为推进中国式现代化生力军的重要性越发凸显；从发展质量看，浙江规模以上工业民营企业对规模以上工业增加值贡献率达91.4%，民营企业进出口额合计达3.93万亿元，占全省进出口比重首次超过八成，民营经济作为高质量发展重要基础的根基愈发夯实。

优势如何发挥

记者：浙江省政府工作报告提出，以深入实施“地瓜经济”提能升级“一号开放工程”为牵引，进一步提升开放能级和水平。当前形势下，您认为如何千方百计稳外贸、优外资？

余淼杰：第一，要认识到浙江是出口大省，出口形势的严峻主要体现在物流的不畅通上，特别是中东红海地区冲突加剧，对国际航运造成了冲击，短期内可能导致集装箱运量和出口总量有所下降。但是，欧盟国家对中国产品仍有较大的需求量，因此浙江可积极拓展中欧班列网络，继续向北开放。

第二，浙江可以通过出口目的地的多元化和进口规模的扩大化来推进商品贸易的发展。比如，充分利用RCEP的政策红利，加强与日韩和东南亚国家的贸易对接。

第三，要创新吸引外贸外资的形式。比如，大力发展服务贸易，用自然人文资源吸引外国人来浙江旅游、投资、兴业；发挥浙江先进制造业集群优势和数字经济优势，创新中间品贸易、数字贸易等业态；锚定国家所需，在绿色贸易上有所突破等。

潘士远：下一步，宜抢抓一大机遇、发挥两大优势，继续做好稳外贸稳外资工作。

一是靠前抢抓共建“一带一路”重要机遇，高水平打造重要枢纽。以宁波舟山港、“义新欧”中欧班列等为抓手，立足优势产业与知名产品，持续挖掘“一带一路”市场潜力。不断提升“良渚论坛”国际影响力，为高水平开放提供文化软支撑。

二是充分发挥浙商与数字经济优势，支撑浙江开放发展再上新台阶。发挥200多万浙商遍布全球的优势，“以侨为桥”，深化与他国经贸人文往来。推动数字音乐、数字游戏等新产品乘风出海，推动数字服务、跨境电商等新业态蓬勃发展。

记者：眼下，部分民营企业特别是中小微企业还存在信心不足等问题。您认为要从哪些方面入手，优化民营企业的预期？

潘士远：可在以下四个方面系统发力：一是着力营造平等发展、公平竞争的市场环境。对市场准入、产业发展等涉及市场主体经济活动的文件制度，要继续强化公平竞争审查。二是着力保护民营企业合法产权和企业家合法权益。持续推进涉案企业合规改革。强化数字技术应用，创新市场监管方式。三是着力支持民营企业提升创新能力。破除民营企业在人才等创新要素使用中的堵点卡点，支持民营企业牵头开展关键核心技术攻关。四是着力营造民营经济发展壮大良好氛围。持续引导正向舆论宣传，扩大民营企业高质量发展影响力。

余淼杰：进一步放开市场，实现民营企业公平准入是首要前提。此外，最重要的一点是保证国有企业和民营企业平等获取各类生产要素。浙江可以探索促进国有企业和民营企业在更多领域、更多项目上展开合作，共谋发展。这里的国有企业不局限于浙江的国有企业，也可以是央企和其他地区的国有企业。

记者：扩大内需是拉动经济增长的必然要求。如何培育更多投资和消费增长点，激活有效需求？

余淼杰：在增进投资方面，建议积极对接好国家政策。2023年中央经济工作会议明确要实施积极的财政政策和稳健的货币政策。央行宣布降准0.5个百分点，这对于促进民间投融资是一大利好。

在消费方面，要创造更多的消费场景。我认为，“人文经济”的提出是浙江发展“文化+”产业的重大契机。浙江要多多研究这一课题，在厚植人文情怀、丰富文化供给等方面下功夫，激发出民众的消费潜力。

潘士远：新旧动能结构性转化不畅，在一定程度上影响了有效需求的释放。对此可在以下两个方面着力：一是“立在当下”。率先给大型企业，特别是大型民营企业减税降费，释放投资空间。出台相关政策，激励链主型企业发挥在供应链和创新链上的主导作用，带动产业中下游加大投资、合力推进高质量发展。二是“破在长远”。以数字经济为引领，推动生产性服务业、高端制造业等发展，加快构建现代化产业体系，以新动能、新产品创造支撑新需求。

来源：《浙江日报》 2024年01月25日，有改动

“当仁不让”！代表委员解读政府工作报告里的“武汉机遇”

2025年3月5日，十四届全国人大三次会议开幕，国务院总理李强向大会作政府工作报告。

作为我国经济发展的风向标和任务表，每年的政府工作报告已成为地方经济社会发展的重要指南。2025年的政府工作报告中，蕴藏着哪些武汉发展的新机遇？《长江日报》记者邀请全国人大代表、辽宁大学校长余淼杰，全国人大代表、清华大学国家金融研究院院长田轩，全国政协委员、湖北经济学院院长方洁进行深入解读。

全国人大代表、辽宁大学校长余淼杰：武汉在构建全国统一大市场中占据有利位置

全国人大代表、辽宁大学校长余淼杰认为，2025年的政府工作报告中特别强调，深入实施中部地区加快崛起战略，深入推动长江经济带建设，深化东、中、西、东北地区产业协作，这些对于位于长江中游的武汉而言，都是重要的发展机遇。

在余淼杰看来，“武汉作为九省通衢，相当于全国物流和交通运输的中心，在构建全国统一大市场中占据特别有利的位置”。

"基于国家区域发展战略大局，借助政策的东风，以武汉为中心将武汉城市动能向周边城市辐射和扩散，有利于推动武汉都市圈发展，进而在中部地区崛起和长江经济带发展中发挥支撑作用。"余淼杰认为，武汉位于长江中游，特别要借助长江优越航道优势，推动流域经济更好发展。

2025年的政府工作报告把提振消费放在首位，余淼杰认为，武汉在建设国家消费中心城市上有当仁不让的地位，有望在提振消费、扩大内需上发挥更大的作用。

全国人大代表、清华大学国家金融研究院院长田轩：武汉科创中心建设能够发挥体制机制创新示范作用

2025年的政府工作报告中指出，因地制宜发展新质生产力，加快构建现代化产业体系。

全国人大代表、清华大学国家金融研究院院长田轩认为，激活人工智能、数字经济、绿色能源等领域的新质动能优势，将成为高质量发展的关键。

田轩认为，科技创新从"0到1"、从无到有，具有不确定性和复杂性，武汉加快建设具有全国影响力的科技创新中心，能够在体制机制创新上发挥示范作用。

2025年开年以来，人工智能、人形机器人等领域的硬科技成果竞相迸发。田轩认为，这些好的迹象表明中国的创新土壤已基本形成。他表示，我国已走进创新成果多点开花的良好局面。其中，武汉打造具有全国影响力的科技创新中心充满底气和信心，本身就是发展机遇。

"人工智能时代，人才是关键。"武汉拥有丰厚的科教资源，

田轩建议武汉加大对人才培养的投入力度，积极引进高层次人才和团队，完善人才流动的市场机制。

全国政协委员、湖北经济学院院长方洁：武汉发展和国家经济向好的趋势是一致的、同步的

在全国政协委员、湖北经济学院院长方洁看来，每个地区都能从此次政府工作报告中找到自己的定位和发展方向。“聆听政府工作报告时，我会不自觉地联想到武汉发展的种种实际，契合度很高、指导性很强。”

“武汉作为经济总量过2万亿的城市，目前所处的阶段和发展要求，和我国进一步推动经济向好的方向是一致的、同步的。”方洁说。

此次政府工作报告强调，当前中国经济社会发展正处于中国式现代化发展的关键时期，2025年是“十四五”收官、“十五五”开局的关键一年，是我国发展的关键窗口期。方洁认为，武汉作为湖北加快建成中部地区崛起重要战略支点的龙头城市以及区域战略任务叠加下的执行者，需要在未来的发展中秉持更大的决心和勇气。

“我国目前所具备的很多优势，恰恰也是武汉都具备的优势；我国发展还有许多方面的巨大跃升空间，也是武汉可以分析和研究的。”针对此次政府工作报告中的任务清单，方洁认为，武汉可以在其中找到很多政策机遇、市场空间、发展方向，如“推动传统产业改造提升”“加大区域战略实施力度”“激发数字经济创新活力”“深化国际消费中心城市建设”等方面。

来源：《长江日报》 2025年03月06日，有改动

记者：常少华

从“投资不过山海关”到“投资争过山海关”

“所谓‘投资不过山海关’已经是过去式了，现在东北的营商环境有了本质上的改善。未来，我们要进一步降低各类交易成本、提振市场主体信心，从‘投资不过山海关’变成‘投资争过山海关’，让‘孔雀辽沈飞’‘孔雀东北飞’成为共识。”

2025年的政府工作报告中指出，要深入实施东北全面振兴等战略。全国两会期间，长安街知事专访全国人大代表、辽宁大学校长余淼杰，请他就相关话题分享见解。

做好“三篇大文章”

知事：您曾表示，依托四大核心优势，东北全面振兴一定会实现。接下来要在哪些方面着力下功夫？

余淼杰：我们要积极贯彻中央的各项决策部署，补齐体制机制、经济结构、开放合作、思想观念“四块短板”。

在实践中，我想可以从几个方面入手。首先，加快产业结构优化升级，做好“三篇大文章”——改造升级“老字号”、深度开发“原字号”、培育壮大“新字号”。很重要的一点是差异化发展传统产业和新兴未来产业，对类似钢铁、汽车等传统产业，要用数字化、智能化的手段赋能升级；对高端装备制造、冶金新材料、石油精细化工、人工智能等新兴战略性产业，则用科技创新赋能实体经济。

其次，体制机制上要有创新，形成“负面清单”思维方式，非禁止即准入，大胆试、大胆闯、主动改。

最后，多措并举优化营商环境。曾有人说“投资不过山海关”，我认为那是过去式了。现在东北的营商环境，特别是辽宁的营商环境，已经有了本质上的改变。当然，地方政府还有很多工作要做，要进一步改善营商环境、降低各类交易成本、提振市场主体信心，从“投资不过山海关”变成“投资争过山海关”。

此外，要创造更好的招才平台，让“孔雀辽沈飞”“孔雀东北飞”成为一种共识。

把这几件事情做好，我想东北全面振兴就有了很好的基础。

知事：提到招才，您作为辽宁省从北京大学引进的高端人才，您对如何引进人才、留住人才有何见解？

余淼杰：从我的个人经历来说，主要就是用心用情，用感情招人、用事业留人。人才来了之后，如果发现自己有上升的通道、有成才的方向，感到乐不思蜀，那就能留得长久。

我呼吁，中央在人才政策上要给予东北更多的支持。例如，对到东北的高端人才在税率上给予类似于海南自贸港的优惠政策，提高东北吸引人才的竞争力。

加快推动汽车及家电下乡

知事：2025年的政府工作报告中指出，要以消费提振畅通经济循环，以消费升级引领产业升级。您对此是否有一些建议？

余淼杰：就提振消费而言，我今年提出的建议是加快推进汽车及家电下乡。随着乡村振兴战略的深入推进，农村居民收入水平不断提高，农村消费潜力巨大，农村居民消费观念逐步转变，因而对汽车、家电等耐用消费品的需求日益旺盛。

2024年，我国新能源汽车出口数量已跨越20万辆门槛，标志着我国汽车产业国际竞争力显著提升。在此背景下，推动汽车及家电下乡，释放农村消费潜力，对扩大内需、稳定经济增长、促进共同富裕具有重要意义。

汽车、家电作为重要的消费品类，产业链长且关联度高，因此加快汽车、家电下乡能够带动相关产业发展，促进产业结构优化升级，为经济高质量发展提供强劲动力。与此同时，这一政策的推出能够改善农村居民的生活条件，提升生活品质，缩小城乡差距，促进共同富裕；同时，还能够完善农村基础设施建设，推动农村经济发展，助力乡村振兴战略实施。

知事：应如何具体去做呢？

余淼杰：可以考虑从以下四个方面开展工作：

第一，扩大汽车、家电的补贴目录范围，释放农村消费潜力。建议扩大补贴目录范围，重点支持新能源汽车、载货车以及智能家电、节能环保型家电等产品下乡。载货车是农村生产的重要工具，扩大新能源载货车的补贴车型，有助于满足不同的农业生产需求，助力农村经济发展。扩大白色家电、智能家电、节能环保型家电的补贴目录范围，在提升农村居民生活品质的同时，引导农村居民选择节能产品，促进绿色消费。

第二，加大新购、置换的政策补贴力度，激发农村消费活力。在现有的基础上，适度提高新能源汽车、载货车以及智能家电、节能型家电等产品的新购补贴比例，对以旧换新购买新能源汽车、节能家电等产品的农村居民给予更高补贴，降低农村居民购买成本，提升其购买意愿，促进消费升级。同时，优化补贴申请和发放流程，提高补贴效率，方便农村居民享受政策红利。

第三，完善农村基础设施，健全新能源汽车充电设施和旧家电回收体系。结合农村道路、停车场等实际情况，科学规划充电桩布局，优先在乡镇中心交通枢纽等区域投建公共充电桩。同时，鼓励社会资本参与充电设施建设，对建设运营企业给予政策支持和资金补贴，加快充电桩建设进度。此外，定期维护充电设施运营，确保充电桩安全可靠运行，为农村居民提供便捷高效的充电服务。

第四，优化产品供给结构，加强政府与电商平台的联通。鼓励相关企业研发生产适合农村市场的汽车、家电产品，满足农村居民多样化需求。家电方面，增强政府与电商平台的合作，形成政策组合拳，有效避免出现供给剩余的潜在风险。

食品安全怎么强调都不过分

知事：此次全国两会，您还关注哪些话题，可否与我们分享？

余淼杰：我很关注民生话题，其中一个是食品安全。民以食为天，这个问题怎么强调都不过分。近年来，外卖行业迅速发展，虽然给人们的生活带来了便利，但也暴露出一些食品安全隐患。

我认为，保障食品安全，需要从源头抓起。因此，要保护食品来源地的生态环境，构建优质食品供给体系，更需要加强流通环节监管。特别是外卖平台，有必要提高准入门槛。构建从“农田到餐桌”的全链条治理体系，守护人民群众“舌尖上的安全”。

知事：我们现在的确经常点外卖，有时候会点到不满意的餐品，您认为应当如何加强监管？

余淼杰：有数据显示，相关外卖平台上中小餐饮商家占比高达78%，但其质量信号传递机制薄弱，消费者难以有效甄别商家资质，容易导致“劣币驱逐良币”现象，进而可能引发市场萎缩。像之前有媒体报道的“幽灵外卖”，消费者以为是正规门店，实际上30多个商家共用一个营业执照，且卫生环境堪忧。

我认为，应当提高外卖平台商家准入的门槛，加大对外卖平台的监管力度。建议构建“政府—平台—商家”三方协同的管理框架。外卖平台应严格审核入驻商家的营业执照、食品经营许可证等资质证明，确保商家具备合法经营资格。

同时，建立商家信用评价体系，引入第三方评估机构对商家进行食品安全风险评估，将商家食品安全状况、服务质量等纳入评价指标，对信用评级低的商家进行限制或清退。

在政府监管方面，应加强对入驻商家的日常监督检查，对外卖商家经营场所的卫生条件、设施设备等应提出更高要求，对违法违规行为进行严肃处理，确保食品加工环境安全卫生。

来源：长安街知事　2025年03月10日，有改动

辽宁产业振兴 “投资争过山海关”

2025年全国两会期间，提高个税起征点的呼声与讨论再度成为关注焦点。

全国人大代表、著名经济学家、辽宁大学校长余淼杰建议个税起征点提高至10万元，相关话题登上各大平台热搜。2025年3月6日下午，出席十四届全国人大三次会议的辽宁代表团在住地举行开放团组活动，本报记者在活动中有幸专访了余淼杰代表。

作为辽宁省从北京大学引进的高端人才，余淼杰认为，辽宁高质量发展成绩斐然，特别是产业发展出彩出色，新质生产力培育也精彩纷呈。

余淼杰表示，培育新质生产力除了要有技术革命性突破以外，还需要产业的深度转型升级和要素的创新型配置。在产业深度转型方面，辽宁依托完整的工业体系以及深厚的工业基础，差异化发展传统产业和新兴未来产业。对类似钢铁、汽车这类传统产业，辽宁主要用数字化、智能化赋能升级。打造22个产业集群；对高端装备制造、冶金新材料、石油精细化工、人工智能等新兴战略性产业，辽宁用科技创新赋能实体经济，打造4个万亿级产业基地。

余淼杰认为，要依托深度的产业转型升级，让大家深切感受到东北是个好地方、辽宁是个聚宝盆。

余淼杰还强调，新质生产力的培育还需要各类要素，特别是人才和资本的创新型配置。人才是第一资源。辽宁全面推进教育科技人才一体化建设。辽宁省有114所高校，是教育大省。这些年来，辽宁省委通过“兴辽英才”计划大力引育人才。2024年辽宁成为清北选调生全国第二大就业省份，高端人才争奔辽宁干事创业。仅辽宁大学过去两年就引育15名国家级人才。事实上，通过“投资于人”，已形成“孔雀辽沈飞”的现象，辽宁也成为聚才引才的“梧桐树”。

余淼杰表示，辽宁高度重视民营经济，近年来，营商环境发生了根本性的改变。在这里，用权不用好处，办事不用求人。510万市场主体营商满意度在90%以上。“投资争过山海关”已成为企业家战略优选。

余淼杰最后对记者说道：“辽宁产业振兴助力东北全面振兴。东北这片热土，山好、好水、人更好。假以时日，辽宁的样子就是‘辽老大’的样子。”

来源：香港商报网　2025年03月07日，有改动

东北全面振兴正处于天时、地利、人和的绝好机遇

“东北是个好地方。”在东北工作近三年的余淼杰感慨，今日东北大地、辽沈大地日新月异，全面振兴其时已至，其势已成，其兴可待。

作为全国人大代表、辽宁大学校长，余淼杰近日接受中国新闻网记者专访，并讲述了他眼中的东北全面振兴以及教育心声。

2022年8月，余淼杰离开了工作16年之久的北京大学，来到辽宁大学工作。从来没有想过会到东北工作的他，来到这里不久后就从心里喜欢上了这个地方。“东北有好山、好水、好人，来到这里后真切感受到东北是个好地方。”2024年，余淼杰有感而发写了《东北是个好地方——辽宁是个聚宝盆》一书，深刻阐述了东北全面振兴的潜力与优势。

余淼杰认为，目前东北迎来了全面振兴的最好时机。东北经济的全面振兴，正处于天时、地利、人和的绝好机遇。东北丰富的自然资源、扎实的工业基础和雄厚的人才储备，是实现全面振兴的重要基础。

在2024年履职尽责过程中，余淼杰将有关促进中国经济高质量发展、帮助东北实现全面振兴的思考带到全国人民代表大会，得到了积极回应。比如在对外开放方面，余淼杰建议东北地区要抓住战略机遇，推进共建“一带一路”向东、向北发展。陆上丝

绸之路向东，加强与俄罗斯特别是远东地区的经贸合作；海上丝绸之路向北，积极推进中日韩自贸区的建设。

在调研中，余淼杰还深刻感受到东北特别是辽宁营商环境的改善，如构建“用权不图好处，办事不用求人”的“亲、清”政商关系。同时，辽宁提出“大干三年、奋斗三年，打一场新时代‘辽沈战役’”，如今辽宁GDP增速连续两年位于全国前列。

余淼杰指出，东北全面振兴一定是进行时，并预计再过5年，东北经济特别是辽宁经济有望进入国家的第一梯队。

身兼经济学家和教育工作者双重身份，余淼杰希望可以尽自己的绵薄之力参与到东北全面振兴中。就高校而言，他认为最重要的就是人才的培养，东北高质量发展需要强大的人力资本和人才资源作支撑。2025年全国两会期间，他仍将建议促进优秀人才向东北地区及西北地区倾斜，这一建议此前得到了积极的回复。

“希望辽宁大学的学生以后能够为东北全面振兴、为中国高质量发展添砖加瓦。”余淼杰说。

“培育学生需要有好的师资，因而引进人才、引育并举特别重要。”余淼杰介绍称，在过去两年中，辽宁大学已经引进了国际级领军人才，如世界顶级宏观经济学家拉塞尔·韦德·库珀（Russell W. Cooper）、全球著名华人经济学家胡永泰，如今他们在辽宁大学全职任教。

在引育并举方面，余淼杰认为应通过高层次人才带动本校年轻教师的发展，让辽宁大学成为一棵“梧桐树”。

余淼杰寄语当代青年：“一定要坚持不懈地努力，机会总是给有准备的人，只要学好本领未来肯定大有用处。”他嘱托年轻人心中要有格局，要有对职业的热爱，要知行合一，直面真实问题，研究真实世界。

来源：中国新闻网　2025年02月28日，有改动

依托四大核心优势，东北全面振兴一定会实现

2025（第三届）长白山论坛于2月22日在吉林省白山市隆重举办。此届论坛以“冰雪长白 东风日白”为主题，由凤凰网财经主办、东北证券协办，汇聚各界智慧，探讨经济发展与东北振兴的全新路径。

在论坛开幕主讲环节，辽宁大学校长余淼杰明确表示对东北地区实现全面振兴所持有的坚定信心。余淼杰表示“东北的全面振兴是一定会实现的”，它主要依托于四大核心优势。

一是较齐全的产业链与较完备的基础设施优势。以辽宁为例，辽宁拥有涵盖39个工业大类、约200个工业中类、近600个工业小类的完整工业体系，基础设施较为完善。二是全国统一大市场融入优势。东北正通过要素流动打破地域限制，深度参与全国市场一体化。三是教育、科技、人才一体化优势。辽宁拥有近114所高校和多个“双一流”高校或学科，科教资源与产业协同效应显著。四是集中力量办大事的体制机制优势，为振兴提供制度保障。

为积极实现振兴目标，余淼杰提出三点改革建议：第一，要以改革、开放的态度培育新质生产力，通过要素创新配置进行技术革命性突破（如人工智能、新材料）。他还以DeepSeek为例，

评价这种“技术革命性突破”一夜爆火，话题热度居高不下。第二，他认为传统产业需转型升级，加速数字化、智能化改造，如深挖人参等具有较强东北地域特色的产品品牌价值与提升深加工能力。第三是新兴战略性行业，平衡增长潜力与风险防控，引导社会资本参与投资。

他还强调，需协调国有经济与民营经济的关系。对于国有经济应强化创造力、影响力、控制力、竞争力，而对于民营企业则需优化市场准入机制，突破融资、用地等瓶颈。在统一大市场框架下，既要深化国企改革，又要保障民企平等获取要素资源。

最后，余淼杰呼吁各方要坚定信心，指出当前东北经济面临的困难是暂时的、局部的，可通过局部调整解决，且是阶段性挑战，能够克服。他强调应重视民营经济的发展，以此推动全国经济持续健康发展，此建议同样适用于全国整体经济运行。

来源：凤凰新闻　2025年02月22日，有改动

聚合内生动力与外在支持，谱写东北全面振兴新篇章

作为我国重要的工业和农业基地，东北地区发展关乎国家发展大局。在2024年全国两会期间，如何细化和推动东北全面振兴成为各方关注的重要议题之一。

“东北振兴的机遇与任务已经十分明晰，关键在于能否把握住面临的重大发展机遇。”全国人大代表、辽宁大学校长余淼杰在接受《中国经济时报》记者专访时强调，东北地区要深入贯彻落实习近平总书记重要讲话精神，坚持锻长板、补短板相结合，全力推动资源优势转化为高质量发展的优势，努力走出一条高质量发展、可持续振兴的新路子，奋力谱写东北全面振兴新篇章。

主动扬长避短必须正视现存挑战

记者：党的十八大以来，习近平总书记多次考察东北，为东北全面振兴、全方位振兴指明方向，作出全面部署。您认为，东北地区该如何做好答卷，实现东北全面振兴？

余淼杰：东北地区是我国重要的工业和农业基地，维护国家国防安全、粮食安全、生态安全、能源安全、产业安全的战略地位十分重要，关乎国家发展大局。

安全是发展的前提，发展是安全的保证。东北作为拥有一批关系国民经济命脉和国家安全的战略性产业的重要老工业基地，唯有实现经济的高质量发展，才能更好地履行维护国家“五大安全”的重要使命。

2023年9月7日，习近平总书记在新时代推动东北全面振兴座谈会上强调：“坚持目标导向和问题导向相结合，坚持锻长板、补短板相结合，坚持加大支持力度和激发内生动力相结合。”可以看出，在此基础上，东北全面振兴的机遇与任务越发明晰，关键在于能否把握住面临的重大发展机遇。

目前，东北全面振兴正面临四个方面的挑战。

一是体制机制方面。例如，受物流成本、物流效率、区域管理成本等因素影响，交易成本偏高使得东北地区区域市场一体化建设进程出现一定程度的滞后，进而使东北地区融入和建设全国统一大市场的步伐放缓。东北地区现代流通网络覆盖范围尚不全面，尚未在区域内部实现畅达的“人流、物流、信息流”流通模式，东北地区的内在发展动力有待增强。市场监管还存在盲区、死角，亟须升级市场监管形态，与时俱进地进行监管体制改革。

二是经济结构方面。经济结构升级的关键在于产业结构，高质量的产业结构是经济协调发展的内生动力。东北具有良好的产业基础，然而现阶段，东北地区的传统产业未能占据产业链的高端地位，劳动力成本优势发挥不充分，附加值相对较高的产业发展不够迅速，产业结构的高质量发展仍需持续推进。从产业结构的质量上看，东北产业链条延伸不足、集群效应不明显，产业结构的协调性有待提升，加快形成上下游关联的集群式发展模式是东北亟须解决的问题。此外，东北三省一区的产业结构高级化指数差距较大，发展不均衡，有待形成“以大带小、以小托大”的产业生产模式。

三是对外开放方面。东北地区具有先天的区位优势，接壤蒙俄、毗邻日韩，是我国向北开放的重要门户，亦是我国在加强东北亚区域合作、联通国内国际双循环中具有战略地位和作用的枢纽中心。然而，受到多重因素制约，东北地区与国际市场的融合度还有待提升。

四是思想观念方面。思想观念短板是导致其他短板的内生原因，关系着能否建设良好的营商环境，影响着东北振兴的进程。思想不解放、观念陈旧就容易导致对“市场的力量”“民营的力量”“中小微企业的力量”的认知理解不够深刻，行政效率相对较低，制度性交易成本较高，创新激励措施有限。因此，进一步解放生产力需要进一步解放思想。

抢抓机遇要坚定不移地落实重要任务

记者：正视挑战是对新时代新征程推动东北全面振兴面临新的重大机遇了然于胸。您认为，如今摆在东北地区面前的机遇有哪些，应该如何抢抓这些重大机遇？

余淼杰：的确，东北地区正处于千载难逢的战略机遇期、政策叠加的红利释放期、发展动能的加快积聚期、产业升级的转型关键期、跨越赶超的发展窗口期，东北只要抢抓机遇、乘势而上，必将为实现全面振兴增添新动能。

从现实条件看，东北全面振兴拥有四大重要机遇。

一是把科教优势和产业优势转化为发展优势。东北在科教和产业方面具有先天的比较优势，为推动东北地区高质量发展提供了扎实的精神基础和有力的物质保障。

二是东北在推进中国式现代化中的战略支撑作用。构建具有东北特色优势的现代化实践路径是提振东北经济社会发展信心、夯实东北地区发展根基、强化东北在国家现代化建设中战略支撑作用的必由之路。

三是东北在构建新发展格局中的重要战略地位。构建新发展格局的重要内容在于加快构建以国内大循环为主体、国内国际双循环相互促进的新发展格局。

四是在深刻且广泛的地缘政治变化中找到东北新的区位优势。随着国际地缘政治格局持续演变，东北在维护国家战略安全中的地位越发重要。维护国家安全，特别是国防安全，是国家大局所需、东北职责所系，也是振兴机遇所在。

来源：《中国经济时报》 2024年03月11日，有改动

记者：童　彤

全面振兴取得新突破

维护“五大安全”

记者：党的二十届三中全会要求“东北全面振兴取得新突破”。对此，您应作怎样的理解？

余淼杰：全面振兴包括全方位振兴与可持续振兴。全方位振兴讲的是空间概念，比如就经济而言，要重视工业、农业、服务业三产的全面振兴；可持续振兴讲的是时间概念，比如生态文明建设的可持续发展。全方位振兴与可持续振兴，最终是为了全面振兴。前两者既是后者的动力，又是后者的内容。

记者：如何认识东北地区在维护国家“五大安全”中的重要使命？

余淼杰：“五大安全”的提法，充分体现了党中央对东北地区战略价值的高度重视。

这里，我想重点讲一讲产业安全。大家知道，中国拥有联合国工业目录下的完整工业体系，但很多人可能不知道东北地区拥有其中的39个大类、200个中类以及近600个小类。这意味着，东北的工业体系是一个完整的产业链体系。保证这个全产业链的比较优势和安全可靠，是需要未雨绸缪的统筹和规划的。

在新形势下，我们一定要正确处理安全与发展的辩证关系。实现高质量发展，需要高水平安全。实践反复证明，低水平安全不仅不能促进高质量发展，反而会给发展本身带来严重的不安全。

记者：东北是老工业基地，加快构建具有东北优势的现代化产业体系，是不是压力不小？

余淼杰：东北有雄厚的工业积淀，这里孕育了无数个新中国的工业老品牌、老字号。在新形势下，东北老字号需要转型升级。但这个转型升级，我们更愿意将其称为产业链的“增附”“补链”——“增附”就是增加产业链附加值，“补链”就是补齐产业链短板。

同时，要赶上数字化、智能化和绿色化浪潮。通过数字化对传统产业进行改造升级，通过智能化对新兴产业进行创新赋能，通过绿色化对行业企业进行标准提级。

吸引“金凤凰”

记者：东北是中国向北开放的重要门户，是“一带一路”的重要节点。推动东北全面振兴，是不是也面临着一个扩大开放尤其是制度型开放的课题？

余淼杰：从一定意义上说，对外开放是东北全面振兴的一个法宝。东北的地缘特征决定我们应该抓住历史机遇，把自己融入区域发展中，融入全球开放新格局中。

一要争取做到出口目的地多元化。东北的出口不要只瞄准成熟市场，也要瞄准新兴工业国家市场，特别是金砖国家市场、上合组织国家市场等。

二要争取进口规模的扩大化。特别是从俄罗斯进口原油、木材、天然气等。通过扩大开放，实现进口多元化。

三要鼓励企业“走出去”“走进去”“走上去”。鼓励有实力的企业到海外投资，并积极承担社会责任，促进民心相通。

四要做强做大贸易服务产业。服务贸易要扩总量、调结构、强特色。说到特色，辽宁的中医药产业其实是具有比较优势的，中医药强省也是辽宁经济发展的一个目标。因此，我们完全可以借鉴韩国美容医疗产业成功的发展经验，把中医药产业的服务贸易做出特色。

此外，东北的旅游资源十分丰富。吉林的长白山、黑龙江哈尔滨冰雪旅游节等，尤其是后者成为现象级网红，让人对旅游服务业的发展前景更加充满信心。

记者：近年来，东北的劳动力人口流动问题、人才流失问题、人口老龄化问题受到舆论关注。在新形势下，如何以人口高质量发展支撑东北全面振兴？

余淼杰：最近几年，人口问题发生了一些变化。以辽宁为例，2023年实现了人口净流入8.6万人。来东北发展和创业的人才数量也有所增加，可以说以前是“孔雀东南飞”，这几年大有“孔雀东北飞”之势。这主要得益于东北各方面环境发生了积极变化。

还应看到，东北是中国人才培养的重地。仅辽宁一地，就有41所一本高校、114所高等院校，是名副其实的教育大省。当然，我们还要进一步打造教育强省。目前的问题是教育投入相对较少，还面临一个“撒胡椒面”的困境。

记者：“加强东北同中央和国家机关、东南沿海地区干部任职挂职和双向交流”，对于东北全面振兴具有怎样的意义？

余淼杰：南北干部交流与相互学习，对于促进东北经济社会发展具有正面意义。由于南北方生活习惯不同、思维方式不同，因此两种地域人们的行为方式和处事方法也有所差异。北方的同志在自下而上式的创造性、工作能动性和主动性等方面需要向南方同志借鉴经验，从而形成大胆试、大胆闯、自主改的干事创业的良好氛围。

当前，东北全面振兴，其势已成，其心可待。我对东北的发展充满信心，也希望上海的同志们多关心、多支持东北全面振兴。

来源：《解放日报》 2024年08月20日，有改动

记者：王　多

将油气富矿“链”成振兴新生力量

“石化产业补链、强链迫在眉睫。必须加快转型升级，把东北油气富矿资源优势转化为全面振兴的战略优势。”2025年3月6日下午，出席十四届全国人大三次会议的辽宁代表团举行开放团组活动。在70余名中外记者的镜头下和话筒前，全国人大代表，大连石化公司执行董事、党委书记吴凯在发言中，直指辽宁石化产业的结构性矛盾。

辽宁是我国最早的炼油工业基地之一。历经数十年的发展，石化产业仍然是辽宁实体经济的重要组成部分，是辽宁振兴的支柱产业之一。然而，辽宁石化产业基础炼油能力过剩、高端精细化工不足的“油大化小”等问题逐渐显现。区域消费能力有限，周边缺乏精细化工产业承接，产业结构性矛盾不断加剧，转型刻不容缓。

转型的方向，要从“未来的市场”中找。

“几个牌号包打天下”，靠规模和数量取胜的时代已经一去不复返。面向未来，石化产业链条要越拉越长。

在开放团组活动中，“链”字被多次提及。时任辽宁省委副书记、代省长王新伟指出，全力以赴转动能，推进装备制造、冶金、石化等优势产业向产业链上下游拓展、向价值链高端延伸。全国人大代表，时任辽宁省发展和改革委员会党组书记、主任李鹏宇表示，要发挥“链主”企业的引领作用，拓展发展空间，增强重点产业的市场竞争力和话语权。

中国石油“链”上发力，7家驻辽炼化企业年原油一次加工能力接近6000万吨，正在调整产业结构，推进“减油增化”“减油增特”。锦州石化40万吨/年针状焦装置全面投产；辽阳石化10万吨/年尼龙66项目拔地而起，补齐尼龙产业链条；抚顺石化打造石蜡“产品巨人”，瞄准高端产业链价值链，在新材料新产品上延链、拓链……引领石化产业转型升级，既是振兴东北的现实要求，又是能源央企的使命担当。

地企协同应进一步加强。吴凯认为，要充分发挥驻地央企产业链“链主”作用，在技术、产品、业务创新方面统筹上游资源和下游终端用户，塑造“龙头+骨干+中小企业”融通发展格局，向世界级现代化化工新材料产业集群迈进。

高端化、智能化、绿色化是转型趋势。

“最开始我们争论得很厉害。做什么样的产品？为谁提供服务？运营模式是什么？”全国人大代表、辽宁华日高新材料股份有限公司董事长刘铭杰用一串问句回顾企业初创时期的选择，“大家曾考虑过购买专利，用低端廉价的方式‘走量’。但现在来看，我们依靠科技创新走高端化的路子才是对的。目前，我们的新材料产品已经被应用到CR450动车组中”。

全国人大代表，辽宁大学党委副书记、校长余淼杰指出，传统石化产业高污染、高耗能，且需要大量资本投入，属于资本密集型产业。“企业要加快跟上绿色转型步伐，通过加强‘双碳’技术开发降低能耗，同时探索‘人工智能+’产业模式，打造智能炼厂，提高生产效率、降低成本。”

在“升级”路上，如何将“优势”转化为“胜势”？

东北地区蕴藏着丰富的油气资源，大庆、吉林、辽河等油田，为东北炼化企业转型升级注入丰厚资源“底气”。

“东北产业基础雄厚，工业门类齐全，相对其他地区而言，上下游产业配套更为完备，对产业升级具有独特优势。”余淼杰说。当前，辽宁省乙烯、PX、PTA产能均位居全国前列，并在《辽宁省石化和精细化工产业发展实施方案》中制定了2025年化工精细化率达到50%的发展目标，延链、补链、强链稳步推进。

“然而，炼化企业如果在转型时一拥而上，市场可能从当前的过剩走向另一个‘过剩’。转型时期的统筹与引导至关重要。”吴凯说，相关部门在制定“十五五”规划时，要引导资源向国家重大需求、高附加值产品领域倾斜，结合东北区域特色对化工新材料等产业加强布局。

辽宁地处东北亚经济圈核心地带，是最具开放基因的省份之一。

作为东北地区唯一既沿海又沿边还沿江的省份，辽宁是国内国际双循环的枢纽，也是东北唯一的陆海双通道，每年经此出口的成品油接近全国总量的1/4。开放日中，全国人大代表、大连市市长陈绍旺自信地向外国记者讲述大连深入实施自贸区提升战略，推进更高水平制度型开放的举措。在谈到石化产业加大贸易拓展力度时，吴凯希望，未来辽宁能够构建以重点企业为基础的东北亚炼销贸易中心、化工品期货交割中心或自贸区，加强与周边国家和地区的贸易合作和沟通交流，支持炼化企业化工产品扬帆出海。

20世纪60年代，为保障国家能源安全，朵朵炼油工业“金花”在此绽放。在转型的关键时刻，中国石油将端稳端牢新时代的能源饭碗，向“质”而行，加快转型升级步伐，将东北丰富的油气资源“链”成振兴东北的新生力量。

来源：《中国石油报》 2025年03月12日，有改动

冰雪游火爆、辽宁人口逆势增长背后原因

从北京大学学者到辽宁大学校长，经济学家余淼杰对东北和辽宁经济的变化，有着直接的观察和更为深刻的体会。2023年全国两会期间，余淼杰告诉《南方都市报》记者“东北是个好地方，这里正在发生深刻的变化”；2024年，他根据对东北资源禀赋、经济产业的观察分析，撰写了著作即名为《东北是个好地方》。

在余淼杰看来，2023年底以来，东北冰雪季爆火、“尔滨”出圈的现象，“只是一个刚刚开始的端倪，冰雪经济方兴未艾，明年还将这样火”。他还表示，2023年辽宁人口净流入8.6万人，扭转了2012年以来连续11年人口净流出的局面，这一变化与辽宁沈阳等主要城市的营商环境转变直接相关。

东北城市的文旅如何进一步出圈？东北的城市怎样才能吸引到更多人才？《南方都市报》记者就此专访全国人大代表、辽宁大学校长、国际经济学会会士余淼杰。

谈“沈阳站”更名“沈阳站站”
文旅出圈“方兴未艾”

2023年底“尔滨”爆火后，沈阳成功“接棒”：从沈阳故宫，

到当地的早市、滑雪场，甚至是各街区和洗浴中心，都吸引着外地的游客。

据某旅游平台发布的《2024春节旅游市场预测报告》显示，2024年春节假期，沈阳旅游预订订单量同比增长818%。沈阳不仅成为国内诸多游客欢度龙年春节的重要目的地城市之一，且上榜外国游客热衷的国内目的地城市前10名。

“‘尔滨’出圈之后，东北多个城市都成为网红城市，像沈阳，那段时间也做了很多实际的工作，如响应网友的呼声把‘沈阳站’更名为‘沈阳站站’也是非常出色的。”余淼杰谈道，从实际来看，文旅对东北经济的拉动作用是非常明显的。

在余淼杰看来，东北文旅的“尔滨现象”只是刚刚开始、方兴未艾；可以预见的是，2025年的冰雪季还将会继续火爆。

“之所以这样判断，是因为黑龙江、辽宁等城市的旅游资源非常丰富，不仅有冰雪的特色，还有温泉、山水景观等，这些都具有独特的优势。另外，东北还具备工业的优势、民族的特色等，这些也是辽宁等地文旅发展具备实力、后劲的原因。”余淼杰说。

为何辽宁人口“逆势增长”？
营商环境的变化、整体发展态势对人才的吸引

记者关注到，在人口增长趋势开始显著放慢的当下，2024年刚开年，辽宁就悄悄宣布了自己人口增长的好消息：

根据2023年全国人口抽样调查反馈数据，2023年，辽宁人口净流入8.6万人，扭转了2012年以来该省连续11年人口净流出的局面。辽宁省统计局相关负责人称：这表明，“山海关不住，

孔雀向北飞”的良好态势正在形成。

就此，余淼杰也告诉记者，从他的观察来看，辽宁的人口流入，不仅有量的增长，更重要的是质量明显提高很多，“985”“211”“双一流”的高校毕业生和选调生等人才，都来到辽宁发展。

对辽宁人口的“逆势增长”，余淼杰将其归因于营商环境的变化、整体发展态势对人才的吸引。

“我在新书中讲到‘东北是个好地方’，现在是‘天时地利人和’已汇聚：有中央的关注和政策支持，辽宁本身有非常好的地理优势和资源禀赋，这几年通过正风肃纪、优化政治生态，营商环境有了明显的变化。”余淼杰介绍，近年来，辽宁通过12345、阳光平台等具体举措，打造起“办事不用求人、用权不图好处”的政商关系。包括2024年辽宁的开春第一会，也是聚焦继续优化营商环境的。

提高东北对人才的吸引力
建议高端人才来东北辽宁发展，个人所得税给予优惠

城市“网红”了之后，如何抓住出圈机会，变“流量”为“留量”，真正吸引更多的人才前来旅游、创业、居住生活？

对此，余淼杰在2024年全国两会期间也专门就此提交建议，呼吁推进构建人才的统一大市场，鼓励人才到东北发展、振兴东北。

“具体来说，比如为鼓励支持‘985’‘211’‘双一流’高校的优秀学生选择来辽宁发展，国家可以在社科委、自然科学基金委员会等基金项目上，适当向东北倾斜，鼓励年轻人来东北发

展。”余淼杰呼吁，另外明确出台政策。对于愿意到东北发展的人才，各部门各机构不得以任何的理由刁难卡留、制造人为障碍。

此外，余淼杰还特别建议，加强对高端人才的支持，以税收优惠等政策引才留才，对于来东北、来辽宁的高端人才，在个人所得税等方面给予类似海南自贸港的优惠政策，真金白银增加他们的个人收入，提高东北对人才的吸引力。

来源：《南方都市报》 2024年03月10日，有改动

东北是个好地方，辽宁是个“聚宝盆”，沈阳是棵“摇钱树”

2024年7月18日，沈阳发布报道了沈阳蓝皮书《沈阳城市发展报告（2023）》新闻发布会。发布会上，辽宁大学校长余淼杰，辽宁大学副校长霍春辉、仇焕广等还回答了记者提出的相关问题。

记者：余校长，您好。根据沈阳蓝皮书课题组对沈阳市2023年经济社会发展情况的研究，请问您对沈阳市2024年以及未来经济社会发展有何预期？

余淼杰：通过报告，大家可以看出，在沈阳市委、市政府的坚强领导下，2023年沈阳市在经济建设、社会发展和文化建设等多个领域取得了显著成效。对辽宁的发展前景，我一直是充满信心的。在2024年出版的专著《东北是个好地方》中，我热切地呼唤全国人民“有空来东北看看，记住来辽宁投资”。因为我真切地感受到：今天的辽宁发展天时、地利、人和都齐了。沈阳，作为东北地区的经济、文化、交通和商贸中心，自然资源禀赋丰厚，产业结构完整，工业基础扎实，科教优势明显。沈阳的全面振兴、全方位振兴将提升区域整体竞争力，进而更加深入地融入国家经济发展战略布局之中。

当前，沈阳经济运行呈现良好态势，主要体现在三个方面：

一是主要经济指标稳健增长。一季度，全市GDP增长6.2%，规模以上工业增加值增长7.7%，社会消费品零售总额增长7.5%，主要经济指标增速均超过全国和全省水平。二是市场预期积极向好。一季度，全市固定资产投资增长接近10%。截至目前，沈阳实有市场主体近121万户，同比增长12.9%，市场预期增强有利于进一步激发经济增长的内生动力。三是发展活力显著增强。2024年以来，在沈阳规模以上工业涉及的36个大类行业中，28个行业增加值同比增长，增长面接近78%。数字消费、绿色消费、健康消费等新型消费与传统消费相融合的消费场景，有效地推动了消费潜力的快速释放，同时为市场的持续发展注入新的活力。

近年来，沈阳不断坚持创新发展。这里的创新要从科技创新和技术进步两个方面去理解，科技创新和技术进步是有所区别并共同发展的：科技创新是从无到有、“从0到1”，技术进步则是深化应用、“从1到N”。创新最主要的行业载体应该是具有代表性的新兴产业、未来产业。目前，沈阳在新材料、高端装备制造、工业基础软件等领域，产业底蕴和科技优势突出，开辟生命科学、人形机器人、智能网联汽车等新领域新赛道，以未来产业快速发展推动沈阳从“工业大市”迈向“智造强市”，成为培育壮大新质生产力的重要阵地。

辽宁是“一带一路”建设的重要节点。当前，陆上丝绸之路已经向西发展到了一定阶段，现在要提升到一个新高度的话，一定要借助海陆大通道。东北海陆大通道是一个贸易枢纽的连接点，能更好地连接陆上丝绸之路的西部和东部，发挥着不可替代的作用。沈阳正处于东北海陆大通道的中心地带。沈阳的对外开放，辽宁的对外开放，将是推进落实陆上丝绸之路新建设、新方案的一个重要节点。从这个角度来看，在区域协同发展中，沈阳应坚定不移推进构建国家中心城市乃至东北亚国际中心城市进程。

新时代新征程，沈阳正迎来前所未有的发展机遇。沈阳一定会将其先天优势转化为固有优势、比较优势转化为后发优势、潜在优势转化为竞争优势，最终把振兴的“起势”转化为“胜势”。沈阳的全面振兴，其时已至、其势已成、其兴可待。

记者：霍校长，您好。《沈阳城市发展报告（2023）》中对新发展格局下沈阳市经济韧性进行了分析，其中提到民营经济短板的问题，您如何评价沈阳当前民营经济发展现状？面对国内外激烈的市场竞争，应如何提升民营企业的创新能力和核心竞争力？

霍春辉：2024年初，辽宁省委、省政府提出，抓紧补齐县域经济、民营经济、海洋经济短板，民营经济是社会主义市场经济的重要组成部分，是提升产业链稳定性和竞争力的重要力量。根据最新数据，沈阳的民营企业占全市市场经营主体的97%，解决了80%以上的就业岗位，创造了44%的地区生产总值，并贡献了43%的税收收入。2024年1—5月，沈阳市民营工业增加值同比增长15.6%，高于全市规上工业平均水平13个百分点，已连续3个月保持两位数增长。可以看出，不断壮大的民营经济不但成为稳住沈阳经济基本盘的底气和韧性所在，也为沈阳经济高质量发展提供了源源不断的内生动力。自2023年以来，沈阳市委、市政府相继出台多项政策措施支持民营企业发展，为更加有效地激发民营企业的内在发展活力、提振投资信心，提供了强有力的支撑和保障。

对于您的第二个问题，我从政策支持、企业自身发展、人才支撑三个层面进行解答。

从政策支持层面，需要营造更加公平、开放的市场环境，确保民营企业在获取土地、资金、人才等要素上与国有企业享有同等地位。政府应继续深化改革开放，完善市场准入机制，让市场在资源配置中起决定性作用。

从企业发展层面，一方面要推动“链主”企业增强发展能级、发挥头雁作用，引领带动产业链实现安全稳定运行；另一方面，要切实发挥大型民营企业在国内外产业链核心环节的支撑作用，鼓励和吸引更多民营企业参与国家重大战略、国家重大工程、重点产业链供应链项目建设。

从人才支撑层面，民营企业需要吸引和留住更多具有国际视野和创新思维的优秀企业家和管理人才，通过培训和教育提升现有企业家和管理人员的素质，鼓励企业采用先进的管理模式，增强企业的核心竞争力。

此外，企业主导的创新联合体是促进产业链创新链深度融合的重要载体，构建以企业为主体、市场为导向、产学研深度融合的创新体系，实现科技和产业之间的互融互通。充分发挥科技骨干型企业的“链主”引领作用；引导科技骨干型企业瞄准关键核心技术、产业共性技术、颠覆性技术和前沿技术瓶颈；激发专精特新冠军企业的创新活力，开展前沿技术研发，前瞻布局未来产业新赛道；推动“链主”企业、高校和科研院所开放创新资源，吸纳专精特新中小企业卡位入链，形成多方协同联动、融通创新的创新联合体。

当前，沈阳营商环境持续优化，作为推动经济高质量发展的重要力量，民营经济的作用日益凸显，为沈阳全面振兴取得新突破注入强劲的活力和源源不断的动力。

记者：仇校长是农业经济领域的专家，想请您介绍一下沈阳乡村振兴的情况，并从专业角度谈一谈如何激发乡村发展新动能。

仇焕广：今天，我来沈工作刚好一个月。在这一个月里，我深切感受到沈阳不仅承载着厚重的历史，还有钟灵毓秀的美景；不仅有老工业基地的深厚底蕴，也有全面振兴的蓬勃朝气；不仅传承了“英雄血脉”，也有独具特色的“东北气质”。沈阳真的是一座人杰地灵、充满魅力的城市。

来到沈阳后，我对沈阳的农业农村发展也有所关注，了解到沈阳在维护国家粮食安全上作出了重要贡献，2023年，沈阳粮食产量突破81.5亿斤，实现“二十连丰”。同时，农村产业发展稳步前行，拥有辽北七星米业等5家辽宁知名农产品企业。此外，沈阳着力推进“三美”建设，建成美丽庭院20万个、美丽村屯105个、美丽田园20个，农村人居环境持续优化。

关于您提到的如何激发乡村发展新动能，我将从推进乡村产业发展和激发农业农村生态价值两个方面展开回答。

首先，推进乡村产业发展。一是充分利用当地资源，打造知名品牌，依托独特的自然和文化资源，创造具有地域特色的产品，吸引更多的游客和消费者，提高产品附加值。比如，推广沈北稻梦空间产业融合发展模式，建设一批美丽休闲乡村。二是积极促进技术创新，提升产品品质。借助数字化技术、自动化生产线等手段，提高生产效率，降低生产成本，增强国际竞争力。三是向产业链后端拓展。通过提供全产业链的服务，更好满足客户需求。加强头部企业配套，推动禾丰食品、沈粮集团等头部企业完善在沈产业链布局。推行“龙头企业+合作社+农户”发展模式，发展农业产业化联合体。

其次，激发农业农村生态价值。农业农村除了承载食物供给和居住等经济价值外，还可以提供景观、气候调节、生物多样性等多方面的生态价值。“绿水青山就是金山银山”，良好生态本身蕴含着无穷的经济价值，能够持续创造综合效益，推动经济社会实现可持续发展。以经济价值来衡量，农业农村生态系统提供的价值比它直接提供产品的价值还要高好几倍。当前，沈阳在发展农村生态旅游和绿色农产品生产方面已取得一定的成绩，但整体仍有巨大的发掘空间。

来源：沈阳发布　2024年07月18日，有改动

东北，好山好水好人

“沈阳举办中国改革大会，我觉得恰逢其时，非常好。党的二十届三中全会，包括最近的中央政治局会议，还有中央经济工作会议，一个最重要的主题就是全面深化改革、推进中国式现代化。沈阳最近也获批东北亚国际化中心城市，这意味着沈阳不仅是东北的城市，也是东北亚的中心城市。所以如何更好地深化改革，如何才能更好地扩大开放、促进中国式现代化辽宁落地，中国改革（2024）年会的举办特别及时、特别重要。今天能够参加这次会议，我也非常激动、非常开心。”余淼杰说。

在余淼杰看来，改革不是一面的，而是涵盖着方方面面的。改革中最重要的一点，特别是对当前的沈阳来说，首要的就是构建全国统一大市场，而要构建全国统一大市场，第一个重要方面、要素就是人才市场的构建。近年来，在辽宁省委、省政府和沈阳市委、市政府的领导下，沈阳在招才引才方面，已经走到全国的前列。以余淼杰所在的辽宁大学为例，辽宁大学引进了许多人才，正是有了这些优秀人才的加盟，学校也发生了很多正向的变化，经济学科建设已经走在全国前列。“客观地讲，现在好多高端的经济类学术会议，都可以看到辽宁大学的身影。可见，辽宁大学毫无疑问已经成为北方研究经济学的一个重镇。”余淼杰说。

余淼杰的家乡在广东，两年前他从北京大学来到沈阳，两年的在沈生活让他愈发喜欢上了这座北方城市。“东北是个好地方，辽宁是个聚宝盆，沈阳是棵“梧桐树”，这样的观念已经深入人心。我们可以看到天下英才都在源源不断地汇聚沈阳，就像这次大会一样，这样良好的态势正在快速形成。”

余淼杰指出，举办中国改革（2024）年会也吹响了东北对外开放的集结号。“虽然我们现在要面临异常复杂的国际环境，但是我们要以不变应万变的态度，迅速构建对外开放的新格局。沈阳作为东北最大的城市，更要发挥‘长子’作用。”余淼杰说，沈阳通过对外开放，不断加强与俄罗斯、蒙古国、日本、韩国等国家的合作，真正做到在自身得到发展的同时，实现“百花齐放春满园”的美好愿景。“沈阳是一座很洋气的城市，并不是外界所理解的刻板、传统的老工业基地。浑河外滩从某种角度上甚至可以与上海外滩比肩。而且沈阳有着厚重的历史文化积淀，也有很多现代文化创新活动，不仅非常接地气，还非常洋气。”

作为新沈阳人，余淼杰说，无论是沈阳、辽宁乃至整个东北，这里并非没有好地方，而是有特别多的好地方。酒香也怕巷子深，因此一定要让更多的人知道我们这边的好山、好水、好人。

来源：指尖客户端　2024年12月18日，有改动

关于创建沈阳东北亚国际证券交易所的建议（一）

建议在沈阳创建东北亚证券交易所，破除“投资不过山海关”困境

东北是我国向北开放的重要门户。第十四届全国人大代表，辽宁省人大常委会委员，辽宁大学党委副书记、校长余淼杰在2024年两会上再次聚焦东北。

据《华夏时报》记者了解，余淼杰2024年全国两会的议案之一是《关于创建沈阳东北亚国际证券交易所的建议》。

在他看来，设立东北亚国际证券交易所，有利于充分发挥沈阳的战略区位优势、金融资源优势和服务业扩大开放试点政策优势，在《区域全面经济伙伴关系协定》（RCEP）开放合作框架中，加快与国际经贸和金融服务规则的接轨，通过金融这个“小切口”，来打造对外开放新前沿的“大文章”。

为何建议在沈阳创建国际证券交易所

沈阳位于东北亚经济圈和环渤海经济圈的中心位置，是我国面向东北亚的重要对外交往门户，战略区位和交通优势独特。

在东北地区，沈阳市存、贷款余额和证券交易额等主要金融指标位居于首位，持牌金融机构450家，主要金融机构数量在区域内排名第一，正在加快建设区域性金融中心。

为什么要建议创建沈阳东北亚国际证券交易所？余淼杰认为有三点必要性。

第一，创建东北亚国际证券交易所，是我国以东北亚为切入点、服务带、辐射圈，积极主动打造国家对外开放北大门、服务辐射东北亚新高地的重要举措。

余淼杰对《华夏时报》记者表示，我国应主动深度融入RCEP，通过创建东北亚国际证券交易所，逐步将沈阳打造成为东北亚国际化中心城市和面向东北亚开放的新高地，同时为我国实现高水平对外开放提供金融支持。

第二，创建东北亚国际证券交易所，是构建并完善我国多层次资本市场体系，稳步推进人民币国际化和进一步扩大金融对外开放的有力举措。

余淼杰认为，在沈阳创建东北亚国际证券交易所，有利于我国丰富多层次资本市场体系，强化人民币国际货币地位。同时，能够积极吸引日韩等东北亚资本来华展业兴业，促进“科技—产业—金融”良性循环，强化全球资本市场话语权，建立与大国地位相匹配的货币力量和金融体系。

第三，创建东北亚国际证券交易所，是打好打赢新时代“辽沈战役”的重大突破，对实现新时代东北振兴具有重要意义。

2023年余淼杰曾表示，“投资不过山海关”这句话对东北的伤害不可估量，这一观点曾引发热议。“在目前间接融资占主导的金融服务格局下，东北地区的新兴产业、未来产业面临金融服务不足、融资难、融资贵等问题，轻资产、重创意、高风险、周期长的特殊属性仍然存在。唯有高强度、可持续的资金资本支持，才能在创新试错和产业升级中发展新质生产力。”余淼杰在议案中表示。

余淼杰认为，在沈阳创建东北亚国际证券交易所，鼓励东北亚金融服务联动先行先试，有利于扩大直接融资比例，补齐东北地区金融服务短板，对实现新时代东北振兴具有重要意义。

“明确与沪、深、北交易所差异化定位”

如何探索创建沈阳东北亚国际证券交易所？余淼杰提出了四点建议。

第一，以金融“活水”灌溉东北地区实体经济发展，助力东北地区打造对外开放新前沿。

余淼杰表示，东北地区工业基础雄厚，但在近年来“老原新”产业升级过程中，中小企业、民营企业依旧面临着融资难、融资贵、增长壁垒等问题，在沈阳创建交易所能够有力破除“投资不过山海关”的困境，助力符合条件、注重研发创新的优质中小企业公开发行上市，拓宽融资渠道，为企业在东北亚地区进一步开拓日韩等海外市场提供融资支持。同时，制度设计方面也可参考北交所的IPO注册制和转板机制，完善东北亚国际证券交易所同沪、深、北交易所的协作机制，兼顾多层次资本市场互联互通问题。

第二，明确自身与北交所及沪、深交易所差异化定位，在借鉴学习沪深港通基础上持续、审慎推动资本市场开放。

余淼杰提到，若东北亚国际证券交易所被批准，应在中国证监会的指导下，一方面，积极学习借鉴上交所、深交所、港交所、北交所的建设经验，深入研究设计交易所职能定位、板块设计、交易规则、准入门槛、数字化平台建设等事项，并明确强化东北亚国际证券交易所的差异化职能定位，与北交所及沪、深交易所形成错位补充；另一方面，借鉴东北亚及其他发达国家经验，因地制宜、因时制宜完善我国资本市场制度，在沪深港通基础上，探索资本市场开放新机制，有效对接国际市场，利用国际化金融集聚扩大沈阳乃至东北三省一区在东北亚的经济辐射范围。

第三，完善高技能应用型复合型金融人才培养体系与引进制度，为建立区域性金融中心提供人才保障。

余淼杰建议，可以依据沈阳东北亚金融中心建设所需的紧缺金融人才编制目录，并制定一套针对金融人才的共享或引进机制，吸引国内外高端人才来沈就业，促进东北亚地区人才交流共享。同时，支持辽宁省内高等院校围绕紧缺复合型人才需求，优化金融、会计、法律等课程体系，并开设数字金融、金融科技等专业，加强与海内外高校、研究机构与金融机构的交流合作，完善联合培养机制，共建人才培训与实践基地，以培养一批满足金融业发展需要的复合型专业人才。

第四，增强风险审慎监管，健全金融法律法规，守住开放条件下国家金融安全底线。

余淼杰对《华夏时报》记者表示，要加强金融基础设施及数字化监管平台建设，开发智能化风险分析工具，提高对金融风险的识别、防范、预警和处置能力。同时，探索同东北亚国家间征信信息共享与金融标准互认互通，打通数据孤岛，及时披露各类金融产品的风险状况，防范金融风险跨区域、跨市场传递共振。此外，支持高校与证监会、高端智库等在金融治理、法规建设、信用服务及风险防范等方面加强合作研究，在以制度型开放提升我国金融话语权的同时，保障国家金融安全底线。

来源：华夏时报网　2024年03月06日，有改动

关于创建沈阳东北亚国际证券交易所的建议（二）

建议在沈阳设立东北证券交易市场，助力东北全面振兴

2024年3月5日，国务院总理李强在政府工作报告中指出，要坚持稳中求进、以进促稳、先立后破。积极的财政政策要适度加力、提质增效。稳健的货币政策要灵活适度、精准有效。

2024年全国两会期间，财联社记者专访了全国人大代表、著名经济学家、辽宁大学校长余淼杰。他对记者表示，2024年宏观政策的着力点，用一句话来概括，就是采用扩张性的财政政策和稳健的货币政策。事实上，尽管现在较少使用“扩张性”这个词，但积极的财政政策本质上就是扩张性的财政政策。稳健的货币政策强调审慎发展，摒弃“大水漫灌”，搞精准滴灌，推动大中小银行一起帮扶中小企业，因为中小企业是创造就业机会的主力军。

此外，政府工作报告还提出深入实施西部大开发、东北全面振兴、中部地区加快崛起、东部地区加快推进现代化等战略，提升东北和中西部地区承接产业转移能力。

“其势已成，其时已至，其兴可待。”余淼杰对记者表示，

2024年全国两会，他带来多个建议，其中就有涉及东北振兴的话题，包括建议在沈阳设立东北证券交易市场，更好地用金融支撑实体经济发展，助力东北全面振兴。

财联社记者：您对2024年中国经济有怎样的预期？

余淼杰：尽管当前面临比较低迷的国际经济大环境，即“双高一低”（高通胀、高债务、低增长）的状态，但中国经济长期向好、稳中向好的态势没有发生改变，中国依然是拉动世界经济增长的“火车头”。这主要是由中国经济四大优势决定的。

一是中国有超大规模的市场优势；二是中国有全产业链供给的优势；三是中国有高素质人才队伍的优势；四是中国有纵向到底、横向到边的强执行能力，这是大国体制的优势。

中国经济2024年增速有达到5.3%~5.4%的潜力。当然，要达到这个目标，必须落实好中央经济工作会议所强调的“五个必须”。

财联社记者：2024年政府工作报告中介绍2024年政府工作任务时提出，扩大高水平对外开放，促进互利共赢。主动对接高标准国际经贸规则，稳步扩大制度型开放，增强国内与国际两个市场两种资源联动效应，巩固外贸外资基本盘，培育国际经济合作和竞争新优势。您如何看待2024年的外贸形势？

余淼杰：外贸方面，我认为2024年我国外贸总额相对2023年应该略有上升，但上升得不多。我的判断是在42万亿元左右。2024年的外贸形势是出口量会下降，但价格会上升。这是由于地缘政治冲突加剧，如俄乌冲突、巴以冲突、红海地区危机等，导致中国主要航线如红海航线等受阻。

而对美国或者其他国家的市场，应该说2024年的出口数量和价格都会温和上升。因此，总体而言，2024年的外贸形势比

2023年好一点，会增加1万亿元到2万亿元的贸易总额。

财联社记者：政府工作报告提出，继续缩减外资准入负面清单，全面取消制造业领域外资准入限制措施。落实好外资企业国民待遇，保障依法平等参与政府采购、招标投标、标准制定，推动解决数据跨境流动等问题。另外，近期多地在吸引外资上掀起一波激烈比拼。未来如何更好吸引外资？

余淼杰：一是要构建全国统一大市场。二是要营造更好的营商环境。这两点是关键所在。三是要深度融入全球经贸一体化，进一步推动中国对外开放，加快从要素开放向制度开放转变，特别要做好在规则、规制、标准、管理方面的国际标准的参与制定，从而更好地吸引外资。

各地政府为吸引外资所作出的努力非常值得肯定。我也有两个方面建议：一是降低外商来华投资的显性成本，包括物价、运费等。二是降低隐性成本，包括优化营商环境，进一步压缩外资准入负面清单。

财联社记者：2024年您的提案之一是在沈阳创建东北证券交易市场。请问有何考量？

余淼杰：金融是实体经济的血脉，东北经济发展最重要的是要有健康的金融环境。创建沈阳东北亚国际证券交易所，对实现新时代东北振兴具有重要意义。这是我国以东北亚为切入点、服务带、辐射圈，积极主动打造国家对外开放北大门、服务辐射东北亚新高地的重要举措。同时，也是构建并完善我国多层次资本市场体系，稳步推进人民币国际化和进一步扩大金融对外开放的有力举措。

东北经济如果想从市场上获得融资，更加健康地发展东北实体经济，就需要创建东北证券交易市场。另外，在东北振兴战略的大背景下，尤其是辽宁全面振兴的环境下，目前可以说是其势已成，其时已至，其兴可待。

此外，在辽宁沈阳创建东北证券交易市场还要明确其自身与北交所及沪、深交易所差异化定位，在借鉴学习沪深港通基础上持续、审慎推动资本市场开放；完善高技能应用型复合型金融人才培养体系与引进机制，为建立区域性金融中心提供人才保障；增强风险审慎监管，健全金融法律法规，守住开放条件下国家金融安全底线。

来源：财联社　2024年03月05日，有改动

记者：郭松峤

关于创建沈阳东北亚国际证券交易所的建议（三）

建议设立东北亚国际证券交易所

如何通过金融的力量，推动东北全面振兴？针对这一问题，全国人大代表、辽宁大学校长余淼杰给出了自己的建议：创建沈阳东北亚国际证券交易所。

余淼杰认为，设立东北亚国际证券交易所，对实现新时代东北振兴具有重要意义。设立东北亚国际证券交易所，是我国以东北亚为切入点、服务带、辐射圈，积极主动打造国家对外开放北大门、服务辐射东北亚新高地的重要举措。同时，也是构建与完善我国多层次资本市场体系，稳步推进人民币国际化和进一步扩大金融对外开放的有力举措。

他在调研中发现，在目前间接融资占主导的金融服务格局下，东北地区的新兴产业、未来产业面临金融服务不足、融资难、融资贵等问题，高风险、周期长等特殊属性仍然存在。

“唯有高强度、可持续的资金支持，才能在创新试错和产业升级中发展新质生产力。”余淼杰说，在沈阳设立东北亚国际证券交易所，鼓励东北亚金融服务联动先行先试，有利于扩大直接融资比例，补齐东北地区金融服务短板，对实现新时代东北振兴具有重要意义。

余淼杰还观察到，我国正在加速推进人民币国际化进程，但与总体经济实力相比，人民币国际化水平仍不匹配。我国在主动融入东北亚经济圈和RCEP开放合作框架中，尚无金融领域基础设施的特殊制度安排。

他认为，设立东北亚国际证券交易所，有利于我国丰富多层次资本市场体系，强化人民币国际货币地位。同时，能够积极吸引日韩等东北亚资本来华展业兴业，促进“科技—产业—金融”良性循环，强化全球资本市场话语权，建立与大国地位相匹配的货币力量和金融体系。

至于在沈阳设立东北亚国际证券交易所的探索路径，余淼杰也提出了自己的建议：明确其与北交所及沪、深交易所差异化定位，在借鉴学习沪深港通基础上持续、审慎推动资本市场开放；完善高技能应用型、复合型金融人才培养体系与引进制度，为建立区域性金融中心提供人才保障；增强风险审慎监管，健全金融法律法规，守住开放条件下国家金融安全底线。

来源：中国经济网　2024年03月05日，有改动

记者：马常艳

第四篇

国际战略与开放合作

高水平开放推动新质生产力发展内在机制探析

新质生产力是由技术革命性突破、生产要素创新性配置、产业深度转型升级催生的先进生产力质态。高水平开放是培育和发展新质生产力的有效路径，通过集聚全球先进生产要素、优化资源配置、提供创新的制度环境，促进新质生产力的发展。反过来，新质生产力的发展能够扩大外贸规模、增强对外商投资的吸引力，从而促进贸易结构转型升级。当前，在以高水平开放推进新质生产力发展的过程中，还存在对外开放仍需扩大、开放领域有待拓展、制度型开放不足等问题。需要完善高水平对外开放体制机制，打造更大规模、更宽领域、更深层次对外开放的新格局。同时，加快构建全国统一大市场，发挥政府的宏观调控作用，形成与新质生产力相适应的制度体系，实现高水平对外开放和新质生产力的相互促进，推进我国经济高质量发展。

一、引言

当前，世界百年未有之大变局加速演进，国际环境发生深刻变化，国内也面临艰巨的改革发展任务。在此背景下，中国经济增长模式已由高速增长转变为高质量发展。高质量发展旨在满足人民对美好生活日益增长的需求，是能够体现“创新、协调、绿色、开放、共享”的新发展理念的发展。

在推动高质量发展的过程中，培育和发展新质生产力是其内在要求和重要抓手。新发展阶段，高质量发展体现在生产、分配、流通、消费四个方面，生产是其中的“牛鼻子”。生产的高质量发展就是要实现产品附加值的提升、产品质量的提高，以及企业全要素生产率的提升，并推动整个行业形成全产业链的生产体系，实现三大产业的合理协调发展。其中，最关键的是企业全要素生产率的提升，而新质生产力是提升全要素生产率的重要抓手。

新质生产力是推动高质量发展的关键所在，有效路径为高水平开放。以开放促改革、以改革促发展，是我国现代化建设不断取得新成就的重要法宝。在培育和发展新质生产力的过程中，高水平开放扮演着重要角色。当前世界经济复苏乏力，国际形势日趋复杂，不稳定、不确定性因素增加，给我国经济高质量发展带来挑战。高水平对外开放通过营造良好的国际环境，为新质生产力的培育提供要素基础和制度优势，加快形成适应新质生产力发展的生产关系。反过来，新质生产力凭借其技术创新优势，激发制度创新的潜力，能够为贸易高质量发展赋予新的动能，促进外贸规模的进一步扩大和贸易结构的转型升级。

二、高水平开放与新质生产力的辩证关系

（一）高水平开放为培育新质生产力提供必要条件

从全球视野看，新质生产力是赢得未来国际竞争优势和主动

权的关键所在，也是大国博弈的焦点所在。发展新质生产力不仅要高水平自立自强，还需要高水平开放。以开放促改革、促发展、促创新，是我国推进高质量发展的重要法宝，也是培育和发展新质生产力的重要路径。高水平开放可以为培育新质生产力提供良好的环境基础，要素型开放集聚全球先进生产要素，促进生产要素的优化配置；制度型开放推动内部制度创新与国际标准接轨，为培育和发展新质生产力提供良好的制度环境。

1. 促进生产要素的优化配置

过去，中国的开放集中于要素型开放，是在劳动力、资本、资源等生产要素的流动和配置方面的开放。要素型开放通过集聚全球先进生产要素、优化资源配置，为培育新质生产力提供必要条件。发展新质生产力需要技术、人才、数据、资本等先进生产要素的参与，但这些生产要素的分布是全球性的、不均衡的，各国的资源禀赋、技术水平等生产要素存在差异。高水平开放可以在全球范围内引进技术、人才、数据等先进生产要素，这是优化资源配置、提升全要素生产率的重要前提。2022年，我国实际利用外商直接投资金额达1891.3亿美元，其中科学研究、技术服务和地质勘查业，信息传输、计算机服务和软件业所占比重整体呈上升趋势（图1），表明越来越多的外商直接投资流向了与科技研发相关的产业。

高水平开放使世界各国不断开展广泛深入的交流合作，先进思想的碰撞能够激发创新精神和改革意识，为培育新质生产力提供强大动力。国际人才的流入为中国企业传递外国市场的需求信息，有助于减少企业在出口产品方面的信息不对称，推动企业开发更具针对性的高质量产品。同时，国际人才作为一种高技能人力资本要素，也有利于企业提升创新能力，提升产品质量。外资

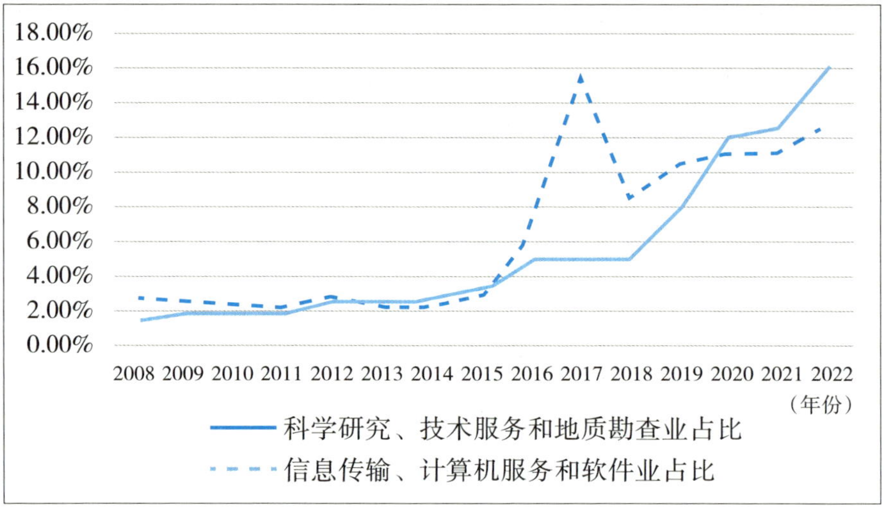

图1　2008—2022年实际利用外商直接投资的高技术行业占比情况

的引入和跨国企业的设立不仅带来了资金，还有助于引进外国的先进技术、管理经验和市场资源，为创新提供有力支撑。外部先进要素的流入能够提高国内要素的利用效率，推动先进理念、现代技术、管理经验、外部资金与各类生产要素有机融合，实现技术创新、管理创新和制度创新。高水平开放为国内企业提供了更广阔的市场和更深层次的竞争，促使企业进行科技创新，提高全要素生产率，加速形成新质生产力。

2. 促进国内制度创新

近年来，中国在推动商品与要素流动型开放的同时，逐渐将重点转向制度型开放。同商品和要素流动型开放相比，制度型开放是一种更高层次的开放，是我国实现高水平开放的必然趋势。制度型开放不仅涉及要素型开放的比较优势，更强调在规则、规制、标准、管理等层面的开放。高水平开放通过推进制度型开放，为培育新质生产力提供先进制度基础。

首先，自贸试验区和海南自贸港通过放宽市场准入、优化投资环境等一系列制度创新，提升了外商投资的便利化程度，吸引了大量国际企业和优质资源的涌入。海南自贸港的“低税率安排”吸引了大量国内外高素质人才，为新质生产力的培育集聚了先进生产要素和创新主体，为国内企业提供了与先进国际经验接轨的机会。

其次，高水平对外开放有助于建立与国际高标准经贸规则接轨的规则、规制、标准、管理，完善知识产权保护、产业补贴、环境标准、劳动保护、政府采购、电子商务等领域的体制机制。通过对标国际高标准规则，进行制度创新，建立完善的激励约束机制，从而充分激发各个创新主体的活力。

最后，积极探索数字贸易、绿色贸易等新兴贸易领域的规则，为国内改革提供规范化示范。技术标准和认证、环保标准等对我国的生产在产品质量和生产环保程度上提出了更高要求，有助于倒逼企业产品质量的提升以及产业的绿色化转型升级。制度型开放有助于我国参与新兴贸易领域的规则制定，加强我国的全球治理能力，提升在全球贸易中的话语权和影响力，为发展新质生产力提供优越的国际环境。

（二）新质生产力的发展有助于更高水平的对外开放

培育和发展新质生产力是我国提升新赛道产业产品核心竞争力的关键因素。新质生产力可以推动技术创新和产业升级，通过提高产品质量、培育新兴产业，促进外贸规模的扩大和贸易结构的优化。同时，与培育新质生产力相配套的政策体系所创造的良好制度环境，对我国进一步参与国际竞争、提升国际规则话语权意义重大。

1. 激发外贸新动能

首先，新质生产力可以通过提升产品质量来提高我国出口产品的市场竞争力。新质生产力可以促使企业在技术创新、工艺改进和质量管理上不断进步，从而增强产品的市场竞争力和国际认可度。高质量的产品不仅能够满足国际市场的高标准要求，还能帮助我国企业赢得更多的市场份额，从而提升出口竞争力，扩大外贸规模。

其次，新质生产力可以催生新兴产业和高技术产业，而这些新兴产业通常具有较高的技术性和创新性。这些新兴产业的发展能够开辟新的出口领域和市场，并且能够推动外贸结构的优化和升级。

最后，新质生产力可以通过促进技术创新和管理优化，提升企业的生产效率，从而提高国际市场竞争力。综合来看，新质生产力不仅通过提升产品质量和开拓新兴产业直接激发外贸的新动能，还通过提高企业的生产能力和市场适应能力，进一步推动外贸的持续增长和健康发展。

2. 提高对外资吸引力

当前，中国在吸引外资方面面临复杂的外部竞争格局，在中高端产业面临发达国家的竞争，在中低端产业面临发展中国家的竞争。为了应对这些挑战，培育和发展新质生产力是关键。这不仅能够重塑我国在各个产业的国际竞争力，还会助推我国更好地融入地区经贸合作，吸引更多先进资本流入。一方面，自主科技创新是培育新质生产力的核心。通过自主科技创新，可以在原创性和基础性研究领域取得突破，这些创新成果将使我国在技术前沿领域建立竞争优势，从而提高中高端产业的国际竞争力。另一方面，将科研成果快速转化为市场化成果，真正做到"政产学研用”五个方面相结合，以科技进步推动产业转型升级。利用超大规模的市场优势和全产业链的比较优势，进一步推动对外开放，加快从要素型开放向制度型开放的转变，从而更好地吸引外资。

3. 促进贸易结构升级

调整贸易结构的核心和重点是提高出口产品的附加值，也就是提升一般贸易比重、降低加工贸易比重。多年来，中国对外贸易结构持续优化，一度占中国货物出口总额“半壁江山”的加工贸易，目前比重已降至20%以下，而一般贸易的比重超过了60%（图2）。在新质生产力的发展过程中，技术创新使企业能够开发出技术密集型和创新驱动型的新产品，从而提高产品的附加值。同时，随着企业技术水平的提高和自主品牌的建立，企业能够将生产过程中的关键环节和高附加值环节掌握在自己手中，减少对外部加工环节的依赖，以获得更多的出口收入和市场份额。

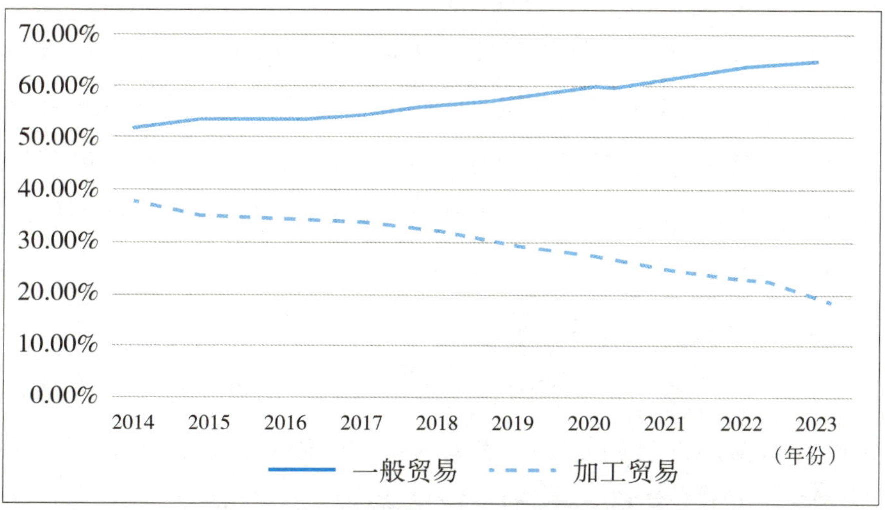

图2 2014—2023年一般贸易和加工贸易在货物出口额中占比情况

随着全球绿色低碳转型加速，绿色贸易已成为多国经济转型的关键驱动力，环境友好型产品在国际贸易中的重要性日益凸

第四篇 国际战略与开放合作

显。中国的“新三样”（电动载人汽车、锂电池和太阳能电池）出口，已位居全球前列，尤其是2020年以来，这些产品的出口增速显著。2023年，中国新能源汽车、光伏产品和锂电池的出口总额首次突破1万亿元，同比增长29.9%。新质生产力将催生出绿色创新、绿色产品、绿色产业，为绿色贸易提供抓手。通过技术创新和全要素生产率的提升，新质生产力能够让各类产品尤其是碳排放比较多的产品更加绿色化，加快传统产业向绿色化转变，把握住绿色贸易的发展机遇，加强绿色贸易国际合作，促进贸易结构的优化。

三、高水平开放促进新质生产力发展的难点

（一）对外开放仍需扩大

自1978年实行改革开放政策以来，中国的对外开放工作取得了重大进展。2008—2022年，中国的世界开放指数从0.678稳步上升至0.752，但相较于美、英、法、日、韩等发达国家仍略显不足，高水平开放有待进一步扩大，从而为新质生产力的发展提供强劲动力。

1. 出口目的地有待拓展

美、英、德、荷兰等国在中国出口中占据重要地位，但随着国际经贸格局的日趋复杂，欧美国家在中国对外出口中的地位有所下降（表1，图3）。《区域全面经济伙伴关系协定》（RCEP）的生效，使得东盟在中国货物出口总额中的比重显著上升，双边贸易持续增长。东盟已超越美国和欧盟成为中国最大的经贸伙伴。这一趋势表明中国的经贸结构正在向更加多元化的方向发展。新

兴市场的崛起，标志着中国对外经贸格局正在发生长期性、结构性变化。为了扩大高水平对外开放，中国的出口结构需要更加多元化，不仅要继续保持欧美成熟市场的份额，还应进一步拓展新兴国家市场，重点开拓包括俄罗斯、巴西、南非等在内的金砖国

表 1　2007—2022 年中国十大主要出口国家

序号	2007年	2010年	2013年	2016年	2019年	2022年
1	美国	美国	美国	美国	美国	美国
2	日本	日本	日本	日本	日本	日本
3	韩国	韩国	韩国	韩国	韩国	韩国
4	德国	德国	德国	德国	越南	越南
5	荷兰	荷兰	荷兰	越南	德国	荷兰
6	英国	印度	英国	印度	印度	印度
7	新加坡	英国	俄罗斯	荷兰	荷兰	马来西亚
8	俄罗斯	新加坡	越南	英国	英国	英国
9	印度	意大利	印度	新加坡	新加坡	新加坡
10	意大利	俄罗斯	马来西亚	马来西亚	马来西亚	澳大利亚

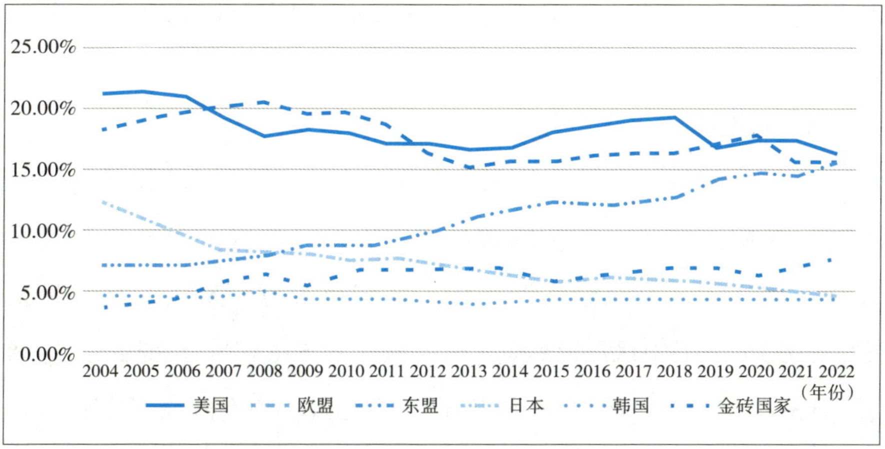

图 3　2004—2022 年中国主要出口国家出口额占比情况

家市场，尤其是最新扩容的沙特阿拉伯等国。与此同时，应大力推进与东南亚及东盟国家的合作，加强与日本、韩国等周边发达经济体的经贸往来。

2. 进口规模仍需扩大

长期以来，中国坚持实施扩大进口战略，其已成为中国扩大开放的重要抓手。2023年，中国进口规模为17.98万亿元，稳居全球货物贸易第二大进口国，进口依存度为14.27%，相较美国的18.85%依然存在差距。进口是中国贸易增长的重要组成部分，因此需要进一步降低关税、减少贸易壁垒，持续扩大进口。对消费者而言，贸易成本的降低能够增加高质量消费品的进口，为消费者提供更多的选择，使得市场竞争加剧。企业必须通过降低价格或提升质量来维持竞争力，以此带动国内消费品价格下降，提高居民的幸福感和获得感。对企业而言，扩大中间品进口有助于降低生产成本，增加企业利润。更重要的是，高质量的进口中间品，特别是发达国家的核心零部件，能够与国内中间品良好互补并深度融合，产生“1+1>2”的熊彼特效应，推动技术升级和产业优化。此外，进口最终产品虽然会在短期内加剧市场竞争，但从长期来看，这种竞争将通过优胜劣汰机制提升国内企业的全要素生产率。

3. 服务贸易存在逆差

与货物贸易相比，中国服务贸易表现出总量不足和逆差扩大态势。中国已经是全球货物贸易第一大国，但服务贸易还有较大发展空间，需从扩总量、调结构、树特色等方面努力。从总量来看，2023年，中国服务贸易进出口额为61576亿元，较2022年增长10.3%。其中，服务贸易出口额为22671.9亿元，同比下降7.7%，进口额为38904.1亿元，同比增长24.5%，服务贸易逆差

16232.1亿元。从结构上看，中国服务贸易在旅行、运输、知识产权这三个产业的逆差规模较大，2015—2019年三者贸易逆差均呈上升趋势。2020年和2021年旅行和运输领域的贸易逆差显著缩小，而知识产权服务贸易由于不依赖实物并未受到影响；2021年之后，这些行业的贸易逆差再度扩大，至2023年，旅行、运输、知识产权的贸易逆差分别达到12810.1亿元、5934.1亿元、2223.5亿元。从特色上看，发展具有比较优势的特色产业如中医药服务贸易，可能是中国未来提升国际服务贸易竞争力的一个重要方向。

（二）开放领域有待拓展

中国在贸易开放方面取得了显著进展，并在外商投资和对外投资等领域取得了积极成效，但仍面临外资吸引力不强、投资层次不够深化、国际合作相对不足等挑战，因此有待进一步完善相关的制度建设，营造良好的营商环境，以推动开放领域的进一步拓展。

1. 营商环境有待改善

2023年，全国新设立外商投资企业53766家，同比增长39.7%，实际利用外资11339.1亿元，规模位居全球第二。其中，高技术产业吸引外资4233.4亿元，在实际利用外资中的占比为37.3%，同比增长1.2%；高技术制造业实际利用外资同比增长6.5%，显示引资结构持续优化。然而，高技术产业吸引外资的占比仍有提升空间，在高端技术和创新领域，对国际资本的吸引力有待增强。

尽管我国外商直接投资规模已居于全球领先地位，但在外商投资环境方面仍存在一些需要改进的地方。具体而言，由于配套细则不完善等，外资企业在市场准入后的实际经营中遇到障碍，“准入容易准营难”现象影响了外资企业的投资信心和落地效率。首先，服务外商投资的相关部门职责划分仍较为模糊，外商投资政策的实施效果不理想。其次，外资外贸领域的人才相对短缺，使得相关政策难以精准对接中小型外资企业的实际需求。最后，中国尚未建立完善的外资企业争端解决机制，外资企业在维权过程中面临较多困难和较高成本，外商投资权益保护机制有待完善。

2. 对外投资尚需深化

2020年，中国已成为全球最大的对外直接投资国，投资规模达1350亿美元，这标志着中国企业在国际投资市场中持续崛起，通过“走出去”战略不断扩大企业全球影响力。然而，要真正实现对外直接投资的深度发展，企业不仅需要在规模上扩展，还要在质量上提升，在“走出去”的同时，还要“走进去”和“走上去”。

“走进去”是对外直接投资的进一步深化。这意味着企业不仅要关注自身经济利益，还要承担更多的社会责任。在跨国投资的过程中，企业应主动适应目标国家的经济、社会和文化特征，促进民心相通和文化认同。企业通过参与当地社区建设、改善基础设施、提供就业机会，可以有效增强目标国民众对中国企业的认同感，有助于投资项目的长期可持续性发展。

“走上去”则强调投资质量的提升。随着全球经济日益向高附加值产业转型，企业不能仅局限于低端制造业或资源依赖型投资，而是要向资本密集型、技术密集型产业发力。通过“走出去、走进去、走上去”的多层次对外投资战略，推动投资项目的可持续发展，提升企业的全球竞争力，助力中国经济高质量发展。

3. 人才与科技国际合作有待增加

近年来，中国在吸引国际高端人才方面不断努力，2023年中国的全球人才竞争力指数排名第40位，相较2018年的第49名有所上升，但与瑞士、新加坡、美国等发达国家相比还存在较大差距。首先，在引进高层次国际人才的过程中，存在引进途径单一、协调成本高、程序复杂等问题，导致整体引才效果不够突出。其次，科技创新平台建设有待加强，目前存在资金投入不足、平台治理体系不完善、创新资源配置效率不高等问题，未能将人力资本有效转化为科技创新的驱动力。最后，科研项目的审批周期较长、人才评价体系不够科学合理、科技人才的生活保障有待提升等因素，导致国际科研合作和交流环境友好度不足，限制了对国际高端人才的吸引和留存。

（三）制度型开放有待深化

中国与众多国家开展了区域经贸合作，但在推进制度型开放方面仍有待深化，主要表现为制度性领域的合作不够深入、主动适应国际规则的能力不强、国际经贸规则制定中的参与度较低等，亟待通过制度创新和政策环境优化等举措，推进对外开放向纵深发展。

1. 区域贸易协定有待推进

中国通过签署《区域全面经济伙伴关系协定》（RCEP），加深了与亚太地区的经济联系。RCEP通过实行原产地规则、推动海关便利化、扩大负面清单等措施，有效促进了成员国间的贸易、投资便利化，同时在知识产权、电子商务、竞争政策、政府采购等多个领域作出了高标准要求，为中国的地区经贸合作注入了强大动力。随着全球经济形势的复杂变化，中国需要进一步提升地区合作的层次，将推进《中欧全面投资协定》(CAI)、加入《全面与进步跨太平洋伙伴关系协定》(CPTPP)、推动《中日韩自贸协定》谈判等作为下一阶段深化区域合作的重要方向。

然而，在推动这些高标准区域协定时，中国面临制度型开放有待深化的挑战，如在参与RCEP、推进制度型开放过程中，仍存在被动适应国际规则的现象，缺乏主动性与创新性。这使得中国在同国际高标准经贸规则接轨时，未能完全发挥自身优势。此外，中国在新兴国际经贸规则的制定中，参与度较低，难以在规则的制定初期争取更多的话语权和主动权。即便在已签署的RCEP框架下，中国仍需通过深化政策协调、优化营商环境等措施，将各领域的开放政策落实到位，以推动高质量的制度型开放，增强中国在未来国际经贸合作中的主动性和影响力。

2.“一带一路”合作层次有待提升

“一带一路”倡议为中国与发展中国家的经济合作提供了平台，涵盖了包括东南亚、西亚、非洲地区在内的众多发展中国家。截至2022年4月19日，与中国签署“一带一路”合作文件的国家数目增加至149个，“一带一路”建设在共建国家蓬勃发展。但在推进“一带一路”过程中，对共建国家不同的政治和经济状况缺乏有效的差异化应对措施。陆上丝绸之路涉及的中亚和欧洲国家间的经贸合作面临复杂的地缘政治局势，中国的对外投资往往受到较多限制。因此，陆上丝绸之路的合作模式需要调整为以双边贸易为主。

相比之下，海上丝绸之路的合作对象如东南亚、中东等地区的国家，与中国的经济联系更为紧密，合作层次较高。中国与这些国家的合作不应仅停留在简单的进出口贸易层面，还应推动双向投资，特别是在资本密集型和技术密集型产业上发力，在这些国家进行深度投资布局。这种差异化的合作方式不仅有助于“一带一路”的可持续发展，也为中国参与全球经济治理提供了新的制度创新空间。然而，当前的经贸合作更多侧重于基础设施和双边贸易，制度型开放的力度仍显不足。未来，中国应进一步强化与海上丝绸之路共建国家在制度性领域的协同共进，特别是在金融开放、技术标准、法治建设等关键领域深化合作，加大在投资、金融、人才等领域的开放力度，通过拓宽合作渠道、优化政策环境等措施，确保中国开放政策深度融入全球经贸规则体系。

四、以高水平对外开放促进新质生产力发展的政策建议

新质生产力是我国在新发展阶段畅通国内大循环、构建“双循环”新发展格局的内生动力。高水平对外开放通过促进先进要素流通、营造良好制度环境等途径，助推新质生产力的发展。我国已在多个开放领域取得进展，但仍存在可以提升的空间。未来，需要通过完善高水平对外开放体制机制，提供更优的政策支持和制度环境，打造更大规模、更宽领域、更深层次的全面对外开放新格局。同时，还应打破国内循环中存在的体制机制障碍，加快构建与新质生产力相适应的制度体系，以实现高水平对外开放和新质生产力的相互促进。

（一）完善高水平对外开放体制机制

构建高水平对外开放体制机制，目的是进一步破除体制机制障碍，构建互利共赢、多元平衡、安全高效的开放型经济体系，

提升国际循环的质量和水平。要以制度型开放为重点，聚焦投资、贸易、金融、创新等对外交流合作的重点领域，深化体制机制改革，完善配套政策措施，积极主动把我国对外开放提高到新水平，实现以开放促改革、促发展。

1. 稳步扩大制度型开放

制度型开放是我国扩大高水平对外开放的重点工作。要主动对接国际高标准经贸规则，如《全面与进步跨太平洋伙伴关系协定》（CPTPP），特别是在产权保护、产业补贴、环境标准、劳动保护、政府采购、电子商务、金融等领域，构建与之相衔接的制度框架，打造透明稳定的制度环境，发挥自身优势争取国际经贸规则的制定权。同时，依托自贸试验区、自贸港、国家级经济技术开发区、跨境电商综试区等各类开放平台，加大力度引进国际通用的行业规范和管理标准，加强规则创新和制度创新，建立健全对标国际高标准规则且适应我国国情的开放政策体系，降低贸易和投资障碍，为全国制度型开放提供可复制的经验。

2. 深化外贸体制改革

完善外贸体制机制，有助于拓宽我国开放领域，实现高质量的外循环。我们不仅要优化外贸政策，还要协同推进贸易政策和产业、财税、金融等政策的深度融合；促进内外贸一体化改革，通过构建高效、完整的现代化产业体系，在扩大贸易规模的同时推动贸易结构向高端化发展，实现我国在全球价值链上的攀升。随着国内外对高质量服务业的需求日益增加，应进一步加大服务业的开放力度，实施服务贸易负面清单，确保透明和公平的竞争环境；同时推进服务业扩大开放综合试点示范，特别是在新兴技术和现代服务业领域，创新服务业开放政策并发展具有中国特色的服务贸易模式，提升国际化服务能力，增强我国在全球服务贸易中的竞争力。

3. 深化外商投资和对外投资管理体制改革

扩大鼓励外商投资的产业目录，特别是在高新技术、绿色能源、通信、互联网等领域；进一步缩减外资准入负面清单，形成更加开放、友好的投资环境。保障外资企业在要素获取、资质许可、政府采购等方面的国民待遇，推动外资企业深度参与本国产业链上下游的配套协作，营造内外资企业公平竞争的市场环境。完善境外人员的配套服务，尤其是在入境、居住、医疗、教育、支付等方面，提升外籍人士在中国的生活便利度，依托各类开放平台打造示范性的国际化社区，提升对外资企业及其员工的服务水平。完善对外投资体制机制，简化审批和备案流程，鼓励政策性金融机构和商业银行为企业拓宽投融资渠道，建立投资前风险评估体系，强化风险防控。

（二）构建与新质生产力相适应的制度体系

凭借超大规模市场优势，我国能够在畅通国内循环的同时积极参与国际分工与合作，加强国内市场与国际市场的联动，共同推进新质生产力的发展。因此，除了扎实推进高水平开放，还应破除体制机制障碍，盘活国内大循环体系，实现内循环和外循环的相互促进，不断解放和发展社会生产力。

1. 构建全国统一大市场，畅通要素流动

依托我国超大规模市场优势，既可以有效提升国内产业的竞争力，又能形成内外双循环的良性互动。根据克鲁格曼的规模经济递增理论，当企业或行业能够实现规模经济递增时，就可以通过差异化产品的生产实现出口的增长，使国家成为净出口国。这一理论从侧面解释了双循环战略的内在统一，即通过构建全国统一大市场，促进内循环，进而带动外循环，从而实现内外循环的有机统一。在这个过程中，内循环是经济增长的内生动力，而全国统一大市场的构建是确保这一动力得以充分发挥的关键。通过构建全国统一大市场，可以促进生产要素自由流动、各类资源高效配置、市场潜力充分释放，实现内外循环相互促进，为培育发展新质生产力提供重要支撑。

其中，要素市场统一是构建全国统一大市场的起点，也是发展新质生产力的必要条件。要打破区域间、行业间的壁垒，畅通生产要素的自由流动，推动资源高效配置，实现经济要素的最优利用。重点突破制约人才、土地、资本、技术、能源、数据等要素自由流动的制度障碍，促进要素的跨区域和跨行业流动。创新人才是培育新质生产力的核心要素，要建立全国统一的人才流动机制，打破地域性限制和户籍制度的壁垒，特别是人才落户、居住等方面的政策障碍，同时健全以创新能力、质量、实效、贡献为导向的人才评价体系，推动市场化的收入回报制度建设。此外，为了促进资本的高效配置，应推动资本市场的一体化建设，加强地方资本市场与国家资本市场的对接，拓宽融资渠道，支持政策性金融机构、商业银行和资本市场的协同发展。数据作为新型经济的重要生产要素，其流动的便利性直接影响产业创新和发展效率，应建立全国统一的数据流动标准和法规，在确保数据安全的同时，打破区域间的数据共享壁垒，建立统一的市场化数据交易平台，推动数据要素的流通和商业化应用。

2. 积极发挥政府作用

在培育新质生产力的过程中，要正确处理市场和政府的关系，既要“放得开”，又要“管得住”。市场机制可以推动资源的优化配置，实现效益最大化，但市场的自发性往往会带来市场失灵，特别是在新质生产力的培育初期，政府的引导和支持显得尤为重要。

政府应通过顶层规划和宏观调控，合理布局战略性新兴产业和未来产业，因地制宜地培育和发展新质生产力。对于科技门槛较高的产业，如人工智能、机器人、新材料、新一代信息技术等，北京、上海、深圳等一线城市具备较强的科技创新基础，政府可以通过提供政策支持、加大资金投入等措施，引导这些地区进一步强化其技术领先优势，成为引领新质生产力发展的核心力量。而中西部地区和东北地区则具有工业基础雄厚、制造业链条完整的优势，这些地区可以通过引进技术创新资源，重点发展算力、人工智能、大数据等对所在区域的自然资源禀赋要求较高的关键领域，形成区域差异化布局，共同推动新质生产力的全面发展。

此外，政府还需要通过建立激励与约束并重的完整机制来推动新质生产力的发展。在激励机制方面，政府应给予企业创新一定的容错空间，避免过度惩罚，以激发企业的创新积极性；同时，进一步扩大激励范围，除了关键核心领域的原始性创新，对于符合高质量发展的技术进步，政府也应该给予相应激励。在约束机制方面，政府需要加强风险防控机制建设，对新质生产力发展的方向性问题进行把控，确保资源的合理利用，防止低水平重复建设和同质化竞争，尤其是在地方政府层面，应避免盲目追求产业规模而忽视质量和效益。

来源：《开放导报》 2024年第5期，有改动

作者：余淼杰　张晨迎

对外开放格局构建的着力点

目前，我国正面临着异常复杂的国际环境，还有艰巨的改革发展任务。从中长期看，中国和其他国家一样，面临着两个挑战：一个是人口老龄化的挑战，另一个是逆全球化思潮抬头的挑战。面对这样的国际形势，我们提出了一个对外开放目标，就是打造一个更大范围、更宽领域、更深层次的对外开放格局。重点注意这三个词——更大范围、更宽领域、更深层次。“更大范围”，界定得非常清晰，不仅是从数据表现上我国GDP已达126万亿元，更是在内容方面进行了全面更新。比如，随着劳动成本的不断上涨，我国已不再是最后的产品集结地，如同当年的日本和韩国，中国也在逐步实现转型升级，在生产过程中附加着较高的中间品出口量，并正朝着更大范围的电子矩阵发展。“更宽领域”也不只是在货物方面，在服务上也要发力。“更深层次”是指商品和要素流动型开放要向规则等制度型开放转变，要更加注重制度型开放。

要进一步实现对外开放，构建更大范围、更宽领域、更深层次的对外开放格局，可以从以下五个方面展开。

出口目的地多元化

近年来，我国与美国关系日趋复杂，跟欧盟关系也比较敏感。特朗普上台后，很可能推行60%的高关税，这意味着中美经贸关系会降到一定程度。因此，企业应该调整出口方向，加大对发展中国家及新兴国家的出口。美国是我们重要的贸易伙伴，但随着国际关系的日趋复杂，中美的经贸形势不容乐观。我们现在一直在强调对北开放，2023年对俄罗斯的经贸总额已经提升到2400亿美元。另外，向金砖国家出口也是一个方向。

进口规模的扩大化

如果扩大的是中间品进口规模，那不仅可以实现“1+1>2”的收益效果，也有利于扩大全国统一大市场。全国统一大市场说到底就是四点，要素市场的统一是起点。狭义范围上的五大要素有资本、劳动、土地、能源和数据；从广义上理解，还有市场及其严格监管。要素统一大市场的对立面，不是市场和计划统一的对立面，而是分割和统一。这里我们要注意，只能提“全国统一大市场”，而不能提“中部统一大市场”或者“东北统一大市场”。这是第一个概念。

第二个概念是“资本投资大市场”。要做强做优做大国企，不断增强国企的创造力、影响力和控制力。对于民营企业来说，不仅是简单的市场准入，更重要的有两点：一是用户价格均等，换言之就是国企和民企拿地的价格、贷款利率是否一致；二是市场的退出，包括进驻和经营的退出。要从这几个方面一起去理解。

民营企业和民营经济的健康发展是全国统一大市场的起点，关键就是要实现商品和服务的统一，特别是内外贸产品的统一，实现的路径和方式就是降低交易成本。交易成本包括两部分，一个是有形的贸易成本，另一个是隐形的成本。降低隐形的成本更为重要。这就要求必须营造良好的营商环境，真正做到办事不求人，全部都是向好的、新型的政治生态。这是非常重要的。这里面有一个关键的保证因素就是国家市场监督管理总局以及各级地方政府要发挥好作用，真正做到执法公平公正。

在服务贸易上扩总量、调结构、塑特色

扩总量是指目前我国的服务贸易总量还不够高，要补齐总量的短板。调结构是因为我国在服务贸易上存在贸易逆差。比如，在教育服务贸易方面，要改善服务贸易逆差。高校要国际化，要走出去，同时更重要的是引进来。从旅游领域来看，我国目前也存在巨大的贸易逆差。如何减少服务贸易逆差？一个好的方法是塑特色，可以参照韩国如火如荼的服务贸易，特别是其已经做到全球第一的美容产业。我国东北地区有很好的用户基础，但是没有把好的资源利用起来。例如，现在重点发展的中医强省、中医强国。在我国东北地区可以找到好的人参、山参，但其附加值很低，所以打造品牌很重要。良好的品牌价值能够使产品价格翻倍。这些都是很具体的举措。总之，服务贸易要扩总量、调结构、塑特色。

中国企业要“走出去、走进去、走上去”

“走出去”目前已经基本实现。我国对外贸易额每年都在全球前三的水平，曾经位居全球第一，总额在1450亿美元左右。现在关键的问题是要“走进去、走上去”。“走进去”就是要做到民

心相通。同时，还要扩大影响。企业做成了明星企业后，就应该承担更多的社会责任，这就是“走进去”。“走上去”就是在风高浪急的国际环境下，我们要强调用技术调动市场。

更好地引进外资

一是劳动密集型产业转移出去已是大势所趋，不以人的意志为转移。因为附加值比较低的劳动密集型产业，最重要的成本是劳工成本，而现在中国的劳工成本跟东南亚国家相比已经没有比较优势。

二是资本密集型产业不但不用转移出去，还可以吸引更多的外资。因为资本密集型产业最重要的投入并不是劳工成本，而是全产业链的配套。如果有全产业链的配套，就会对外资有很大的吸引力，这是中国的比较优势所在。我们拥有41个工业大类、207个工业中类、666个工业小类，完整的工业体系是我们独特的优势之一，所以资本密集型产业不用转移。

三是国际游资最好的投资目的地是中国。投资最重要的前提是安全，中国是投资环境最安全的国家之一。现在美国降息，中国的产品价格上升，就说明国际游资正在中美这两个国家之间进行选择，所以中国目前对外资的吸引力还是很大的，关键是要讲好中国故事。

四是引进外资有利于培育新质生产力。如何更好地引进外资？不是随便引入，而是要与地方的产业链融合在一起。如果是泛泛地引进外资，可能帮助不大，重要的是与产业契合。例如，苏州太仓、昆山的独资、日资、新资，每个地方、每个县、每个区有不同的产业，每个区域引进的外资来自不同国家，可以差异化发展，这就是中国的一个很好的案例。因此，最重要的是将引进的外资与大工业区放在一起，这样才能够真正地培育新质生产力，实现创新型配置、产业深度转型升级、技术革命性突破。

五是坚定不移地推进共建“一带一路”高质量发展。现在因为俄乌冲突及地缘政治变化，我们鼓励企业家去中东或者东欧投资比较难。因此，我们应该抓住与俄罗斯建立全面战略合作伙伴关系的机遇，开发远东，向东发展。

来源：《北京日报》 2024年12月26日，有改动

中美博弈胜负取决于四点，中国都占优

2025年政府工作报告明确提出，要扩大高水平对外开放，积极稳外贸稳外资。在外部环境不利影响加深，国际形势愈加严峻、复杂的当下，稳外贸、稳外资该如何发力？在“特朗普2.0时代”，中美经贸博弈会如何展开？中国企业又将如何成功“出海”？辽宁大学校长、国际经济学会会士余淼杰在与观察者网记者的对话中表示，2025年中国外贸“危中有机”。他认为，中国应继续扩大外贸出口，实现出口目的地的多元化，以抵御未来可能的关税冲击。余淼杰指出，在个别国家对我国施加高关税的背景下，企业“出海”是非常重要的。但他同时强调，如果企业成功走出去，做大做强后，要注意承担更多的社会责任，不要给人留下“中国企业来挣了钱就走”的印象。以下为对话实录。

观察者网记者：在国际形势异常复杂多变的背景下，您怎么评价2024年中国外贸的表现？又怎么看待2025年的中国外贸形势？中国有哪些优势？又有哪些挑战需要提前做好准备？

余淼杰：在严峻复杂的国际环境下，2024年中国外贸的表现非常好，可以说是一枝独秀。2024年中国外贸总额达到预期水平，较2023年的41.76万亿元有5%左右的增长。

至于2025年中国的外贸形势，由于特朗普上台后会推行贸易保护主义，对企业来说，2025年对美国出口形势会更加严峻。首先，特朗普第一波贸易战包括对进口自中国的商品加征10%的关税，这意味着中国向美国出口的产品，平均关税会达到24%。这对企业来讲是挺不容易的，但这可能不是句号，还只是个逗号。美国还可能对中国的产品继续加征高额关税，甚至有说法称会达到60%（观察者网注：2025年2月4日美国对华加征10%关税后，3月4日对华追加额外10%的关税）。其次，美国对美加墨自贸区，特别是墨西哥加强了海关监管，对商品原产地原则的规定更严苛。之前一些在墨西哥建厂而间接向美国出口的企业会受到很大影响。

该怎么应对？我认为，我们应该推动出口目的地的多元化，继续扩大对金砖国家、经合组织国家、东南亚国家等的外贸出口。目的地多元化做好了，出口总额也会上升。另外，我们要继续扩大进口规模，发挥好进博会的窗口作用。因为扩大进口，对老百姓来说，是一件好事情，可以提升他们的幸福感和获得感；对企业来说也是一件好事情。中间品的进口可以降低关税、降低成本，提高利润；最终品的进口扩大虽然短期内会加剧竞争，但长期看将促进行业生产率的发展，也是好事。

因此，我对2025年中国外贸形势的判断是，虽然面临一定的挑战，但是机遇大于风险，属于“危中有机”。

观察者网记者：是的，机遇和挑战并存。就像您刚刚提到的，特朗普的关税政策是2025年世界范围内普遍担忧的问题，对中国来说尤其如此。现在大家普遍关心的是，特朗普对中国全面加征关税会如何展开？会不会采取一些极端的做法？在您看来，特朗普重新执政之后中美经贸博弈可能如何展开？对中国经济可能产生哪些阶段性影响？中国有哪些工具或者可以发挥哪些优势来应对可能的冲击？

余淼杰：特朗普当选美国总统之后，中美经贸博弈会更加严峻。他的动作可能分为以下四步：第一步，对进口自中国的所有商品加征10%的关税；第二步，对中国商品加征达到60%的关税；第三步，利用所谓的“中国是非市场经济”的借口，对中国的产品发起“双反”（反倾销、反补贴）调查；第四步，禁止中国企业到美国投资。

我们应如何看待中美贸易博弈或者说特朗普贸易战2.0版本呢？

我想，首先我们要问自己，我们要什么？我们的一切工具箱、一切举措的最终目标都是实现中国式现代化。因此，所有的举措，包括要不要反制、如何反制、如何更有效地反制，都是围绕这个目标展开的。当然，我们也要认真研判特朗普到底想要什么？他是想打压中国、阻止中国发展？还是想牟取更多的经济利益？只有对这些有比较精准的判断之后，我们才能更好地做好应对准备。

我认为，我们现在要反对三种错误的言论：

第一种，中美经贸博弈短期论。这种言论认为，熬过特朗普执政的这四年，我们也许就会海阔天空，回到以前全球化的高光时期，回到中美贸易合作相向而行的良好状态。

第二种，中国无望论。事实上，从长期的博弈来看，中国最终会在这场博弈中胜出。俗话说，信心比黄金还重要，而且这不是盲目自信，是经过我们仔细、冷静分析后得出的判断。

第三种，所谓的“热战论”，即中美必有一战。中美经贸博弈是“持久战”、“攻坚战”和“总体战”。所谓的“持久战”，我们不是毕其功于一役。我们反制与否，反制到何种程度，归根到底最终的目标都是要服务于中国式现代化的；战与不战都是方式和手段，其目标是不能让中国式现代化受到干扰和破坏。“攻坚战”的意思是，我们要看到美国作为全球第一大经济体，其经济强大是客观事实，但这并不意味着我们没有把握胜出。相反，中国是有能力胜出的。

中美两国的博弈是一个长期的过程，不能只局限于特朗普执政的这几年，而应基于以下四个方面进行判断：第一，有没有全国统一大市场；第二，有没有全产业链的供应优势；第三，有没有充分的人才储备优势；第四，体制机制是否具备将中央政策贯彻到地方的能力。

在这四个方面，从长期看，中国都是占优势的。

第一，我们的全国统一大市场在逐步形成。目前，我国内贸占 GDP 的比重是 2/3，虽然与美国还存在一定差距，但正向 3/4 迈进。

第二，全国统一大市场构建完成后，我们还有全产业链的供应优势。美国现在最大的问题就是产业的空心化，而这正是中国的比较优势。

第三，人才优势。美国由于推行“美国优先”政策，对其他国家优秀人才实施签证限制，使人才引进受到一定影响。然而，中国特别注重教育、科技、人才一体化发展，对教育、科技、人才的重视程度达到了前所未有的高度。特别是我们推进教育强国建设，拿出真金白银对优秀人才加以扶持和培育。

第四，体制机制的优势。这是中国所独有的。美国体制下，分散化决策、相互扯皮的问题非常严重，政府都曾差点停摆。相反，中国“纵向到底、横向到边”的决策体制机制，在两国博弈的背景下显得尤为重要。

更为重要的是，中国是真正坚持全球化合作共赢的国家；而美国却强调“美国优先”，一国独大。可见，经济全球化仍然是人类社会前进的一个方向。“得道多助”并不是一句空话，而是切切实实体现在我们的发展理念、安全理念和开放理念中。

以上就是我对中美未来经贸博弈的判断，我认为假以时日，中国一定会在中美经贸博弈中胜出，我们必须有这样的信心和定力。

观察者网记者：这是一场持久战、攻坚战、总体战，大家要做好准备。最终，中国一定会胜出，大家要有信心，信心很重要。接下来想和您聊一聊“新三样”的发展。以新能源汽车、锂电池、光伏产品为代表的“新三样”作为我国外贸高质量发展的新动能，近年来出口持续扩大。然而，一些西方国家给这些产品贴上“产能过剩”的标签，并将其作为重点加征关税的对象。这些关税大棒会对2025年“新三样”的出口造成冲击吗？

余淼杰：所谓的“中国产能过剩”论其实是站不住脚的，正所谓“欲加之罪，何患无辞”。现在有言论说中国的一部分产业出现了所谓的“供给过多”，但这其实并不是供给过多，而是需求不足——国外需求相对疲软。

我打个比方大家就明白了：1929—1933年的大萧条时期，很多西方企业把牛奶倒到河里。这难道是牛奶产能过剩吗？显然不是，其实是因为大家没钱买牛奶，牛奶也不降价。因此，需求不足是根本原因，而不是产能过剩。

一些西方国家诋毁中国“产能过剩”的基本逻辑是：认为中国有产业补贴，致使产品售卖价格比较低，有竞争优势，因此他们必须采取所谓反倾销的手段应对。

其实，这个逻辑链条是有问题的。

第一，中国有没有产业补贴？有，没有问题，这的确是事实。但美国或其他国家有没有产业补贴？不但有，而且我们还是向他们学习的。举个例子，波音和空客两大公司的竞争，美国和欧盟都作了很大的补贴。而且那都是在20世纪60年代之后，我们是学习他们的做法。

第二，美国的《通胀削减法案》明确提出要提供产业补贴。

第三，中国的产业补贴是否违反世界贸易组织（WTO）的规定？答案显而易见是否定的。根据WTO的规定，一个产业能不能获得补贴，得看产业的性质和补贴的方式。如果补贴的目标是研发，则称之为“绿箱”，这是可以的，也是允许的。可以看到，我国出台的很多产业政策都是直接对创新产业进行补贴，对研发费用进行计提、减免。此外，WTO规定可以对绿色产业进行补贴，补贴“新三样”符合这一规定。另外，我们的补贴并不只针对国内企业，国外企业也可以申请，一视同仁。这是中国政府靠一己之力在推动全球绿色发展，应该收获赞赏和认同。

现在，中国绿色贸易的出口已经占全球14%左右，高于我们一般贸易11%的占比。我个人的判断是，这主要得益于国际消费市场对中国绿色产品的需求明显提升。

如果有机会去欧盟某国生活一段时间，你会发现那里的水电以及油的价格都非常高，因此中国的新能源汽车非常受欢迎。现在甚至有一些企业表示，如果中国愿意把技术转让出去，他们欢迎比亚迪等中国企业去外国投资。这说明“新三样”产品符合各国老百姓的需求——能用更低的价格买到更好的、更环保的产品，何乐而不为呢？我认为，2025年“新三样”产品还有很大的上升空间。

观察者网记者：您刚刚用很多事实论证了一些西方国家提出

的“产能过剩”论其实是站不住脚的。既然如此，他们为何还要举起这个关税大棒呢？

余淼杰：前面提到，一些西方国家认为中国“产能过剩”是因为有补贴，所以中国产品可以用比较低的价格卖到他们的国家。因此，他们就要征收反倾销税、反补贴税。一般这个关税会达到90%至100%，相当于把中国产品的出口价格提高了一倍，这样就会使中国产品的竞争力下降。显然，这种操作是有悖于自由贸易的，不仅对他们自己国家的消费者不友好，对全球营商环境也没有益处。

我们做了一个研究，中国和“一带一路”共建国家开展绿色贸易，我们绿色产品的出口大大降低了当地的气候污染程度，促进了当地的环境保护，这对那些国家非常有利，真的是利国利民，利于全球。

观察者网记者：您认为我国“新三样”产品具有强大竞争力的根本原因是什么？

余淼杰：这体现了中国弯道超车的能力和水平。十年前，大家都不怎么看好新能源汽车，担心新能源汽车不靠谱、续航能力不够等。现在十年过去了，中国的“新三样”，特别是新能源汽车的销量全球第一。似乎在一夜之间，弯道超车的理论在中国得以实现。

在传统产业，比如燃油汽车方面，美欧做了一两百年，中国要想超越很难。但在新能源汽车领域，大家都差不多，几乎同时起步，中国在研发、技术、人才等方面投入得更多，再加上我们有更强大的规模经济，就成功地走在了世界前列。西方国家可能认为，原来的燃油汽车也挺好，而新能源汽车要充电，建充电桩站也很麻烦等，这些都使得他们不愿意投入更多成本，反而就被中国赶超了。

观察者网记者：面对汹涌而来的贸易保护主义，中国政府和相关企业应如何应对？您有什么建议？

余淼杰：我认为，最重要的是构建全面开放新格局，以更大的开放来应对一些国家的贸易保护。比如，美国对我们举起贸易保护的大棒，我们就对美国以外国家和地区的进口关税开放；对美国则采取以斗争求团结的策略。

构建全面开放新格局要做到更大规模、更宽领域、更深层次三个关键方面。

“更大规模”的意思是，我们现在不只要做商品贸易，还要做服务贸易；不只要做线下贸易，还要做电子贸易。“更宽领域”可以关注绿色贸易和电子商务两个方面。“更深层次”是指我们从要素型开放向制度型开放转变。中国成为全球第一大贸易国的主要原因之一是，之前我们的劳工成本比较便宜。现在我们的目标是，从这种要素型开放转成制度型开放，在规则、规制、标准、管理方面向前推进——遵守国际规则、完善国内规制、符合行业标准、做好企业管理。一些具体的举措可以借鉴海南自贸港以及其他自由贸易区的经验。

简而言之，我们需要通过构建全面开放新格局来应对逆全球化思潮的抬头。

观察者网记者：在国际贸易保护主义抬头、国内竞争加剧等背景下，中国企业正在加速“出海”。有学者认为，不“出海”就出局，但是瞎“出海”也得出局。您觉得什么样的企业才适合“出海”？“出海”企业求得生存和发展需要具备哪些必要的条件？

余淼杰：首先，“出海”是非常必要的。当下，在一些国家对我国施加高关税的背景下，企业去海外建厂是很好的规避高额关税的方法。其次，“出海”不能拔苗助长。什么样的企业才能“出海”？从学术角度讲，企业的生产率必须达到一定的程度才能“出海”；通俗地说，就是企业的利润率和经营绩效必须达到一定水平后才能“出海”。如果企业连国内市场都没打开，何谈到国际市场上做生意？国际市场竞争更激烈且存在文化差异，市场开拓就更难了，因而要循序渐进。

那么，企业为了什么还要“出海”呢？我认为有以下三个目标：

第一，一些国家劳工成本比较便宜。比如，企业去埃塞俄比亚投资，虽然当地的生产效率只有中国的1/2左右，但劳工成本仅为中国的1/10，因而产品会有比较优势。由此可见，劳动密集型企业可以考虑去埃塞俄比亚等国投资建厂。

第二，为了获取资源。比如，企业可以去刚果（金）、澳大利亚等国，因为这些国家有丰富的金刚石、铁矿砂等矿产资源。

第三，为了当地的市场。在商言商，企业就应该抓住这些机会。哪怕对方提出转让技术，我认为也是没有问题的。有一些企业可能会担忧，提供了最新技术自己的优势是不是就没有了？其实不然，因为技术是不断更新的，我们现在是用最新的技术在那边生产，再过两年，企业总部可能就有更新的技术了，怕什么？因此，企业要用一种更开放的眼光看待这个世界。因此，企业“出海”是非常必要的；中国企业要走出去、走进去、走上去。

观察者网记者：在企业加速“出海”的过程中，政府可以提供哪些具体的支持措施？企业又应该特别注意些什么？

余淼杰：首先，政府要起到提供信息和搭建平台的作用。比如，我现在要去马达加斯加投资，当地是讲法语的，政府可以提供法语培训，对当地的文化、文明进行介绍，帮助企业和当地商会开展对接等。

其次，一些国有银行可以在资金上提供必要的支持。比如，进出口银行可以提供一些资金、信贷等方面的支持。因为我们都知道，踩油门第一下是非常重要的，车子开起来之后，让它顺势地跑起来就容易了。因此，第一步加把劲，送上马，扶一程，这很重要。

从企业的角度看，如果能够成功走出去，规模做得越大，就越要承担更多的社会责任。不要被人家说，“中国企业来挣了钱就走”。企业在当地挣了钱之后，可以做一些慈善事业、公益事业，如援建小学、修建停车场等。比如，我看到有个企业去毛里求斯投资，因为那里雨季时雨水较多，这个企业就在那里建了候车亭。一个候车亭才多少钱？企业还可以在那里插播自己的广告、贴贴自己的海报。这样做既可以赢得民心，又能给企业做广告，何乐而不为呢？

观察者网记者：接下来想跟您讨论一下服务贸易。与货物贸易长期顺差不同，中国服务贸易长期处于逆差状态，与发达国家形成较大差距。我国服务贸易长期逆差的原因是什么？

余淼杰：中国服务贸易的确长期处于逆差状态，且总量也不够大。我国当前服务贸易规模近9500亿美元，与美国1.7万亿美元的规模还有显著差距，需要迎头赶上。中国服务贸易的子项中，旅行、教育、运输、医疗等领域都出现明显的逆差。出现逆差的原因每个行业都不一样，但客观来说，我国服务贸易在软件设施提供等方面做得还不够。举个例子，中国旅游资源非常丰富，但很多景点却鲜有人知。我们以辽宁为例，辽宁本溪水洞特别漂亮。我去过全球四五十个国家，很少能看到这么漂亮的地方。游客可以坐船游览一个小时左右。本溪的枫叶景观可与加拿大的枫叶景观相媲美。然而，这些景区的宣传力度还不够。酒香也怕巷子深。另外，我们国家有很多著名景点，如兵马俑等。但是，外国游客在游览时会遇到语言障碍，如缺乏英语沟通和服务、外文标识不足等问题。因此，我们景区要提供多语言服务，增设外文标识、标记、路标等，尽最大可能地为外国友人提供便利。因此，勿以“细小”而不为。

此外，我国教育服务贸易存在较大的逆差。造成这种现象的原因其一是我们的对外宣传做得不够，其二是中国大学开门办教育的理念、能力和水平都有待提升。

我对服务贸易的建议就是九个字：扩总量、调结构、塑特色。

“塑特色”，我们可以看韩国的例子。目前，韩国的美容产业全球第一。韩国以前也没有这个产业，现在做到全球第一，我们也可以学习借鉴。比如中医，我们中华文明的瑰宝，是老祖宗留给我们的宝贵财富。我们不仅要传承这样的优秀传统文化，更要好好地发扬光大，这也是我们做好服务贸易的一个着力点。

观察者网记者：是的，我们不仅要从细微之处下手，还要把我们好的文化宣传出去。下面一个问题是关于外资的，我们看到2024年中国从中央到地方各级政府，都在强调和推动改善营商环境，但在吸收外资上还是出现了波动。您怎么解读外资的这种波动和调整？接下来，中国可以如何从质与量两个方面更好地引进外资？

余淼杰：2024年，吸收外资的确是出现了一定的波动，我们要分行业来看待外资对华投资的变化。

就劳动密集型产业而言，我们应该承认，现在相对于东南亚国家来说，中国的劳工成本在不断上涨，因此劳动密集型产业可能逐步转移出去，这也是一个时代的潮流。就像之前产业转移，先从美国到欧盟，然后到日本，再到“亚洲四小龙”，再到中国的雁型模式的转变。这是一个自然的变化，我们可以泰然处之。

但是，在资本密集型产业上，中国还是有鲜明的比较优势的。因为对于资本密集型产业来说，最重要的成本不是劳工成本，不是劳工成本上升就会失去优势。上下游产业链配套和产业集聚效应发挥才是更加重要的，而这些都是中国的比较优势。因此，我国引进外资的政策制定、宣传等应该向资本密集型产业倾斜。中国是投资环境最安全的国家之一；投资回报也是全球最高的国家之一。只要我们抓住这些优势，制定更好的产业政策，敞开大门，资本密集型产业就会更多地留下来。

我们注意到，中央层面有一些吸引外资的政策，同时地方也有吸引外资的政策。各地方政府应该更好地发挥主观能动性，发挥主体作用，做好政策解读。比如，贸易促进委员会就可以发挥更积极的作用。其实我们的很多政策，企业不见得都了解，因此政府可以搭建一些平台，向企业、外商提供咨询服务。

观察者网记者：接下来想跟您聊一聊关于东北的话题。您作为辽宁大学的校长，对当下的东北经济、东北的投资环境有许多深入的观察和思考，很想听听您在这方面的高见。关于东北的经济，长期以来有很多不同的声音。东北经济曾经是共和国经济中特别重要的一极，但也有很长时间流传着“投资不过山海关”的说法。近一段时间，冰雪经济在东北持续火热。2024年，您出版了一本新书——《东北是个好地方——辽宁是个聚宝盆》。您认为要实现东北全面振兴，东北可以从哪些方面发力？您有什么具体建议？

余淼杰：在辽宁大学工作了两年多，我深刻地感受到东北是个好地方。为什么这么说？第一，东北的自然资源非常丰富。它是全国的粮仓，并且矿产和能源资源也非常丰富。第二，东北的工业基础雄厚，是全国最早实现工业化的地区。东北的铁路网非常密集，工业基础很扎实，全产业链优势特别明显，全国41个工业大类中，辽宁就占了39个。第三，东北的教育资源也很丰富，像辽宁就有114所高校，其中公办本科院校有40多所，是个教育大省，人才资源很丰富。

为什么之前会出现“投资不过山海关”的说法？主要原因是原来的营商环境受到了一定冲击。但近年来，这些问题都得到了很大改善。以辽宁为例，近几年辽宁通过改善政治生态，使得营商环境发生了根本性的改变。比如，您去辽宁的政府办事大厅，一定会看到这句话：“办事不找关系，用权不图好处。”而且现在省委、省政府还要求各级政府出台《办事不找关系指南》。比如，我现在感冒了，正常人的第一反应应该是去医院挂个号，而不是看看谁有朋友在医院。老百姓之所以会有找关系这种反应，是原来的营商环境不行。但现在，辽宁的营商环境真的是发生了根本性的改变。之所以有根本性的改变，是因为辽宁的纪委工作做到了全国前列，通过大数据办案、大数据监督、大数据信息化来赋能，营商环境得到了极大改善。

这几年，辽宁省提出了大干三年（2023—2025年）的目标。2023年，辽宁省提出了新时代“六地”目标定位，包括打造国家重大战略支撑地、打造重大技术创新策源地、打造具有国际竞争力的先进制造业新高地、打造现代化大农业发展先行地、打造高品质文体旅融合发展示范地、打造东北亚开放合作枢纽地。

现在我们可以真真切切地感受到辽宁的变化，特别是在高端人才的引进方面更加突出。比如，我在辽宁大学工作的这两年，我们引进的来自全球各地的优秀人才有70多位，现在很多优秀的学者都主动选择到辽宁来工作。

沈阳正在打造国家中心城市，同时定位为东北亚国际化中心城市，对标韩国首尔、日本东京。正如您刚刚讲的，我2024年出版了一本书《东北是个好地方——辽宁是个聚宝盆》。我最近又想到两句话，可以更好地刻画出近期的变化，“沈阳是棵摇钱树，辽大是棵梧桐树”。

观察者网记者：您之前曾说过，您觉得辽宁大学可能成为中国第一个经济学拿诺贝尔奖的高校。

余淼杰：的确如此。我们最近在引进各方面的人才，包括两位著名的经济学家。一位是在意大利工作的资深经济学家拉塞尔·库珀教授，他有得诺贝尔奖的实力。另一位是资深华人经济学家、美国加州大学戴维斯分校经济系杰出教授胡永泰。现在业内大家都认可，辽宁大学已经成为研究中国经济的北方重镇之一。

观察者网记者：我还有一个问题是关于文科的。最近我看到关于“全球文科大撤退”的话题，引起了大家非常广泛的关注和讨论。可以看到，一些学校裁撤文科专业和课程的情况，这些年来屡见不鲜。您怎么看这种现象？您觉得发生这种现象的原因是什么？

余淼杰：首先，我认为“文科大撤退”是一个短期现象，从长期发展的角度看，这不符合时代发展的规律。20世纪四五十年代，很多国家刚刚脱离半殖民地半封建社会，成为新兴的独立国家。那时候，这些国家都特别重视发展理工科。因为大家认为，只有发展理工科，学好数理化，才能走遍全世界。因此，更多理工科的人才被培养，因为培养得多，比例更大，他们绝大多数都走上了领导的岗位。

然后到了全球化的高峰时刻，特别是金融危机来临的2008年之前，可以看到文科的重要性在不断提升，包括经济、金融、财会等应用型社科类学科。现在因为全球经济受到了冲击，逆全球化思潮抬头，一些国家又特别强调科技方面的竞争，因此理工科的重要性有所上升，这也是一个客观规律，但这并不意味着文科不重要。

举个例子，我们现在想研究某一门语言，但发现该学科只有一位专家，那他就是冷门绝学，稀世之宝。另外，某些学科可能因为开设太多且不是很实用而受到冲击。但是，从社会的发展规律来看，哲学社会科学是人类文明的一颗明珠，发展程度越高的社会，越需要社会科学。因此，这并不是所谓的有用或者没用，而是没有更好地做到产学研用相结合。只要能做到更好地将产学研用相结合，一些文科专业其实在以后的发展中会发挥更加独特的、不可或缺的作用。

观察者网记者：在经济社会发展过程中，文科应该扮演何种角色？在“世界百年未有之大变局”下，文科专业需要做哪些变革来适应这个时代，来推动经济社会的发展？

余淼杰：我认为，文科的作用是不可替代的，应该发挥思辨的作用。在授课过程中，我经常告诉同学们，我教他们这门课，绝对不只是希望他们将这门课拿到社会上用，那是中专、职业技术学校的事情。当然，应用也很重要，但是在大学阶段，你更应该学习思考的能力，以不变应万变。一种独立思考的能力以及分析问题的能力，对文科生来说是特别重要的。如果按照“文科无用”的说法，历史最无用了。其实恰恰相反，历史是一门最有用的学科。它告诉我们怎么思考，思考人类怎样走到今天，以后怎样能走得更好。可见，文科的思考、思辨对人类的发展方向特别重要。

在专业设置上，我们要思考文科如何更好地接地气，更好地同地区、社会的发展紧密结合。就辽宁大学而言，我们特别强调对真实问题的研究，强调与真实世界的接触。我们也在各地建立了城市研究院，让我们的老师、学生去那里调研，去看看那里需要什么。当我们派老师挂职时，如果他是理科老师，一般可能去科技局；而如果是文科老师，可能去发展改革委，这样可以更好地从宏观的角度推动社会发展。

观察者网记者：因此，文科还是要发挥思辨的力量，这对一个社会的发展来说是不可或缺的。谢谢余校长，以上就是我今天所有的问题，再次感谢您做客观察者网，谢谢您！

来源：观察者网　2025年03月21日，有改动

中美经贸博弈的持久战：未来五年的战略思考

近年来，中美两国的经贸关系愈发紧张，成为全球最引人关注的话题之一。贸易斗争、科技竞争以及地缘政治的复杂性，让这一局势演变为一场持久且复杂的博弈。辽宁大学余淼杰教授指出，中美经贸博弈是一场“持久战”。而从长期来看，中国有能力在这场竞争中胜出。本文将探讨其中的背景、现状及未来趋势，为读者提供一个全面的视角。

中美经济关系的历史脉络

自20世纪70年代以来，中美关系经历了合作、摩擦以及竞争的多重阶段。改革开放初期，中国经济快速发展，成为全球经济的重要引擎之一。与此同时，美国则面临着如何维持全球领导地位的挑战。在这一过程中，经济的相互依存成为两国关系的重要支柱，贸易往来不断增多。2020年数据显示，中美之间的贸易额达到5598亿美元，双方在互补的经济结构中共同成长。

然而，这种紧密关系并未能掩盖结构性的冲突，尤其是在科技和知识产权方面的争端。2021年，中美两国在半导体、人工智能等关键领域的博弈开始上升到国家战略层面，加剧了紧张局势。

当前局势下的经贸博弈

余淼杰教授提到，中美经贸博弈的本质是两种不同经济模式的竞争：一种是中国的国家引导型经济模式，另一种是美国的自由市场经济模式。随着中国实现了与世界经济的深度融合，美国向中国施加了更多压力，试图维护其全球经济主导地位。

科技竞争的关键性

如今，科技已经成为中美竞争的重心。在科技“脱钩”的背景下，美国针对中国企业的制裁政策正在不断升级。报道显示，面对美国的封锁，中国在芯片技术、人工智能和5G通信等领域加速研发，力求降低对美国技术的依赖。例如，根据中国半导体行业协会的数据，2022年中国在半导体领域的投资达到了3000亿元人民币。这显示出中国政府对科技自立自强的高度重视。在未来5—10年内，中国希望能在半导体产业链的关键环节实现突破，逐步建立自主的高科技生态系统。

人才与创新的双重竞争

此外，教育人才的培养以及科研创新能力的提升，将是中国在中美经济博弈中赢得竞争优势的另一大关键。近年来，中国的高校科研产出逐渐提升，尤其在基础研究和应用研究领域表现卓越。据统计，2021年中国科研论文发表数量已经超过美国，中国成为全球科研领域的重要参与者。

同时，中国的企业创新能力也逐步增强。比如，华为、字节跳动等企业在全球市场上的表现，使得中国科技企业开始在数字经济领域崭露头角。这些企业所展现出的市场适应能力和创新速度，逐渐改变了世界对中国制造和中国创新的认知。

“持久战”中的机遇与挑战

余淼杰教授表示，面对中美经贸的复杂局势，中国应通过提升自身的经济韧性来应对挑战，实现从数量型增长向质量型增长的转变。这一过程意味着，中国不仅要在数量上继续增长，更要在品牌、技术以及管理层面迎头赶上。

在这一背景下，尽管短期内中美经贸博弈可能给市场带来一定的不确定性，但从长期来看，中国拥有强大的市场潜力和消费能力。随着中产阶级的不断扩大，内需拉动经济的能力将愈加显著。中国庞大的消费市场，也为经济的持续增长奠定了基础。

结论：中美博弈的未来展望

综上所述，中美经贸博弈是一场需要长期投入与坚持的“持久战”。虽然当前两国在多个方面存在激烈的竞争与摩擦，但通过技术创新、市场多样化及增强政策灵活性，中国有潜力在这场博弈中胜出。

作为普通市民，我们可以通过关注这些变化，理解市场的动态，也许在某个时刻，会发现自己正处于这场博弈的中心，参与全球经济格局的演变。未来，我们面临的挑战仍会在动态变化中持续演化；唯有以开放的姿态面对世界、持续创新，才能在这场“持久战”中把握住宝贵的机会。

来源：搜狐网　2024年12月16日，有改动

中美经贸博弈是一场“持久战”，长期我们将胜出

2024年12月10日，腾讯新闻、腾讯财经联合清华大学五道口金融学院，举办首期腾讯财经愿景思享年会。本次活动以“以智提质 论达未来”为主题，在2024岁末之际，对即将到来的2025年做宏观展望，为中国经济创新和高质量发展建言献策。

以下为辽宁大学校长余淼杰的发言实录（有删减）：

面对逆全球化思潮再度抬头的现实，我们坚持合作共赢的原则，坚持构建更大规模、更宽领域、更深层次的对外开放新格局。日前，特朗普强调上任之后，将对中国出口到美国的产品再征收10%的高关税，中美贸易战2.0呼之欲出。我个人认为，中美经贸博弈是一场“持久战”。这场“持久战”分为三个阶段，即防御阶段、相持阶段和中国胜出阶段。

在防御阶段，特别是特朗普再次当选美国总统后，短期内，我们的防御可能更加艰难。首先，特朗普将对来自墨西哥和加拿大的所有产品征收25%的关税。基于此，我们预测：美墨加自贸区（USMCA）会逐步退化成美加自贸区（CUFTA），墨西哥会被淘汰出局。这是因为墨西哥的经济结构与美、加相差太大，而且美国长期抱怨墨西哥工人抢了美国人的工作机会。这样，中国产品想通过墨西哥进入美国就会很难，美、加会加强对原产地原则

（ROO）的规制。另外，贸易战会不会打到此为止，有观点认为中方不该反击。客观说，如果特朗普再对我国出口美国的产品征收10%的关税，美国对我国出口的全部产品平均关税将达到24%；而目前我国对美国进口产品平均关税约为21%，两者相差不是太大。因此，为了展现中美“合作共赢”的最大诚意，短期之内不马上反击也是一个可能的选项。但要看到，不管中国怎么做，特朗普“美国优先”的政策都不可能改变，其对中国经贸的打压会层层加码，我们应该有这个清醒的认识。美国对中国的经贸打压可能不只是在贸易领域，还包括投资、金融、货币，以及是否承认中国的市场经济地位等诸多方面。

进入所谓相持阶段，我的第一个判断是：如果美国制裁时间越长，它的作用就越弱。相持阶段我们要有所作为。从短期来讲，我们对美国的出口会下降，要不要扩大进口？不是不可以，但能扩大多少？中国主要从美国进口农产品，如果进口增加1000亿美元，假设出口不变，按中国GDP大概130万亿元人民币的总量计算，GDP会减少约0.5%，影响不是特别大。当然这只是一个简单的计算方式，不考虑产业链上下游和全球价值链的影响。

另外，相持阶段会对中国投资产生一定影响，尤其会对中国企业“走出去”产生影响。以前中国企业“走出去”主要有几个动机：一个是在埃塞俄比亚这样劳工成本比较低的国家投资，节省成本；另外就是对刚果（金）等国的矿产投资。以前还可能去欧洲投资要技术，现在这条路不行了。从投资动机的角度看，以后主要是两个方向：低成本和多资源。

另外，推进共建“一带一路”是重点。我的核心观点是：海上丝绸之路应该向北延伸，陆上丝绸之路则应向东拓展。从俄乌冲突中我们可以悟出，只有利用俄罗斯远东战略向东开发远东地区，陆上丝绸之路只能向北延伸，推进中日韩自贸协定。如果说中国出口下降，相应地从日韩两国进口也会减少，这样也会使日本和韩国经济遭受巨大冲击。从这个角度来讲，中国积极推进中日韩自贸区建设不失为一种可行之计，这也是一个思考。

最后，为什么说中国会在竞争中胜出？从长期来讲，有很多方面的原因，看一个国家长期的竞争力，宏观政策很重要。中美两国要从以下五个方面进行长期比较。

第一，构建全国统一大市场是最紧迫的工作。我们有很多事情要做，但全国统一大市场的构建是当务之急。这一点，我们可以借鉴美国，“他山之石，可以攻玉”。美国的外贸只占其GDP的四分之一，另外四分之三靠内贸。我们的外贸比重尽管这些年有所下降，但还占三分之一。从补短板的角度，我们应该积极构建全国统一大市场，提高内贸占GDP的比重，真正形成以国内大循环为主体的“双循环”新发展格局。

第二，全产业链优势比较。美国产业空心化是大势所趋，从这个角度来讲全产业链是中国的优势。当前，全产业链出现了非常有意思的特征。产业链由不同国家在不同阶段的分工变成了在少数国家如中国的集聚。不同国家的分工是一个链条，现在链条在缩短，同时产生产业集聚特征，从价值链的链条性质变成了产业聚集的区域性特征。这对中国来讲明显是有利的。

第三，人才优势各有千秋。如果说全球化的高光时代即全球金融危机之前，美国因其超大的经济规模以及英语的国际语言优势，曾经一度吸引众多全球优秀人才的话，那么今天特朗普推行的“美国优先”政策其实就是新“关门主义”。这使得全球许多优秀人才可能不再去美国留学，美国吸引高端人才的能力在下降。相反，近年来我们特别强调“教育强国”，科技教育人才一体化发展，教育的政治属性、人民属性和战略属性红利在不断释放，人才优势不断攀升。基于我国超大规模的人口基数，按照“大数原则”，我国的人才比较优势会更加明显。

第四，中国具备独特的举国体制优势。这一点是中国优于美国的独特优势。党的坚强领导，保证了各项政策纵向到底、横向到边。集中力量办大事的举国体制优势非常重要。事实上，当代福利经济学的第二定理明确指出，最优的社会计划者（social planner）可以实现市场经济的理想竞争均衡（competitive equilibrium）。有为政府和有效市场相结合，可以实现公平和效率的动态平衡。

第五，中国方案符合世界人民对美好和平生活的向往。中国强调构建人类命运共同体，实现平等有序的世界多极化和普惠包容的经济全球化，相对于美国狭隘的“美国优先”方案，更符合世界人民的夙愿，必将得道多助。

总之，长期来看，我们的比较优势还是很清晰的，中美经贸博弈是一场“持久战”。如果说当今世界不确定性中最大的确定性，那就是中国会坚持构建全面开放新格局，在中美博弈中实现中华民族伟大复兴。

来源：腾讯财经　2024年12月16日，有改动

中俄跨境次区域合作助力东北全面振兴：机遇、挑战与对策

在新时代东北全面振兴和俄罗斯远东大开发战略的背景下，中俄“东北—远东”跨境次区域经贸合作提质升级、基础设施日益完善、能源合作不断深化、农业合作大力开拓等方面，都取得了丰硕成果。作为中俄合作的“桥头堡”和最前沿，中俄“东北—远东”跨境次区域合作具有地缘优势、资源互补优势及战略对接优势，既是打造中国向北开放新高地的客观需要，也是响应俄罗斯远东大开发的现实选择，更是构建东北亚区域合作新格局的实现路径。然而，东北地区和俄罗斯远东地区都属于经济发展外围区和经济技术低梯度区，在体制机制、经济发展、对外开放和思想观念等方面都存在着短板。为此，中俄双方需要全面发力、多点突破：一是加强政策对接协调，完善体制机制，如有效市场机制、城市群机制、东北三省一区协调机制和东北亚次区域协作机制；二是拓宽协同发展路径，创新经贸模式，加强能源、农业和高新技术等领域合作；三是推动东北亚区域经济一体化，完善区域基础设施、跨境物流体系建设；四是涵养文化软经济，促进人文交流、人才交流，改善营商环境。

近年来，以共建“一带一路”为代表的跨境次区域合作（cross border sub-regional cooperation）发展迅速。跨境次区域合

作是地理相邻或相近的几个国家间围绕跨境地区进行的合作。相比于传统跨国宏观区域合作，次区域合作更关注边境省份中微观领域的经济效应。次区域合作强调充分挖掘边境独特区位优势，将国家“边缘区”构筑为对外开放“新高地”和经济增长“核心区”。次区域合作的主要模式是国家统筹规划、地方政府主导协调和企业积极参与。在多方合力作用下，其效果主要体现为促进要素流通、实现辐射外溢和凝聚区间共识。

中国高度重视东北地区的跨境次区域合作，将东北全面振兴的着力点落在打造向北开发新高地上。2023年9月，在东北振兴战略实施20周年之际，习近平总书记在东北全面振兴座谈会上作出新战略部署并强调，“东北是我国向北开放的重要门户，在我国加强东北亚区域合作、联通国内国际双循环中的战略地位和作用日益凸显”。东北地区具有得天独厚的战略地位，地处东北亚地区的核心。如今，东北正在加快构建海陆双向开放东北海陆大通道，尤其是加强与俄罗斯远东地区的经贸合作，使东北成为陆上丝绸之路和海上丝绸之路的连接点。

与此同时，俄罗斯也着力将远东地区跨境合作培育为经济新增长点。2012年以后，俄罗斯提出了以远东大开发为载体的“战略东转”。2014年乌克兰危机和2022年俄乌冲突后，俄罗斯更加积极开展远东同亚太地区合作。2023年9月，在第八届东方经济论坛上，俄罗斯总统普京重申了2013年国情咨文中的态度，指出对俄罗斯而言“远东地区的崛起是整个21世纪的绝对优先事项”，并期待推动与亚太国家和地区的经贸关系继续向前发展。

在中俄两国高度重视和有效战略对接下，“东北—远东”地区合作成为中俄合作的“桥头堡”，并推动东北地区成为中国向北开发新前沿，以期实现高质量发展。2023年3月，中俄两国元首共同签署了《中华人民共和国主席和俄罗斯联邦总统关于2030年前中俄经济合作重点方向发展规划的联合声明》，明确未来将“深挖两国地方合作和边境地区合作潜力，提高实效，发展中俄‘东北—远东’地区互利合作”愿景，并指出中俄经贸合作的八个重点方向。在此背景下，本文对中俄跨境次区域合作的背景及实施成果进行系统梳理，对新形势下中俄“东北—远东”地区合作的必要性与可行性、面临的制约因素以及对策加以分析，希冀为推动东北全面振兴提供学理与现实的双重启示。

一、中俄“东北—远东”跨境次区域合作蓬勃发展

自苏联解体后，中俄跨境次区域合作和经贸合作不断加强，主要经历了三个关键阶段。第一阶段是起步阶段（1992—2005年）。苏联解体初期，得益于两国政治关系和对外开放程度的持续改善，双边贸易额保持平稳缓慢增长。然而，由于俄罗斯刚经历市场化转轨的阵痛期，经济大规模衰退伴随着体制机制不完善、汇率贬值等现实情况，双边经贸合作难以深入开展，主要停留在边境贸易层面。第二阶段是快速发展阶段（2006—2018年）。2006年中俄两国签署了《中俄睦邻友好合作条约》，中俄两国经贸联系更加紧密。2006年以来，中俄两国政府间签署了一系列法律文件，如《中华人民共和国政府和俄罗斯联邦政府关于促进和相互保护投资协定》（2006），《关于修订〈中华人民共和国政府和俄罗斯联邦政府对所得避免双重征税和防止偷漏税的协定〉的议定书》（2015）等，这些文件为地方合作有序开展提供了法律保障。同时，俄罗斯开始尝试同中国沿海城市和经济带围绕产能与装备制造、科技创新等方面开展合作，如中国东北地

区与俄罗斯远东及贝加尔地区、中国长江中上游地区与俄罗斯伏尔加河沿岸联邦区以及中俄地方合作园（青岛）等合作项目。第三阶段是高质量发展阶段（2019年至今）。中俄两国于2018年至2019年举办了中俄地方合作交流年活动，积极推动跨境次区域合作。随着2019年中俄新时代全面战略协作伙伴关系的确立，谋求合作新模式、实现高质量发展成为中俄两国跨境次区域合作的重要任务。与此同时，跨境次区域合作的开展也为双边经贸往来注入了新动力。“一带一路”倡议提出后，中俄两国经贸合作开始快速增长。截至2023年，中国已连续13年成为俄罗斯第一大贸易伙伴国。中俄双边贸易额于2018年突破1000亿美元，并在2023年达到创纪录的2400亿美元，提前完成2000亿美元目标，中俄双边合作迈入高质量发展新阶段。

如今，中俄跨境次区域合作正走上高质量发展的快车道，为东北全面振兴增添新动能。2018年在符拉迪沃斯托克举办的第四届东方经济论坛上，中俄两国签署了《中俄在俄罗斯远东地区合作发展规划（2018—2024年）》和《中国东北和俄罗斯远东及贝加尔地区农业发展规划》；中方还宣布成立总规模1000亿元人民币、首期100亿元人民币的中俄地方合作发展投资基金。东北地区与俄罗斯远东地区的合作取得了一系列丰硕成果，可以概括为经贸合作提质升级、基础设施日益完善、能源合作不断深化和农业合作大力开拓四个方面。

（一）经贸合作提质升级

中国东北地区具有突出的地缘优势，是中国向北开放的重要门户，在中俄经贸合作中处于极其关键的位置。2023年，中国东北地区与俄罗斯的进出口总额为2950.2亿元，约占中国对俄进出口贸易总额的17.4%。其中，辽宁积极谋划建设境外合作园区，加强与俄罗斯在贸易、产业、科教、旅游、人文等领域交流合作。作为中国东北三省中唯一具有海港的省份，辽宁省充分发挥在海陆大通道建设中的海运优势，在中蒙俄经济走廊中扮演着关键的节点角色。大连港作为枢纽港口，为中蒙俄三国之间的海上运输提供便利。锦州港作为地理位置上最靠近蒙古国和俄罗斯远东地区的中国北部港口，缩短了中国与蒙古国和俄罗斯的贸易运输距离，成为连接中蒙俄三国的重要窗口。锦州港计划与俄罗斯铁路等合作伙伴共同建设中国首个中国—蒙古—俄罗斯物流示范园区，并推出“锦州港中蒙俄一体化供应链服务”，为中国—蒙古—俄罗斯货物贸易提供端到端的物流服务和综合解决方案。锦州市作为中俄经贸合作重点城市还举办了中国—蒙古—俄罗斯区域经济贸易博览会，并启动中国—蒙古—俄罗斯电商直播基地，为蒙古国和俄罗斯企业创造新的销售渠道，推动中蒙俄三国间经贸往来。中国的吉林省与俄罗斯滨海边疆区接壤，与滨海边疆区、哈巴罗夫斯克边疆区等地开展了广泛合作。2023年吉林省对俄进出口额相比往年出现了“井喷式”增长。为扩大对俄跨境电商等贸易新业态的规模，吉林省建设跨境云仓、边境仓、海外仓，加快发展保税物流、保税加工等新业态。2023年，吉林省跨境电商进出口同比增长88.9%，成为对俄贸易新增长点。珲春市作为吉林省对俄开放的前沿，不仅有吉林省唯一对俄陆路口岸，还有综合保税区、跨境电商产业园等平台，对俄跨境电商陆路B2C出口规模居全国第一。2023年，珲春东北亚跨境电商产业园贸易额约51亿元，同比增长44.3%，对俄跨境电商陆运过货量连续多年位居中国首位。作为对俄合作主要省份之一，黑龙江省充分发挥地缘、资源及产业优势，深化对俄全方位务实合作。中国海关数据库显示，2023年东北三省对俄贸易占全国比重为17.4%，其中黑龙江省对俄贸易占全国比重为12.5%。黑龙江省大力发展跨境电商合作，提升自建跨境电商平台影响力，对俄跨境电商物流通道稳定，积极拓展海外仓和边境仓。黑龙江省以“自贸引领、多区联动、跨境融合”的发展理念释放自贸试验区对俄罗斯及东北亚地区的经贸合作潜能，利用哈尔滨、黑河、绥芬河三个自贸片区，加强跨境产业集聚区建设，发展产业集群，推动自贸试验区与粤港澳大湾区、俄罗斯哈巴罗夫斯克边疆区超前发展区的经贸合作。

（二）基础设施日益完善

在基础设施方面，中俄两国积极加强边境口岸建设以及陆路、水路、空路建设，不断完善交通网络，提高通关效率。中国投资者积极响应俄罗斯建设符拉迪沃斯托克自由港项目，参与自由港的投资办厂。在参与落实符拉迪沃斯托克自由港和滨海边疆区超前发展区项目的外国公司当中，中国位居首位。中资参与43个项目，总投资额近70亿卢布，占该地区全部实际外商投资的46%。中国海关总署将符拉迪沃斯托克港增设为内贸货物跨境运输中转口岸，这一政策大大地降低了吉林省和黑龙江省对俄海陆贸易的交通运输成本，有效推动了东北地区海运产业发展，积极促进了中俄跨境次区域合作的美好前景。辽宁省以大连港、营口港、丹东港、盘锦港、锦州港、葫芦岛港6个主要港口作为向海支点，致力于打造东北海陆大通道，特别是发挥大连港的枢纽地位，加快建设大连沿海集结中心，深化港口改革，为中国与蒙古国、俄罗斯三国之间的海上运输提供便利。在陆运方面，“辽满欧”“辽蒙欧”“辽新欧”“辽珲俄”4条连接俄罗斯、蒙古国以及中亚、欧洲的交通运输国际通道开通运营；全长1443千米的滨海公路全线贯通；黑龙江大桥及公路口岸、同江铁路大桥顺利开通；吉林省正在与滨海边疆区共同实施“滨海2号”国际运输走廊项目，该项目将进一步畅通中国东北地区经俄罗斯远东地区至中国东部、南部省份及东南亚各国的跨境运输通道。在物流基础设施方面，黑龙江省建设了黑河陆上边境口岸型国家物流枢纽和绥芬河—东宁陆上边境口岸型国家物流枢纽。为扩大对俄出口贸易规模，辽宁省积极构建对俄罗斯及欧洲贸易集散中转基地，依托中俄两国第一个大型物流基础设施合作项目——别雷拉斯特物流中心，大力整合中欧班列、电商企业和海外物流设施资源。

（三）能源合作不断深化

中俄两国在经济发展和能源结构方面具有互补性，能源合作在稳定中俄经贸合作中处于“压舱石”地位。中俄原油管道和中俄东线天然气管道“西伯利亚力量”分别在漠河和黑河入境黑龙江省，预计中国每年从俄罗斯进口3000万吨石油和386亿立方米天然气。这两条管道的铺设及运营极大地促进了中俄能源合作，既拉动了中国东北地区的经济发展，同时对中国能源战略也起着重要作用。除了油气以外，俄罗斯目前也是中国东北地区主要的煤炭进口来源国。在核能领域，辽宁省葫芦岛市徐大堡核电站的多个机组是中俄核能领域合作协议中的重要项目。

（四）农业合作大力开拓

如今，中国东北地区在中俄农业开发、农产品贸易和农业科技等领域合作中占据重要地位，其对俄农业合作规模和水平不断提升。2009年9月，中俄签署了《中华人民共和国东北地区与俄罗斯联邦远东及东西伯利亚地区合作规划纲要（2009—2018年）》。俄罗斯远东欠发达地区地广人稀，待开发的农业区域有着巨大潜力。东北地区作为中国重要的农业基地，既拥有现代化的农业生产技术和丰富的生产经验，又具有对俄农业合作的地缘、资源和产业优势。在农业开发方面，为鼓励对俄农业合作，2013年8月国家发展改革委发布了《黑龙江和内蒙古东北部地区沿边开发开放规划》，鼓励加快在俄罗斯的农业园区建设，打造了如俄罗斯滨海边疆区新友谊农场、华洋境外绿色农业园区、龙跃林业经贸合作区等对外农业开发和技术合作的范例。如今，黑龙江省对俄境外农业开发合作区域已由边境口岸附近逐渐深入俄罗斯远东腹地及周边，包括阿穆尔州、滨海疆边区、犹太自治州、哈巴罗夫斯克、克拉斯诺亚尔斯克、萨哈林等州区。其中，截至2023年，黑龙江省东宁市对俄农业合作开发面积达到340万亩，占全省对俄农业合作的40%。在农业贸易方面，2020年底俄罗斯已成为农产品净出口国，因此作为全球最大食品进口国的中国成为俄罗斯农产品国际出口的优先市场。2022年，中国允许俄罗斯全境小麦和大麦进口，远东地区边境口岸在中俄农业贸易中扮演着关键角色。

二、中俄“东北—远东”跨境次区域合作为东北全面振兴提供机遇

（一）中俄“东北—远东”跨境次区域合作的必要性

中俄“东北—远东”跨境次区域合作是打造中国向北开放新高地的客观需要。提升对外开放水平是东北全面振兴发展的必由

之路。中国东北地区毗邻俄罗斯远东地区，是中国向北开放的重要门户，在联通国内国际双循环中的战略地位和作用日益凸显。其中，辽宁省是我国向北开放的“桥头堡”，是建设东北亚经贸合作示范区的先行区，在东北全力推进向北开放进程中发挥引领与辐射作用。东北地区是我国向北开放战略与俄罗斯远东大开发战略的交会点；中俄“东北—远东”合作是构建国内国际双循环开放格局的必然选择，有助于打造东北地区对外开放新前沿；发挥中俄互补性产业及资源优势，提升东北地区外向型经济水平，助力东北全面振兴。

中俄“东北—远东”跨境次区域合作是响应俄罗斯远东大开发战略的现实选择。远东地区是俄罗斯对外经济合作的重要地区，具有战略性地缘位置及丰富的资源储备，开发远东地区对外合作潜力符合俄罗斯经济发展需求及国家安全利益。2012年，普京在第三个总统任期内，提出“向东转”政策并将远东大开发作为战略重点。2013年12月，俄罗斯总统普京在向联邦议会发表的讲话中强调，远东的快速发展是俄罗斯整个21世纪的绝对优先事项。在历年国情咨文中，普京多次强调，远东地区振兴对俄罗斯发展而言具有重要战略意义。2022年俄乌冲突爆发后，俄罗斯将“向东转”政策调整为“战略东转”，寻找经济新增长点。在2013年至2023年的十年间，俄罗斯远东地区建立了远东超前发展区、符拉迪沃斯托克自由港、“远东一公顷土地”计划、远东住房贷款政策等政策机制，吸引了总价值高达3.4万亿卢布的投资项目，创办了673家企业，为中俄“东北—远东”跨境次区域合作提供了重要保障。对俄罗斯而言，中国尤其是中国东北地区是其远东发展战略的重要外部力量。加强与中国东北地区的经贸合作是俄罗斯远东大开发战略的必然选择，将使远东开发搭乘中国经济高质量发展的“快车”，迈进快速发展的轨道。

中俄“东北—远东”跨境次区域合作是构建东北亚区域合作新格局的实现路径。当前，国际经贸格局呈现出“北美—欧盟—东北亚”三足鼎立的态势，其中东北亚历来是大国盘根错节的利益交会点，东北亚各国经济的发展必然受到各大国政策和利益调整的影响及制约。在东北亚区域经济合作比较落后的情况下，欧盟与北美都企图把自己的经济联盟扩展到亚洲各国。东北地区接壤蒙俄、毗邻日韩，地处东北亚经济圈的核心地带，与东北亚各国的产业结构互补性强，在东北亚区域合作中发挥着枢纽型作用。如今，俄乌冲突、红海危机、巴以冲突对国际贸易格局产生了显著影响，全球供应链屡遭考验，不确定性、不稳定性更加突出。在当前国内外形势正发生深刻复杂变化，各方面风险挑战明显增加的背景下，陆上丝绸之路向西发展风险增加，海上丝绸之路向南发展阻力增大。基于此，中国东北地区更有必要充分发挥地缘战略作用，加强远东经贸合作，打造海陆双向开放的东北亚海陆大通道。其中，作为中国面向东北亚唯一的陆海双重门户，辽宁省有必要努力将自身打造成为东北亚开放合作枢纽地，并将大连市打造成为东北亚经贸合作的重要枢纽。中俄“东北—远东”跨境次区域合作将使中国东北地区成为陆上丝绸之路和海上丝绸之路的连接点，推动海上丝绸之路向北向南同时发展、陆上丝绸之路向东发展。

（二）中俄“东北—远东”跨境次区域合作的可行性

地缘优势是中俄“东北—远东”跨境次区域合作的前提和基础。中国东北地区具有独特优越的先天区位优势，与俄罗斯远东地区地缘关系紧密，并形成了完备的双边交通网络，空间上的毗邻与较好的基础设施为开展中俄“东北—远东”跨境次区域合作提供了便利条件。其中，中国黑龙江省与俄罗斯远东地区的边界线上有19个中俄边境口岸，这些口岸成为连接中俄的关键窗口。吉林省毗邻俄罗斯滨海边疆区，与俄罗斯有245千米的共同边界线，与远东商业中心符拉迪沃斯托克直线距离仅100多千米。辽宁省地处东北亚经济圈的核心地带，是中国东北地区唯一的沿海省份，扮演着连接日、韩、蒙、俄和欧洲的重要桥梁角色；绵长的海岸线使其成为便捷的出海大通道，为辽宁省转身向海创造了天然优势。锦州港凭借优越的地理位置，成为中国北部最靠近蒙古国和俄罗斯远东地区的港口，因此辽宁省政府将锦州市作为中俄经贸合作的重点城市。辽宁省拥有东北唯一出海口，依托海陆大通道，特别是发挥大连港和锦州港的枢纽作用，为中国与蒙古国、俄罗斯之间的海上运输提供便利。

资源互补是中俄“东北—远东”跨境次区域合作的驱动力量。作为老工业基地，东北地区工业基础雄厚，产业门类齐全，工业体系完备，在我国完备的工业门类中占据重要地位。东北地区的土地、农林和劳动力资源相对丰富，在农产品及其加工业方面具有比较优势，并在新材料、精细化工、高端装备制造、半导体芯片制造设备、工业基础软件等领域具备深厚的产业底蕴。但由于多年的开采及人口的增多，东北地区矿产资源总体优势逐渐衰退，出现市场需求体量大、储量相对不足的情况。俄罗斯远东地区油气、矿产、森林及土地等自然资源丰富，拥有全国50%以上的森林和黄金资源储备、70%以上的渔业和金刚石储备、30%以上的钛和铜储备。然而，俄罗斯远东地区经济发展依赖于传统资源型重工业，轻工业基础薄弱，人力资源严重匮乏。俄罗斯远东地区在经济发展、产业转型、基础设施建设等领域需要依托中国的市场、劳动力、技术和资金的支持，中国东北地区在参与俄罗斯远东超前发展区建设、扩大食品加工和装备制造业等领域合作方面具有优势。例如，中国东北地区的阜新、抚顺、鹤岗等资源枯竭型城市参与俄罗斯远东地区大型焦煤矿开发项目，发挥产业优势，提升资源利用效率。总之，中国东北地区与俄罗斯远东地区在自然资源、农业劳动力资源及产业结构等方面互补性强，既能“走出去”，又能“引进来”。

战略对接是中俄“东北—远东”跨境次区域合作的政治保障。东北振兴关乎国家发展大局。习近平总书记高度重视东北振兴，多次赴东北考察调研，为东北振兴把脉定向、指路领航。俄罗斯作为领土横跨欧亚大陆、具有全球影响力的大国，高度重视远东地区经济发展。近年来，俄罗斯不断强调“战略东转”，积极参与东亚峰会、亚太经合组织等机制。中国东北振兴战略与俄罗斯远东大开发战略的高度对接为中国东北与俄罗斯远东地区的合作提供了保障。随着中俄关系提升至“中俄新时代全面战略协作伙伴关系”以及共建“一带一路”的高质量发展，中俄区域经济发展不断深化，经贸关系日益紧密。中俄两国不断深化的战略互信有效提升了中国东北地区对外开放水平，助力东北地区全面振兴。

三、中俄“东北—远东”跨境次区域合作面临的挑战

中国东北地区与俄罗斯远东地区同为经济相对欠发达地区，都处于经济社会发展水平相对较低的经济外围区和经济技术低梯度地区；市场运行机制和区域经济合作机制尚不完善，产业结构和贸易结构相对单一；技术创新能力不足，对外开放潜力尚未完

全激活。因此，开展区域经济合作主要存在以下四个方面的阻碍。

（一）体制机制挑战

中国东北地区正处在全面深化改革的攻坚阶段，在激活民营经济、降低交易成本、加强市场监管和促进区域协同等方面存在体制机制短板。第一，东北地区不发达的市场机制导致民营经济发展缓慢。由于缺乏富有活力的主体参与，在中俄“东北—远东”跨境次区域合作中无法发挥微观主体对经济的推动作用。中国东北地区以国有经济为主，市场在引导资源配置的过程中实际发挥作用有限。民营企业在融资、用地、市场准入等方面均受到明显制约。相比国有企业，民营企业面临更高的银行贷款审批门槛，只能选择更高利息成本和经营风险的民间融资渠道；在招商引资过程中，地方政府的大型重点工程项目多由国有企业承包，民营企业的项目规模小，且面临更严格的用地限制和审批流程；在市场准入方面，市政基建和公共服务领域由国企垄断，民营企业的业务发展空间有限。第二，东北地区的制度建设、法治建设以及政府的规章制度等尚有待进一步完善。区域内本应畅达的“人流、物流、信息流”的流通网络尚未实现，这导致实体经济面临较高的交易成本，阻碍了经济效率和内生发展动力的提升。第三，东北地区市场意识薄弱，监管力度不强、执法不严。个别领域面临市场准入壁垒，存在不公平竞争现象，导致东北地区市场经济不发达。第四，东北三省协同发展缺乏区域协调机制，产业结构同质化程度高。省际和城际比较优势不明显、经济联系不强，未能形成发达经济网络和密切分工协作关系。在争取国家政策红利等方面，地方政府利益行为突出。

俄罗斯远东地区同样面临着体制机制挑战，存在市场经济体系不完善、法律法规体系不健全、金融体系不发达等问题。第一，俄罗斯远东地区的市场化进程尚未结束，既缺乏正常的市场经济秩序，又缺少必要的竞争环境。第二，俄罗斯远东地区的法律法规尚未健全，主要表现为赋税不合理、行政审批手续复杂及腐败严重等问题。尽管俄罗斯远东地区政府提供了诸多税收优惠政策，但赋税整体水平仍然较高，压缩了企业的利润空间；外来劳务既需缴纳办理邀请函及落地签等较高手续费，还需等待低效的多重行政审批；海关、税收等部门的腐败现象也干扰了正常的市场经营秩序。第三，俄罗斯远东地区的金融体系尚不发达，远远落后于中西部地区的发展水平，存在银行专营垄断、企业融资困难、金融贷款困难等现象。第四，由于受到经济疲软和金融风险的影响，俄罗斯央地财政关系弱化，财政转移支付缺乏流动性。在地缘危机背景下，远东地区财政收入规模较小，难以支撑地方资金链韧性，面临较大的地方财政压力。

中俄“东北—远东”跨境次区域合作也存在一定体制机制障碍，在贸易、投资、基础设施建设等方面缺乏健全、稳定、有效的磋商途径和协调管理手段。第一，中俄两国目前的投资法律法规有待完善，投资监管障碍和海关壁垒有待消除，抑制了区域合作的规范运行。尽管中俄两国建立了经贸部长会议机制，并在上合组织框架下签署了《中华人民共和国政府和俄罗斯联邦政府关于促进和相互保护投资协定》《中俄投资合作规划纲要》（2024年）等重要文件，但在实际操作过程中仍面临灰色清关、检验检疫标准差异、关税与非关税贸易壁垒等问题。比如，在农业领域，俄罗斯保留着对部分农产品的出口限制措施；中国对粮食进口也保留着关税配额制度，农产品质量及检验检疫标准差异也成为困扰双方的问题。第二，在基础设施建设方面，中蒙俄三国在跨境交通走廊合作中缺乏统一规划，难以形成区域协调布局及有效衔接，管理机制有待完善。第三，贸易机制不完善、贸易渠道不畅通、贸易便利化水平不高也制约着中蒙俄三国区域贸易合作深化。此外，能源领域是中俄区域合作的主要领域，但出于维护国家安全和经济利益的考量，中俄两国在能源合作政策上存在一定分歧，容易出现政策调整问题，制约了长期能源合作的速度。

（二）经济发展挑战

经济协调发展的内生动力是高质量产业结构。中国东北地区具有良好的产业基础，但其产业结构仍需在比重调整和质量升级等方面进行优化。第一，东北地区作为老工业基地，产业结构呈现“重工业过重，轻工业过轻”的特征，能源石化、装备制造等支柱型传统产业存在技术瓶颈，精细化程度有待提升；第三产业比重有待提升，战略性新兴产业、高端制造业等产业规模有待扩大。第二，东北地区经济发展高度依赖国有经济，辽宁、吉林和黑龙江三省国有资产占规模以上工业企业总资产比重分别为45%、54%和64%，均远超全国约为30%的平均水平。由于国有经济中以能源、重化工业为主的传统产业比重较高，因此东北地区存在资源枯竭、产能过剩等结构性问题。同时，随着民营企业在中俄区域合作中的参与度不断增强，以国有经济为主导的原有发展模式也不利于对外开放水平和活力的提升。第三，东北地区产业链上下游融合衔接度较低，亟须培育上下游关联产业本地化、集群化发展模式，提高产业结构的质量。

俄罗斯远东地区经济发展滞后，面临自然条件恶劣、基础设施陈旧、人力资源匮乏等多重限制。首先，俄罗斯远东地区冬季长、夏季短，且存在大面积原始森林、河漫滩、冻土层等，既限制了可供作业时间，也增加了开采和运输资源、建设油气管道及高压输电线等基础设施的难度和成本。远东地区交通基础设施老化，没有形成系统、发达的海陆空交通网络，存在边境公路与铁路网密度低、航空线路少、港口年久失修等问题，运力不足也阻碍了远东地区经济腾飞。统计显示，远东交通运输成本约占商品总价值的25%，要远高于俄罗斯其他地区交通运输成本占商品总价值的比重，且该比重在发达国家的正常值约为10%。远东地区还面临劳动力资源短缺、人才培育匮乏与研发创新不足的制约。受自然条件限制及经济萧条的影响，远东地区人口外流的现象尤为严重，尤其是高技能人才及青壮年劳动力外流。从高校空间分布看，俄罗斯排名前100的高校中只有俄罗斯远东联邦大学这一所院校位于远东地区。远东地区继承了苏联计划经济时期的产业结构，经济发展依赖于采矿业等优势产业，主要出口能源及原材料产品，而进口食品、纺织品等轻工业品。根据远东联邦区社会经济统计年鉴的数据，从主要经济指标占全国比重看，除采矿业（14.8%）和固定资产投资（10.5%）外，其余指标占全国比重均不足10%，其中制造业和农业占比分别仅为2.1%和2.7%。近年来，油气项目的积极推进在刺激远东地区生产总值增长的同时，也加剧了该地区产业结构的不平衡。当世界能源价格急剧下跌时，不协调的经济结构将使远东地区经济陷入衰退。相比于俄罗斯中西部地区，远东地区的工业基础和生产能力落后，制造业和高新技术产业是经济发展的薄弱环节，产业链和供应链处于弱势地位。

中俄“东北—远东”跨境次区域合作也面临一些结构性障碍。一是经济合作模式以能源项目为主，投资和经济技术合作实际发挥的作用有限，投资领域较为集中且单一。二是从贸易结构看，贸易合作局限于资源贸易和小额贸易，科技产品比重小。三是从经济体量看，中国东北地区与俄罗斯远东地区存在较大的差异。俄罗斯远东地区人口总量约为790万人，而中国东北地区仅辽宁省一个地区的人口总量就约为4259万人，是俄罗斯远东地区人口总量的5倍多。2022年，俄罗斯远东联邦区的地区生产总值约为12.5万亿卢布（以卢布汇率12.7计算，折合人民币不到1万亿元），而中国辽宁省地区生产总值约为2.9万亿元人民币，相当于俄罗斯远东联邦区的3倍。中国东北地区和俄罗斯远东地区的经济体量差距悬殊，也为两地经济对接融合带来了限制和挑战。

（三）对外开放挑战

东北地区是中国向北开放的重要门户，但与国际市场的融合度却不高。东北三省对外贸易依存度，从2003年的24.7%下降到2022年的19.1%，低于同期全国平均水平15.7个百分点。如今，技术密集型产品日益成为国际贸易中的重要产品，但东北地区高新技术产品占比却相对较低。

远东地区是俄罗斯“转向东方”的桥头堡，但在对外开放的过程中也面临诸多挑战，主要集中在口岸和配套基础设施建设、对接意愿、利益集团分歧以及政治互信等方面。首先，远东地区的对外开放依赖于有效且高效的口岸和基础设施建设，包括交通网络、物流中心、通信设施等，这些是促进区域经济一体化和提高对外贸易竞争力的关键因素。然而，远东地区面临基础设施老化、投资不足以及跨国物流的复杂性等问题，不仅影响了货物和服务的流通效率，还可能增加交易成本，降低远东地区在全球市场中的吸引力。其次，远东地区的对外开放还取决于各方的对接意愿及水平，包括国家间的经济合作、区域一体化进程以及与全球市场的接轨。然而，不同国家和地区在经济发展水平、政策取向以及市场规则上存在差异。再次，在中俄区域合作中，俄罗斯利益集团之间分歧较大，可能导致政策制定和执行过程中的冲突和延迟，影响远东地区对外开放的进程和成效。最后，政治互信是国际合作和区域一体化的基石。但是，在远东地区，历史遗留问题、领土争端和大国竞争等因素可能影响国家间的政治互信，进而影响经济合作和区域一体化的深度和广度。缺乏政治互信不仅会阻碍双边和多边合作机制的建立和运作，还可能导致对外开放过程中的不确定性增加，影响外资投资和国际贸易。因此，政治互信是远东地区对外开放不可或缺的因素。

由于俄乌冲突导致的地缘政治危机，西方对俄罗斯经济制裁加剧了远东地区产业链和供应链的脆弱性，既影响了远东地区经济发展，又增加了中国涉俄业务风险。同时，美国造谣诋毁中国，借机拉拢盟友形成“小团体”孤立中国，制裁导致的“长尾效应”和“寒蝉效应”影响了中俄两国正常跨境次区域合作和产业链布局。

（四）思想观念挑战

中国东北地区受计划经济影响程度较深，仍存在与市场经济发展路径不适应的思想观念，主要表现在文化保守性、依赖性心态、“官本位”思想和缺乏竞争意识等方面。首先，受历史和文化传统的影响，东北地区对新思想和新观念的接受度相对较低，抑制了社会创新和经济发展活力。东北地区对外开放意识相对薄弱，影响了对外贸易和投资的活跃度。其次，东北地区作为传统重工业基地，经济发展过于依赖国有经济，相对忽视民营经济。政府对一些招商引资承诺的税收优惠、土地使用权和政策优惠等落实不到位，损害了民营经济的合法权益和发展信心。这种差别化的对待方式既对民营经济的发展构成了障碍，又增加了东北地区经济转型难度。此外，存在固有的“官本位”思想，政府对市场行政干预力度较强，开展经济活动时以管控的指导思想为主。最后，相比于东部和南部地区，东北地区的经济竞争压力相对较小，可能导致一部分人缺乏强烈的竞争意识和危机感，这对于激发经济活力和推动社会进步具有一定的制约作用。在中国经济高质量发展的背景下，东北地区亟须从传统的重工业向现代化、服务导向的产业转型。在此过程中，这些思想观念在一定程度上制约了东北地区经济发展，因而需要革新和调整以适应市场经济的发展需求。

俄罗斯远东地区的思想观念也存在局限性，影响了经济发展与对外合作。一方面，俄罗斯远东地区的经济发展策略具有短视性和保守性，过于依赖自然资源开发和出口，缺乏长远的、多元化的经济发展规划。这种依赖导致了对外部市场需求变化的高度敏感性，同时限制了经济结构的优化和升级。另一方面，虽然俄罗斯远东地区与中国东北地区地理位置相近，在开展跨境合作上具有天然优势，但文化差异导致中俄两国民间缺乏认同感和信任度，阻碍了有效区域协同机制的建立。俄罗斯在对外合作中展现出复杂性和两面性，既希望加强同亚太国家的合作，又将中国视为潜在竞争对手。俄罗斯民间也对与中国开展区域合作认知不足。比如，某些错误舆论认为中国在俄罗斯的土地租赁是为了进行人口扩张甚至实现领土诉求；还有一些不良媒体进行“中国威胁论”的不实报道。这些都使得俄罗斯民间对中国企业投资产生排斥心理，不愿接受中国投资，因而阻碍了双边经贸合作。

尽管中俄两国在顶层制度上高度契合，具有良好的政治互信基础，但社会层面的民间互信仍较薄弱。当前，中俄两国区域合作的主要推动力量还是国有企业，尤其是大型国有能源集团。由于语言和文化的差异，民间交流也面临着一定的客观障碍，双方缺乏对彼此的深入了解，不利于民心相通。宗教信仰、民间风俗和企业文化的差异也在一定程度上制约了两国经贸合作，合作项目在数量及产业融合深度方面都有待提升，目前未能发挥产业集群效应。

四、中俄“东北—远东”跨境次区域合作的发展对策

中国实施东北全面振兴战略和俄罗斯实施远东大开发战略为双方提供了对接合作的新机遇，有助于形成相互促进和共同发展的新格局。在中国东北地区建设向北开放重要窗口和俄罗斯战略东转的背景下，“东北—远东”毗邻地区开展跨境次区域合作符合两国共同利益和现实需求。为了推动“东北—远东”跨境次区域合作进程加速，需要采取全方位行动，补齐短板，从加强政策对接协调、拓宽协同发展路径、推动东北亚区域经济一体化以及涵养文化软经济四个方面重点发力。

（一）加强政策对接协调，补齐体制机制短板

中俄两国之间已建立起稳定的政府间合作机制以及对话、会晤等协调机制。2018年中国商务部和俄罗斯远东发展部签署《中俄远东地区合作发展规划》，为政府间协调机制作出了有益补充。然而，在促进中国东北地区与俄罗斯远东地区战略合作的过程中，仍然存在着一系列需要克服的政策和体制方面的障碍与限制因素，未来中俄两国可以从五个方面进一步强化政策对接。

一是规范贸易秩序，完善政策扶持机制。中俄两国已经建立稳定的政府间合作机制，定期进行对话和磋商，但目前中国东北地区和俄罗斯远东地区开展战略合作仍然存在需要消除的政策和体制方面的障碍和限制因素。一方面，需要优化服务环节，在通关、检验检疫、贸易阶段等环节提升服务效率，减少行政审批手续，提高经贸合作效率；另一方面，需要及时进行信息共享，促进信息交流。应建立高质量信息服务平台，为双方企业提供了解政策法律的渠道，降低获得税收、进出口等政策信息的成本。由于俄罗斯远东地区的政策法规具有复杂性和多变性，中国政府可以组织企业、高校和科研界多方力量，及时调研，发布并更新俄罗斯各项法律法规、政策措施和贸易信息，并为企业提供法律、翻译、咨询、联络等服务和指导。除此之外，地方政府应积极制定各类扶持政策，如税收优惠、贷款利率优惠、优先审批等，积极引导和激励企业参与跨境次区域合作。这些政策和优惠可以帮助企业降低运营成本，减少投资风险，增强其在市场中的竞争力。

二是强化企业作用，激活市场调节机制。企业是中国东北地区对俄经贸合作的重要主体，目前双方区域合作主要由政府来推动，企业发挥作用有限。中国东北地区对俄经贸主体多为规模较小的民营企业，内在竞争力较弱，并在融资等方面存在障碍。首先，要坚持政府高位引导，可以通过设立专门的合作基金、提供政策优惠、拓宽融资渠道、建立信息发布平台、借力高校科研及人才优势等途径，鼓励相关企业开展对俄合作。其次，要重视对俄经贸主体的培育，强化企业共同参与，进一步强化企业在市场机制中的作用，推动企业的创新和发展，同时促进市场联动发展。同时，还要积极吸引俄罗斯远东对华合作企业进入中国东北地区，推动中俄经贸合作提质升级。

三是实施城市群战略，搭建双方交流平台。首先，要发挥中俄两国中心城市在区域合作中的辐射效应，形成以中心城市拉动全面区域合作的模式。目前，中国东北地区许多城市都形成了如哈尔滨的“哈洽会”、沈阳的“沈阳智博会”等博览会平台，通过举办展销会、签署合作协议等方式，积极与俄罗斯远东地区的符拉迪沃斯托克等中心城市搭建交流合作平台。其次，两国还可以通过建立友好城市关系，推动城市群的协同发展。中国东北地区与俄罗斯远东地区都属于各自国内发展相对滞后的地区，姊妹城市是双方经济文化交流的桥梁。以建设双方友好市区为平台完善政府间沟通机制，通过扩大投资和签订贸易合同，促进地域合作水平整体提升。通过这种战略可以促进资源的共享，提高经济的规模效应，增强城市的竞争力，推动次区域经济的整体发展。

四是形成中国东北三省与俄罗斯远东地区的合力，建立国家间省区的协调机制。中国东北三省与俄罗斯远东地区在产业结构、资源禀赋、地缘位置等方面既有共性，也有各自比较优势。双方的省、区应在“东北—远东”地区合作中加强联动，协调政策和行动，从而破除行政区划壁垒，发挥区域集聚效应，统筹整合资源；同时能避免政策冲突和资源浪费，提高政策的执行效率和效果。

五是加强东北亚各国合作对接，完善次区域协作机制。中国东北地区应加强与俄罗斯和东北亚其他国家的区域协作，通过共享资源、技术和市场，实现共同发展。这需要通过各种渠道和形式，如双边和多边会议、交流访问、联合研究等，来增强各国间的互信和理解；在合作中统筹协调，建立更大范围、更宽层次、更多领域的次区域协调机制，加快构建东北亚区域经济共同体。

（二）拓宽协同发展路径，补齐经济发展短板

中俄两国在产业结构、资源禀赋等方面的互补性为双边经济合作提供了独特优势和广阔发展空间，中俄地方经济合作日益成为促进区域经济发展的重要力量。然而，目前中俄两国在经济发展过程中仍面临一定挑战，需要积极探索实现区域经济一体化与协同发展的有效途径，主要包含五个关键领域。

一是完善中俄市场机制，设置经济特区。首先，中俄两国受计划经济影响较深，目前都面临区域内市场机制不健全的问题，行政手段在经济中的调节作用过重，制约了市场机制发挥作用。如今，中国东北地区正在以数字化、阳光化推进营商环境一体化建设，俄罗斯远东地区也在大力优化营商环境，强化特殊经济制度，为远东超前发展区和符拉迪沃斯托克自由港企业提供扶持政策。其次，加强区域差异化分工，避免出现无序竞争现象。中国东北地区和俄罗斯远东地区需要改善区域间过于同质化的经济结构和产业结构，防止形成以地方利益为导向的区域竞合。此外，可在边境地区设置经济特区，挖掘市场潜力。经济特区可以提供一系列的优惠政策，如税收优惠、土地使用权优惠、优先审批等，以鼓励企业和个人进行创新和创业。中俄两国持续推进黑龙江自贸试验区与远东自由港、哈巴罗夫斯克超前发展区的深入对接；俄罗斯远东地区还在与中国东北接壤的边境地区建立产业集群，吸引更多的投资和技术，推动经济联动发展。

二是创新贸易模式，发展技术贸易和跨境电子商务。技术贸易和跨境电子商务是新型的贸易方式，可以提高贸易的效率和便利性，扩大贸易的规模。需要通过政策引导和技术支持，推动传统贸易方式向技术贸易和跨境电子商务转型，实现贸易方式创

新。具体的做法包括：由产业间贸易向产业内贸易转化，由一般贸易为主向加工贸易为主转型，实现商品贸易自由化、服务贸易自由化、投资自由化、资本自由化，成立中俄联合公司、中俄股份制公司、中俄股份合作社等多种类型企业。同时，优化贸易结构，提升服务贸易比重，增加高新技术产品、资本密集型产品等高附加值产品比重。

三是深化能源合作，发挥比较优势。能源是中俄经贸合作的重点领域。《东北地区振兴规划》明确指出，要加强东北亚区域能源合作，通过建设能源保障基地、中俄边境输油管道，加强与俄罗斯的能源合作。中国东北地区作为重工业基地，能源需求量大；而俄罗斯远东地区自然资源丰富，但受自然条件限制开采难度较大。因此，中俄两国加强能源合作可以保障能源供应，降低能源成本，推动经济的可持续发展。

四是加强农业合作，发展农业科技。农业是经济的基础，农业合作是中俄合作的重要组成部分。中国东北地区与俄罗斯远东地区在农业领域优势互补，具有良好的合作前景。农业科技可以提高农业生产效率。中国东北地区应积极吸引现代农业科技企业前来落户，推广现代化农业管理技术，加大农产品深加工力度。同时，中国东北地区需要通过种植技术交流、农产品贸易、农业科技联合研发等方式，加强农业合作，推动农业现代化。投资是中俄两国农业合作的形式之一，中国东北地区在俄罗斯远东地区投资了许多农场。建立经济园区是中俄两国农业合作的另一种形式，如黑龙江省“中俄现代农业经济合作区”已被列入“一带一路”建设优先发展项目名单。

五是深化高新技术合作，促进科技创新。高新技术是推动经济发展的重要动力。“东北—远东”地区可以通过联合研究、人才交流、技术转让等方式，深化高新技术研究领域的合作，发掘在高新技术领域的巨大潜力。一方面，中俄“东北—远东”地区可以增强在高新技术研发方面的合作，加快技术创新；另一方面，中俄“东北—远东”地区可以积极建设科技园区，将创新成果转化为生产力，提高经济竞争力。

（三）推动东北亚区域经济一体化，补齐对外开放短板

随着全球化进程的加速，各国之间的经济合作日益紧密，区域经济一体化已成为促进地区发展和增强国际竞争力的关键途径。促进中俄在“东北—远东”地区合作，对推动东北亚区域经济一体化至关重要，这需要补齐对外开放短板。双方需努力培育创新合作模式和加强区域基础设施建设，促进资源共享和产业联动，从而提升区域内经济的互联互通水平，最终实现共同发展。具体做法包括：

一是培育创新合作模式，提升区域经济一体化水平。中国东北地区作为国家向北开放的“桥头堡”，正致力于提升区域合作水平，加速边境经济合作区、跨境经济合作区以及综合保税区建设，提升贸易和投资的便利性，实现资源共享并提高经济效益。中俄双方通过实施园区化战略，集中资源，提升产业集聚度，重构产业链条，形成具有境内外产业联动优势的产业经济带。

二是加强区域基础设施建设，完善跨境物流体系。基础设施建设是支撑经济发展的基石，对于增强区域连接性和促进经济合作至关重要。中国东北地区与俄罗斯远东地区作为“冰上丝绸之路”的关键节点，双方应加大基础设施建设力度，开拓新的交通路线，如加速推进与“冰上丝绸之路”的对接，共同开发北极航道，与西伯利亚大铁路协同发展。此外，中俄两国可以扩大空中

航线的覆盖范围，积极推进“滨海1号”和“滨海2号”等国际交通走廊的建设，促进海陆空联运通道的构建；还可以通过在俄罗斯远东地区新建及拟建跨境物流通道，有效打造国际运输走廊，显著提高物流便利性，提升区域互联互通水平，为区域经济合作提供坚实的基础。

（四）涵养文化软经济，补齐思想观念短板

一是增进文化往来，完善人文交流机制。首先，建立常态化的中俄两国文化交流活动。中俄两国元首宣布2024年至2025年为中俄文化交流年，将在此框架下举办一系列文化交流活动，加深两国民众对彼此文化的理解和认识。这些活动不仅能促进文化互鉴，还能激发文化软经济的发展，如文化旅游、艺术品交易等。其次，推动文化产业合作项目。鼓励中俄两国文化企业合作开发文化产品和服务，利用双方的文化资源优势，探索在动漫、游戏、电影、音乐等领域的合作机会。

二是共育高校合作，强化人才交流机制。人口红利与人才红利的衰减成为阻碍中俄地方合作高质量发展的主要因素之一。鉴于构建人口红利需要数年时间，集中力量培养人才红利应成为重中之重。中国东北地区和俄罗斯远东地区可以携手搭建人才交流平台，如中俄地方经济合作联合研究中心、高校联盟及高端智库等。在此基础上，通过签署一系列双边协议，促进中俄两国高校在学术研究、学生互换、教师访问等方面的合作；定期举办中俄两国高校论坛，探讨教育合作的新模式与新途径；共建研究中心和实验室，围绕区域发展、新兴技术、绿色经济等双方共同关心的领域开展合作办学与技术研发，培养中俄两国需要的高层次人才。

三是优化营商环境，破除信息壁垒。首先，提升中国企业的认知度。通过参与俄罗斯的主要行业展会、发布中俄两国合作成功案例、利用俄罗斯的媒体资源等方式，提升中国企业在俄罗斯市场的知名度。其次，建立中俄商务信息平台。这个平台可以提供俄罗斯市场的法律法规、行业动态、商业机会等信息，帮助中国企业更好地了解俄罗斯市场。该平台可以设立咨询服务，为企业提供个性化解决方案。此外，建立风险评估机制。通过合作设立风险评估机构，为中俄跨境投资提供风险评估报告，包括政治、经济、社会等多维度的风险评估，帮助企业作出更为理性的投资决策。

如今，中俄两国正处于新时代全面战略协作伙伴关系的历史最好时期。其中，“东北—远东”地区是中俄两国合作的前沿重镇。作为东北亚地区最大的两个经济体，中俄两国开展“东北—远东”合作不仅有助于充分发挥地缘毗邻和资源互补优势，还有助于以双边关系推动多边关系发展。通过加强政策对接协调、拓宽协同发展路径，共同推动东北亚区域经济一体化和涵养文化软经济，可以有效破除中俄跨境次区域合作中存在的体制机制、经济发展、对外开放和思想观念障碍。如今，中国东北三省正在大力推进海陆双向开放的东北海陆大通道建设，构建全面开放新格局，实现更大规模、更宽领域、更深层次的发展。中俄“东北—远东”跨境次区域合作将助推中国东北成为陆上丝绸之路和海上丝绸之路的连接点，为中国东北全面振兴提供坚实的支撑。

来源：《辽宁大学学报（哲学社会科学版）》

2024年第5期，有改动

作者：余淼杰　徐睿迪

2024年外贸预计量降价升，对俄外贸将提升

“春节之后，多地召开新春第一会，拼经济、招产业、谋发展，充分反映了各地只争朝夕的劲头，也最大限度地挖掘地方经济发展的潜力，在补短板、锻长板两方面同时发力。”2024年全国两会召开期间，全国人大代表、辽宁大学校长、国际经济学会会士余淼杰表示，广东聚焦高质量发展、辽宁聚焦营商环境改善都让他印象深刻。

2024年的经济形势比2023年更严峻吗？哪些因素会影响2024年的外贸走势？如何看待广东、江苏等外贸大省出口开始转降为增？2023年东北地区受益于对俄贸易暴增成为外贸增速最快的区域，这是可持续的吗？就这些问题，《南方都市报》记者对余淼杰进行了专访。

GDP突破13万亿元后，广东下一步应聚焦科技创新

2024年3月5日，国务院总理李强在作政府工作报告时提出，2024年经济增长预期目标为5%左右。“实现今年预期目标并非易事，需要政策聚焦发力、工作加倍努力、各方面齐心协力。”

“2024年的整体形势，我并不觉得比2023年的严峻。虽然从

总的宏观的角度看，中国跟其他国家一样，面临着风高浪急的国际环境和艰巨繁复的改革发展任务，面临着供给冲击、需求疲软、预期减弱的共性问题，但应该深刻看到，我国2024年的经济潜力还是比较大的。”余淼杰认为，2024年能够实现5.3%~5.4%的经济增速。

“我们现在碰到的问题，都是前进中的困难、增长中的烦恼。”余淼杰乐观地指出，经济回升向好、长期向好的基本趋势没有改变，是由我国四大比较优势所决定的，即超大规模市场的需求优势、全产业链的供给优势、高素质劳动者众多的人才优势、集中力量干大事的举国体制优势。

谈及广东的发展，余淼杰表示，广东实时的人口已达1.5亿人，GDP突破13万亿元，进一步的发展主要是科技的创新，而且是在产品的创新方面，不应该在技术的改进方面。换言之，要做一些真正的原创性的创新，走到全国乃至世界前面。他认为，这就是培育新质生产力的关键，即提升基础研究占研发的比重，加大相关的投入。

2024年外贸预计数量下降价格上升，总额在42万亿元左右

余淼杰成长于广东，在北京大学工作多年后，于2022年8月任辽宁大学党委副书记、校长，一直以来致力于国际贸易和中国经济发展的研究。对于外贸形势，2023年初他曾对《南方都市报》记者预测，外贸顺差达到6万亿元；总量或达45万亿元，最后从全年数据来看是接近42万亿元。

他判断，与2023年相反，2024年外贸数量会下降，价格会

上升，外贸总额在42万亿元左右，会比2023年有所上升，但上升幅度不大。

之所以量降价升，他认为主要是受近段时间巴以冲突、红海危机影响，海运航线必须绕道好望角，导致成本大大提升，中国出口到欧盟的货物量会减少，但短期之内，欧盟很难找到其他替代国来满足其对中国产品的需求，因此在给定需求不变、供给减少的态势下，中国出口货物的价格会上升。

粤苏出口回暖，或与美国需求上升及中国企业抢出口有关

2023年外需疲弱对中国出口形成了直接冲击，增速较前几年有所放缓，全年出口微涨0.6%。不过值得注意的是，2023年11月以来，广东、江苏等外贸大省的出口开始转降为增。哪些因素在起作用？

对此，余淼杰分析，对于粤苏等大省来说，美国是主要出口目的地。新一届美国大选已拉开序幕，作为候选人之一的特朗普宣称若上台将对中国加征60%左右的关税。“这当然是不合理的，但的确面临这种可能，所以中国的企业要在这时候抢出口。”余淼杰指出，客观上，中国的产品更具竞争力，特别是近期美国经济发展较为稳定，对中国产品的需求上升，使得粤苏等省份出口回暖。

2023年东北成出口增速最快区域，2024年对俄经贸还将提升

在出口目的地方面，近年来，共建“一带一路”国家等新兴

市场占比上升，欧美传统市场所占份额下降，有不少声音表达了担忧。对此，余淼杰一直在提议出口目的地多元化。他认为这会逐步成为外贸的新常态，不应该成为一种担忧。

他指出，我们要紧盯欧美市场，但也要深刻意识到，由于愈发复杂的地缘政治，欧洲的购买力下降，美国可能会受到负面政策的干扰，出口数量下降是现实。因此，要积极开拓新兴市场，特别是加大对蒙古国、俄罗斯以及金砖国家和新兴经济体的出口。

《南方都市报》此前报道指出，2023年保护主义、单边主义等因素在一定程度上影响了东部沿海的外贸大省。与此同时，基数较小的边境省份对外贸易实现了较快增长，其中新疆发挥“一带一路”核心区位优势，自2021年11月起连续25个月月度进出口值实现两位数增长，保持强劲增长态势，2023年对中亚五国外贸同比增长五成。内蒙古加快建设向北开放重要“桥头堡”，对蒙古国、俄罗斯外贸分别大幅增长五成和八成。

从区域角度来看，得益于对俄贸易等因素，中国东北地区成为出口增速最快的区域。余淼杰认为，这首先得益于国家对东北的重视，各项支持政策加速落地，尤其是提出积极推进东北海陆大通道的建设。其次，中国与俄罗斯的经贸已全面好转，正在开展更为广泛的经贸合作。他还判断，2024年与俄罗斯的经贸合作还会有更大的提升。

建议丝绸之路向东向北发展，积极推进中日自贸区建设

《南方都市报》记者注意到，余淼杰多次在不同场合建议，陆上丝绸之路应该向东发展，海上丝绸之路应该向北发展，加大

与日韩和俄罗斯方面的合作，东北自然就会成为对外开放的新的连接点。

2024年全国两会期间，余淼杰也带来了多份相关建议，包括《积极推进中日自贸区建设，构建全面开放新格局》。目前，中韩两国已签署自贸协议，而日韩短期内无法实现一种高精尖的自贸合作。他指出，中日两国已签订《区域全面经济伙伴关系协定》（RCEP），可以先做中日自贸区，体现“以我为主”的开放思想，对标对表《全面与进步跨太平洋伙伴关系协定》（CPTPP），包括知识产权、数字经济、环境保护、国企改革、劳工标准五个方面，让辽宁成为亚太地区自由贸易的“桥头堡”。

在陆上丝绸之路方面，余淼杰建议积极推动东北亚大通道的建设，开通沈阳—符拉迪沃斯托克直航，助推东北地区更好融入国际交通体系，解决交通不便利的问题。符拉迪沃斯托克也有这方面的需求，所以余淼杰认为客流量不会少，可以解决供给问题。

来源：《南方都市报》全国两会报道组

2024年03月06日，有改动

记者：程姝雯　陈秋圆

与非洲西亚经贸合作驶入发展快车道

当前，中国和非洲、西亚国家均已迈上加快发展的崭新跑道，双方将在共建“一带一路”框架下迎来更广阔的合作机遇。

经贸合作潜力不断释放

2022年，在复杂严峻的外部形势，特别是新冠疫情的冲击下，中国与非洲西亚经贸往来仍旧显现韧性——

据商务部统计，2022年中国同非洲、西亚国家贸易额达6896亿美元，再创历史新高，同比增长23.8%。其中，中国出口3133亿美元，增长15.9%；进口3763亿美元，增长31.3%。

与此同时，中国和非洲、西亚国家在数字经济、绿色发展、金融、航空航天等领域的合作蓬勃发展，双向投资日趋活跃。中国已经成为非洲第四大投资来源地，一大批阿拉伯国家的重点投资项目也在中国相继落地实施。

2023年是中国提出“一带一路”倡议十周年。十年再出发，展望未来，中国与非洲西亚国家的经贸合作有哪些新机遇？应如何推进？

“近年来非洲、西亚国家持续推进经济多元化，经济发展势头保持良好，2022年非洲经济增速达4.1%，阿拉伯国家经济增速也超过5%。”王东表示，这些地区的国家在基础设施、产业体系、贸易物流、绿色经济、数字化、新能源等领域的巨大发展潜力正不断释放，前景可期。

在全国人大代表、辽宁大学校长余淼杰看来，共建“一带一路”就是要大力推进中国和亚非拉国家的经贸合作，这不仅符合该地区人民的需求，也符合中国经济发展的需求。

余淼杰进一步分析道，在越来越复杂的国际环境下，中国应当充分挖掘和拓展新兴市场。同时，中国强大的工业能力以及丰厚的资源，与亚非拉地区存在巨大的互补空间。未来应推进中国与非洲、西亚国家签订自贸协议，降低制造业产品关税，在能源、数字经济等方面进行合作，促进经贸关系进一步发展。

中企“走出去”更要“走进去”

企业是共建“一带一路”的实践主体，作为中国与非洲、西亚经贸合作的一线参与者，中国企业在“走出去”方面有哪些心得？在中国与非洲、西亚经贸合作新机遇下又将如何发挥自身作用？

苏美达股份有限公司副总经理史磊表示，苏美达公司积极践行“一带一路”倡议和双循环战略，持续开拓非洲、西亚市场，贸易额持续上升，近两年的进出口额均超10亿美元。从商品贸易、工程项目到区域布局，苏美达公司和非洲、西亚贸易合作越来越广泛、深入。

“在我们和非洲、西亚贸易合作稳步发展的过程中，主要有三个‘更加重视’。”史磊说，一是更加重视这个市场，重视当地用户需求。“苏美达有个发电机品牌FIRMAN，在非洲市场占有率稳居第一，20年来累计销售量超过1000万台。之所以能取得这样的成绩，是因为非洲许多地区长期面临着电力短缺的困境，当地居民把汽油发电机作为家庭的基本供电设备，非常看重产品的稳定、高效和节油，以及完善的售后服务。我们注意到这些需求，在研发生产、销售服务等方面持续努力，得到了当地居民的广泛认可。”二是更加关注市场趋势。绿色低碳正日益成为非洲、西亚等地区新的市场变化趋势。本届广交会苏美达公司带来了全新的FIRMAN家用储能产品，清洁环保，且更加适配非洲电网的特性，受到许多采购商的青睐，并达成意向订单。三是更加重视战略、把握机遇、持续深耕。要从战略高度更加重视非洲、西亚在与中国经贸合作中的重要地位。长期以来，苏美达积极响应国家发展战略号召，先后在尼日利亚、迪拜、几内亚等地设立了子公司，扎根当地，深潜市场一线，挖掘市场需求，更快、更好地将公司的产品和服务带给当地人民，助力当地基础设施建设的提升。

余淼杰认为，中国企业不仅要“走出去”，还要“走进去”，即企业要做到与当地民心相通，向非洲、西亚国家出口符合当地文化特色、生活习惯的产品，特别要做到产品的多元化、定制化、差异化。

海尔海外电器产业有限公司副总裁张庆福对此深有同感：“对于企业来说，不仅要单纯把产品卖出去，还要创造品牌，获得当地消费者的认可，实现可持续发展。在‘走出去’的过程中，海尔把高端的智能化、差异化产品推到市场上，受到了当地消费者的喜爱。”

来源：松原都市网　2024年01月16日，有改动

中日贸易合作的回顾与展望

贸易合作既是中日双方经济互惠的重要组成部分，又是稳定中日政治外交关系的战略关键。新中国成立以来，中日双边贸易发展先后经历曲折探索、夯实基础、快速提升、腾飞深化和转型徘徊等多个阶段，尽管历经波折，但始终稳中向好，规模范围不断扩大，结构互补日益深化。2012年以来，在货物贸易方面，中日双边贸易规模高位徘徊，贸易占比不断提升，贸易结构逐步向技术密集型产品集中，贸易方式不断趋于多元化，贸易地区主要集中在沿海发达省份；在服务贸易方面，中日双边贸易规模不断扩大，贸易增速强劲，中国在日本服务贸易中的地位不断攀升，旅游服务、运输服务、商业服务等成为双边合作的主要领域。当下全球经济动荡不安，贸易风险和不确定性日益增加，中日双方更应排除不利因素干扰，同心同力、共谋未来，携手推动双边贸易迈向宽领域、深层次。

贸易往来既是经济互惠的基础，又是民心相通的桥梁。在中日邦交正常化之前，两国民间经贸往来便已开展，对中日政治关系“破冰”发挥了重要作用。自1972年中日签署《中日联合声明》恢复邦交正常化以来，中日双边经贸合作呈现出从民间到政府、从局部到全面、从少批小量到大宗海量、从双边往来到第三方市场合作的特点，其发展过程虽历经风雨、起伏波荡，但经贸合作走势始终向前向好。当下，中日双边贸易额持续扩大，经济合作不断加深，已经构建起互惠互补、互利共赢的良好局面。

紧密的经贸合作关系，推动了中日两国在政治、文化和生态等多领域开展广泛合作，成为中日友好关系深化巩固的“推进器”和“压舱石”，不断造福两国人民，助力世界经济繁荣。2022年1月1日，《区域全面经济伙伴关系协定》(RCEP) 正式生效，标志着中日两国在区域经济合作方面取得了可喜成效，为中日贸易合作更上一层楼带来了新的发展机遇。

从中期视野来看，尽管中日贸易合作互惠共利的主基调没有改变，但近十年来逆全球化思潮不断涌动、贸易保护主义日益抬头，全球经济格局正在发生深刻变化，世界面临百年未有之大变局。由于日本政府在历史、领土和台湾等敏感问题上的立场反复无常，中日之间的政治互信不足，叠加中美贸易摩擦波及范围泛化和美国“长臂管辖”，导致中日产业合作外部环境更趋复杂多变，中日经贸合作面临诸多风险和严峻挑战。中日双边贸易在未来该往何处去？这是一个值得深入思考和探讨的问题。

在中日建交半个世纪之际，站在新的历史起点，回首两国贸易往来的变迁历程与特征事实，对新时代新环境下双方经贸合作深化面临的机遇挑战予以分析研判，明晰未来双方经贸合作的侧重点和策略选择，不仅对中日双边友好关系的行稳致远具有重要意义，也对整个东北亚地区乃至全亚洲地区的和平发展和民生繁荣都具有显著促进作用。

本文在梳理中日贸易合作变迁历程的基础上，从贸易规模、贸易占比、贸易结构、贸易方式和贸易地区等多个角度对近十年来中日经贸合作的结构特征和动态演变进行全面剖析，分析其发展趋势和内在逻辑，立足中日贸易合作现实基础和发展利益诉求，着眼“下一个50年”，结合全球发展格局和宏观背景，为中日经贸合作在新时代继续迈上新的台阶提出相关实践路径和政策建议。

一、中日贸易合作的变迁历程

回首中华人民共和国成立以来的中日贸易合作历程，尽管其发展历经风雨，但成果令人瞩目。除个别年份外，中日双边贸易七十多年来始终保持正增长，合作领域日益扩大，不断造福两国人民。其发展历经了如下几个阶段：

（一）曲折探索阶段（1949—1961年）

从1949年新中国成立到1962年中日两国签订《中日长期综合贸易备忘录》之前，受国际环境、历史、政治等多重因素影响，中日贸易往来以民间贸易为主，双边贸易不仅规模较小，而且发展很不稳定，波折不断。

1950年中日双边贸易总额仅为0.59亿美元，占日本对外贸易总额的3.29%。[①]朝鲜战争爆发后，美国加大对社会主义国家经济的“封锁”和“禁运”力度，主导“巴黎统筹委员会”和“中国委员会”对新生的中华人民共和国进行经济打压制裁。这一时期的美国政府将参与“禁运”作为“美援”的条件，要求所有接受

① 中日两国关于贸易额的统计口径存在一定区别，通常情况下出口采用目的地规则、进口采用原产地规则。经由香港的对华出口（以香港为销售目的地的产品）在日本的统计中不计入对华出口，而中国的进口统计中则包含了以日本为原产地的所有产品。鉴于数据可得性，本文1985年之前的数据统一采用日本贸易振兴机构（JETRO）的统计数据，1985年之后的数据统一采用联合国商品贸易统计数据库（UN Comtrade）的统计数据。

"马歇尔计划"援助的国家禁运战略物资至中国，迫使日本与美国采取联合行动，要求日本政府停止对社会主义国家的正常贸易。受国际环境的影响，中日贸易额呈现连年负增长，1952年中日双边贸易总额仅为0.15亿美元，为1950年贸易额的25.4%。

尽管这一时期日本政府多次主导"日华和平条约"等有损新中国政治主权和经济权益的不公正条约，但我国仍从全球和平发展和两国人民幸福安康的高度出发，在坚决捍卫国家利益的同时摒弃前嫌，积极谋求从民间贸易入手，用经贸联系逐步把民间交往与官方交往联系起来，以"民"促"官"，以经济影响政治，走出一条从"民间外交"到"半官方外交"再到关系正常化之路。这一远见卓识和高度智慧为中日关系正常化奠定了基础。

1952年4月，周恩来总理指导参加莫斯科国际经济会议的中国代表向日本代表发出访华邀请。同年5月，日本代表应邀访华并就发展中日民间贸易问题举行会谈。1952年6月1日，中日双方第一次签署《中日民间贸易协定》，该协定规定双方贸易往返金额为3000万英镑（每方购入与售出的金额各为3000万英镑），将商品清单划分为甲、乙、丙3种类型，采取同类产品以货易货的贸易方式。1952年至1958年，中日双方先后四次签署《中日民间贸易协定》，民间贸易友好往来平稳发展，双边实际贸易额远超协定贸易额。1955年，中国对日本贸易出口额0.6亿美元，从日本贸易进口额0.3亿美元。1956年，中日贸易总额达到20世纪50年代的最高值1.51亿美元。这一时期中国主要输出煤、大豆、棉花、蔺草席、中药等矿产品和农产品，日本则主要输出钢材、纺织机器、农业机械等工业产品。

第四次签署《中日民间贸易协定》后，日本岸信介内阁上台，开始调整对华方针，阻挠第四次签署的《中日民间贸易协定》的执行。1958年5月2日“长崎国旗事件”发生后，中国政府予以坚决反击，决定自1958年5月10日起停止签发对日本的进出口许可证，中日贸易一度中断。1960年岸信介内阁下台后，中日贸易逐渐恢复。

为加强中日贸易，减少波动，使中日贸易往来步入稳定发展的轨道，1960年8月27日，周恩来总理提出著名的“政府协定、民间合同、个别照顾”的“中日贸易三原则”，并推出“友好企业”认定措施，鼓励中国各贸易公司直接同日本友好企业进行贸易商谈，签订民间贸易合同。中国国际贸易促进委员会还邀请日本友好企业来华参加广交会，洽谈贸易，中日贸易额日渐扩大。1961年，中国对日本出口额0.3亿美元，从日本进口额0.2亿美元，同比增长102.7%。

（二）夯实基础阶段（1962—1971年）

尽管民间贸易往来使得中日贸易额逐步扩大，但日方政府始终未正式出面与我国签订协议。单纯的民间贸易往来缺乏长期规划，日方不能向中方出口成套设备并派技术人员来华安装，同时双方不能使用延期付款方式，这极大阻碍了中日双边贸易规模的扩大和覆盖产品范围的深化。同时，《日美安保条约》的存在也使得中日贸易存在许多变数且极易产生波动，难以实现常态化稳定发展。

为解决这一困境，中国政府提出备忘录贸易形式设想，即中日贸易由双方有名望的、能对政府决策产生实际影响的个人来担保。这种备忘录贸易，表面上不是官方的，但规定两国政府要对以备忘录方式签订的有关协定给予保证，因此其实质上是官方的、政府间的协定。1962年11月9日，中日双方签订《中日长期综合贸易备忘录》（亦称“LT贸易”），中日友好协会负责人廖承志和日本前通商产业大臣、自民党国会议员高碕达之助在备忘录上签字，周恩来总理出席签字仪式。

“LT贸易”的签订标志着中日经贸往来由“民间”走向“半官半民”阶段。“LT贸易”规定以五年为一个贸易时期，使得中日双方可以签署长期贸易合同。“LT贸易”还打破了同类产品以货易货的桎梏，规定了综合贸易的性质品种，允许延期付款、分期付款，这些条款使中日双方贸易种类和贸易规模得到显著扩大。“LT贸易”开启了中国技术引进的先河，中国不断从日本引进新技术、进口成套设备，促进了本国科技能力的快速提升。1968年“LT贸易”到期后，中日备忘录贸易会谈又促成了“备忘录贸易”（俗称“MT贸易协定”），双方互相设立贸易联络事务所且派驻外务省职员。自1963年至1969年，日本贸促团体在中国先后举办三次工业展览会，中国贸促会先后在日本举办了两次综合性的经济建设成就展览会，不断增进中日两国人民的互通互信。

“LT贸易”及“MT贸易协定”是国际贸易关系的特殊范例，是在中日双方确认政治三原则、贸易三原则、政经不可分原则基础上达成的。其不仅和之前签订的《中日民间贸易协定》共同组成中日贸易的两个并行轨道，扩大和巩固了中日经贸往来，还成为中日两国在特定历史条件下政治与文化交流的纽带，是中日两国政治关系通向正常化的重要桥梁。

从1962年至1971年，除1967年和1968年两年受“LT贸易”到期后重新谈判“MT贸易协定”的不确定性影响外，中日贸易持续正向增长。中国对日本出口总额由1962年的0.5亿美元上升到1971年的3.2亿美元，中国从日本进口总额由1962年的0.4亿美元上升到1971年的5.8亿美元，十年间双边贸易总额从0.8亿美元上升至9.0亿美元，年均增长率为27.4%，约为1950年的15倍。

（三）快速提升阶段（1972—2000年）

活跃的贸易往来起到了“以经促政”的效果，中日贸易往来的不断加深，使得两国工商界人士迫切希望并不断呼吁中日两国政府早日复交，扫除中日经贸往来中的政治障碍，进一步拓宽双边贸易通道。1972年2月，美国总统尼克松访华。2月28日，中美两国政府在上海签署发表《中美联合公报》，标志着中美关系开始解冻。在此背景下，一直受限于美国亚太政策而不敢有所作为的日本政府也开始积极寻求中日关系的改善。

1972年9月，日本首相田中角荣、外相大平正芳来华访问期间，中日政府正式签署《中华人民共和国政府和日本国政府联合声明》（简称《中日联合声明》）。《中日联合声明》的签署标志着中日两国实现了邦交正常化，揭开了中日友好的新篇章。在此基础上，1974年中日两国签订《中日贸易协定》，这一协定的签署标志着中日贸易往来开始走上制度化常态化发展的良性轨道，双方政府从幕后走到台前，实现了由“半官半民、以民促官”阶段向“政府主导、官民并举”阶段转变。[①]

随着中日政治氛围的改善以及官方贸易协议的签订，两国关系的顶层设计得以确立。基础经济协议的相继签署，清除了发展道路上的障碍，从而促进了中日贸易合作的迅速增长。1972年至1978年，中日贸易额由11.0亿美元迅速增至50.8亿美元，增幅高

---

①《中日长期贸易协议》最初有效期为8年，1979年双方又将长期贸易协议的期限延长至1990年，该协议多次续签。

达361.8%。在这一时期，中日贸易呈现出垂直分工的特征，中国向日本大量出口农产品和矿产品等初级产品，而从日本进口的主要是工业制成品。尽管这一时期的中日贸易以中国逆差为主，但我国不断从日本引进先进技术，从1972年至1978年，中国从日本引进了35项价值金额为10.29亿美元和2项价值金额为700亿日元的成套设备。这些先进设备的引进和使用极大地加快了中国现代化建设进程，其中最具代表性的是"一米七轧机工程"项目。中国通过该项目引进了日本当时世界领先的连铸热轧技术，并在武汉钢铁公司成功落地实施，对扭转中国轧钢行业落后局面、助力中国钢铁产业的腾飞发挥了关键作用。

1978年2月，中日双方签订了《中日长期贸易协议》，标志着中日两国长期贸易机制的正式启动，双方互相设立长期贸易协议委员会办事处。1978年8月，中日两国正式签署《中日和平友好条约》，中日双边关系从正常化进入了和平友好时期，为中日经贸合作创造了良好的外部环境。

1978年中国改革开放以来，中国贸易开放度不断提高，国家总体经济规模和经济实力快速提升，促进了中日双边贸易额的进一步扩大。1979年中日双边贸易总额为66.5亿美元，1981年突破100亿美元大关，1991年突破200亿美元，到20世纪的结束之年2000年，中日双边贸易总额已经突破800亿美元，达到831.6亿美元。从1972年到2000年的29年间，中日双边贸易额增长76.0倍，年均增长率为16.1%。从1990年到2000年，除1998年受亚洲金融危机影响，中日双边贸易额出现明显负增长外，中日双边贸易总额始终保持正向增长。这段时期是中日关系的"蜜月期"，呈现出"政经双热"的良好局面。

（四）腾飞深化阶段（2001—2011年）

进入新世纪后，中国于2001年12月正式加入世界贸易组织（WTO），中国对外开放事业进入新的发展阶段，开始深度参与全球贸易体系，中日经贸合作机制也从过去的双边“友好协商”转变为以“WTO框架”为主。2001年至2011年，中国实际GDP年均增长率高达10.5%。在中国经济的强劲拉动下，中日双边贸易蓬勃发展，贸易规模急剧扩张。

从1972年到2000年的29年间，中日双边贸易额以每年10亿美元级别的幅度递升，而2001年至2011年，中日双边贸易额以每年百亿美元级别的幅度递升。据日本海关统计，2002年中日贸易总额首次突破千亿美元大关，2006年中日两国贸易额突破2000亿美元，2011年中日贸易总额突破3000亿美元，达到中日两国贸易历史峰值3428.4亿美元。从2001年到2011年的11年间，中日双边贸易额连续攀越三个台阶，上涨3.91倍，年均增长率高达13.6%，远高于同期世界贸易总量3%的年均增长速度。尽管2009年受全球金融危机的影响，中日贸易额出现下跌局面，但2010年中国经济率先恢复增长，中日贸易也很快恢复正向增长，2010年中日双边贸易总额为2977.8亿美元，同比增长30.1%，其中中国自日本进口1767.4亿美元，同比增长35.0%。可以说，中日经济的快速恢复和中国自日本进口额的大幅增长是日本尽早摆脱金融危机的重要拉动力，在刺激日本国内需求方面发挥了重要作用。总体而言，从1993年到2000年，日本连续八年成为中国第一大贸易伙伴，而中国也一直是日本重要贸易伙伴之一，中日两国各自发挥了在技术、资金、劳动力成本、市场规模等方面的比较优势。

需要注意的是，中国在中日双边贸易中长期处于逆差状态，且贸易逆差越来越大，2010年中国对日本贸易逆差高达556.9亿美元。部分学者认为，按照日本统计口径，日本经由中国香港向中国内地的出口按运输抵达目的地的标准统计在其对中国香港的出口中，而经由中国香港从中国内地的进口则按原产地标准统计在其从中国内地的进口中，因此呈现出日本对华贸易逆差持续的局面。然而，即使扣除经由中国香港的转口贸易，中国内地对日本也仍然处于贸易逆差地位。

在中日贸易腾飞深化的这段时间内，双方贸易结构中制成品所占份额逐年递增，初级产品所占份额则逐年递减，2010年中国对日本出口商品中制成品所占份额为87.98%，同年中国自日本进口商品中制成品所占份额为92.22%。不可否认的是，中国对日本制成品的出口带有很强的加工贸易性质，这段时间日本出口到中国的产品以中高端及高科技产品为主，而中国出口到日本的产品则中低端产品所占比例较大。长期以来，中国制造业加工贸易占比较大，对日本生产的核心零部件、优质原材料以及关键机械设备等依赖性强，而且同期日本对华机电设备、半导体、电子元器件、集成电路、汽车配件等高附加值产品出口量迅速增加，两者叠加使得中国对日本贸易逆差愈演愈烈。尽管随着中国科技水平的不断提升，中日双方经贸合作模式开始从“垂直合作”向“水平合作”逐步转变，但由于中国工业起步较晚、技术储备有限，这段时期东亚地区以日本为头雁的雁行发展模式和国际分工格局仍未发生根本性的变化。

从双边贸易重要度的角度来看，2001年中日贸易额占日本对外贸易总额的11.8%，分别低于同期日美贸易额占比的24.5%、日欧（欧盟）贸易额占比的14.5%和日东（东盟）贸易额占比的

13.5%。2007年，中日贸易额超过日美贸易额，中国取代美国成为日本的第一大贸易伙伴国。2011年，中日双边贸易额占日本对外贸易总额的20.6%，中国成为日本第一大贸易伙伴、第一大出口目的地和第一大进口来源地。

同期日本在中国对外贸易中的依存度趋于下降，中日贸易总额占中国对外贸易总额的比重从2001年的17.2%降到了2011年的9.4%，其中中国自日本的进口占中国进口总额的比重从2001年的17.6%降至2011年的11.2%，对日出口所占比重也从2001年的16.9%降至2011年的7.8%。日本在中国对外贸易中的地位降势明显，主要原因在于加入世贸组织后，中国对外贸易布局更加多元化，同期中国与美国、欧洲和东盟等地区的贸易往来迅速增长，而日本则在20世纪90年代资产泡沫破裂后经历了“失落的二十年”，经济低速徘徊加剧，执政首相及内阁频繁更替。此消彼长之下，中国在日本对外贸易中的地位日渐提升，而日本在中国对外贸易中的地位日渐低落。

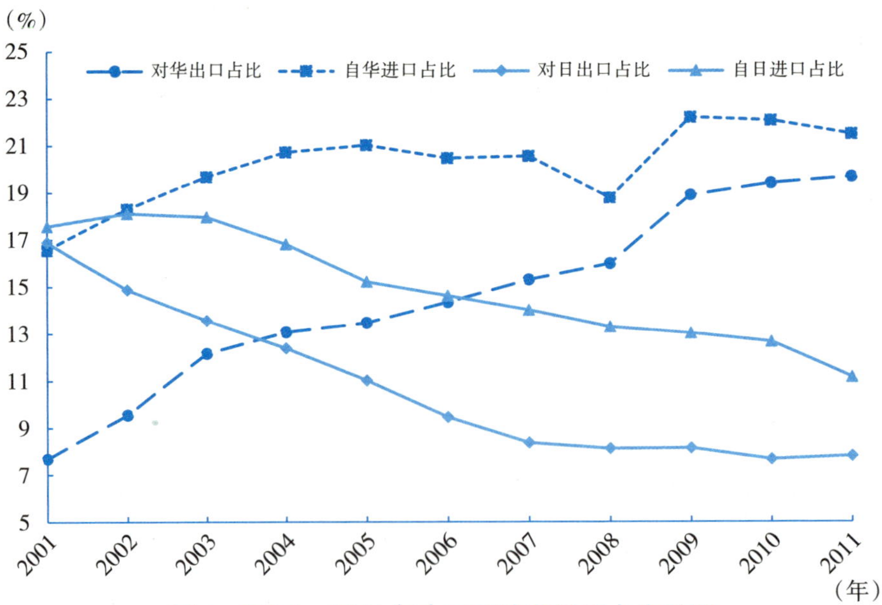

图1　2001—2011年中日双边贸易所占比重图

值得注意的是，在这一时期，日本对华日元贷款也正式结束。由于日本经济长期低迷，而中国经济实力快速提升，部分日本国内右翼势力开始鼓吹“中国威胁论”，提出对外经济布局“中国+1”方针，引导日本民间企业减少对华直接投资、增加对东南亚地区的投资力度。总体而言，这段时期尽管中日政治关系波折不断，但中日经济贸易往来坚挺火热，实现了史上最高水平的快速扩张，中日关系呈现出鲜明的“政冷经热”局面。

（五）转型徘徊阶段（2012年至今）

2012年钓鱼岛事件爆发，中国舆论对日本的态度达到冰点，当年日本对华出口下降11.0%，中日之间开始由“政冷经热”向“政冷经冷”演变。与此同时，中国经济进入新常态，经济发展也从高速增长转为高质量增长，经济增速放缓，中日政治关系趋冷，使得2012年以后的中日经济进入动荡低潮的转型徘徊期。

自2012年开始，中日贸易总额首次出现五连跌，2016年中日双边贸易总额为2749.4亿美元，相较于2011年的贸易高峰3428.4亿美元下跌了19.8%，降幅明显。2017年中日贸易开始回暖，当年贸易总额同比增长10.2%，此后两年内保持了持续上升态势。2018年中日两国签署《关于加强服务贸易合作的备忘录》，建立双边服务贸易合作机制，试点部分贸易往来使用人民币和日元直接结算，逐步扩大互相持有对方国债的规模。

2019年，中日贸易总额开始出现小幅下跌趋势。2020年新冠疫情爆发，全球范围内生产消费萎缩，各国贸易往来减弱。在此背景下，中日贸易仍实现逆势增长，2020年中日贸易总额为3172.5亿美元，同比增长0.7%，2021年中日贸易总额为3713.5亿美元，同比增长17.1%。2021年中国自日本进口额达2055.2亿美元，同比增长17.7%，中国对日本出口额为1658.2亿美元，同比增长16.3%，凸显出中日两国经贸合作的强大韧性和中国经济对日本经济走出疫情的重要拉动效应。但从横向对比角度来看，中日贸易增速依旧低于中国对外贸易总体增速（30%），远低于中美（28.7%）和中韩（26.9%）的同期贸易总额增速。

2022年进入后疫情时代，中日贸易总额又开始下跌。2022年中日贸易总额为3574.2亿美元，同比下跌3.7%，2023年中日贸易总额为2945.0亿美元，同比下跌17.6%，下跌幅度进一步扩大。

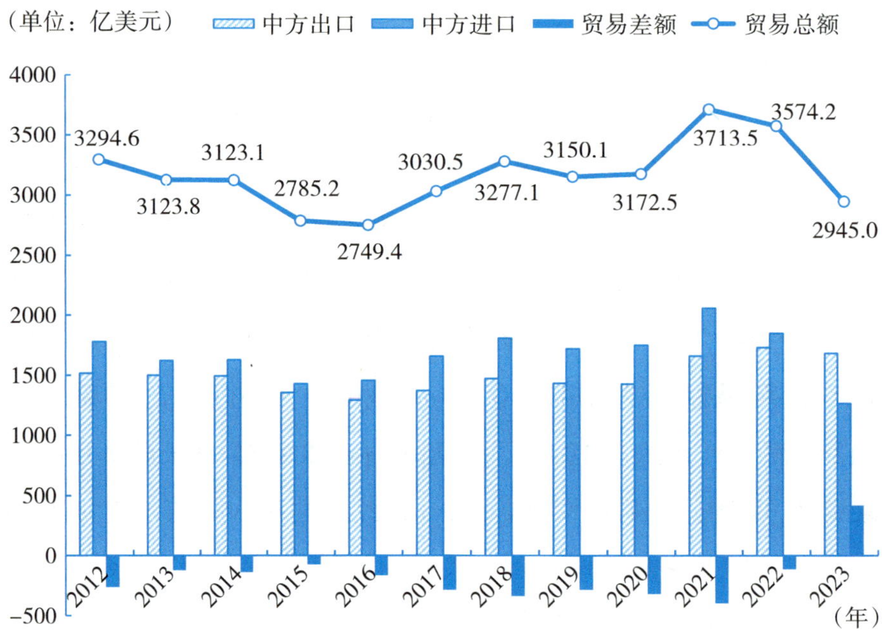

图2　2012—2023年中日双边贸易额变化图

尽管2012年以后中日经贸往来明暗相间、起落不定，但不可否认的是，中国在长时间内位居日本第一大贸易伙伴，是日本重要的出口目的地和进口来源国。同时，2022年1月《区域全面经济伙伴关系协定》（RCEP）对中日等多个成员国生效，这是中日两国首次达成自贸协定关系，具有重要的历史意义。RCEP生效后，中国对日本进口零关税产品的覆盖率将逐步从8.4%提升至86.0%，同时日本对进口中国工业制品的零关税覆盖率也将逐步从47%提高至98%。零关税贸易品覆盖率的大幅提升和区域累计原产地规则的实行无疑将进一步扩大中日两国贸易空间，助力中日两国在RCEP框架下在知识产权、跨境电商、数字经济等多个领域实现更深层次合作。

在2018年日本时任首相安倍晋三访华期间，中日双方举办首届中日第三方市场合作论坛，共签署合作协议52项，作为世界第二大和第三大经济体，一衣带水的中日两国在“一带一路”框架下第三方市场合作前景广阔。在金融领域合作方面，2018年中日两国央行时隔五年重启签署双边本币互换协议，协议规模为2000亿元人民币（34000亿日元），中国人民银行还授权中国银行东京分行担任日本人民币业务清算行。金融领域合作的提质升级不仅有利于维护中日两国外汇和汇率稳定，还能极大便利双边贸易结算手续，降低第三方货币的汇兑成本，从而有效促进中日两国双边贸易发展。

二、中日贸易合作的发展现状

（一）货物贸易

1. 贸易占比

尽管2012年以后中日贸易总额一直处于徘徊动荡期，始终未突破3500亿美元大关，但从这一时期的双边贸易依存度来看，中国始终是日本无可替代的重要贸易伙伴，中国在日本进口贸易额中的占比自2012年以来始终超过20%，2016年达到峰值25.8%。

2023年，日本进口来源国排名前三的国家依次是中国、美国和澳大利亚，分别占比22.1%、10.5%和8.3%。同时，中国在日本出口贸易中的占比也始终保持在17%以上，2020年达到峰值22.1%，2023年美国、中国和韩国是日本前三大出口贸易伙伴，分别占比20.0%、17.6%和6.5%。

从中国的角度来看，日本在中国货物贸易中的占比呈现缓慢下跌趋势，2012年中国自日本进口1778.3亿美元，占中国进口总额的9.8%，2023年中国自日本进口1604.8亿美元，占中国进口总额的6.3%，12年间缓慢下跌3.5个百分点。2012年中国对日本出口1516.3亿美元，占中国出口总额的7.4%，2023年中国对日本出口1575.0亿美元，占中国出口总额的4.7%，12年间缓慢下跌2.7个百分点。

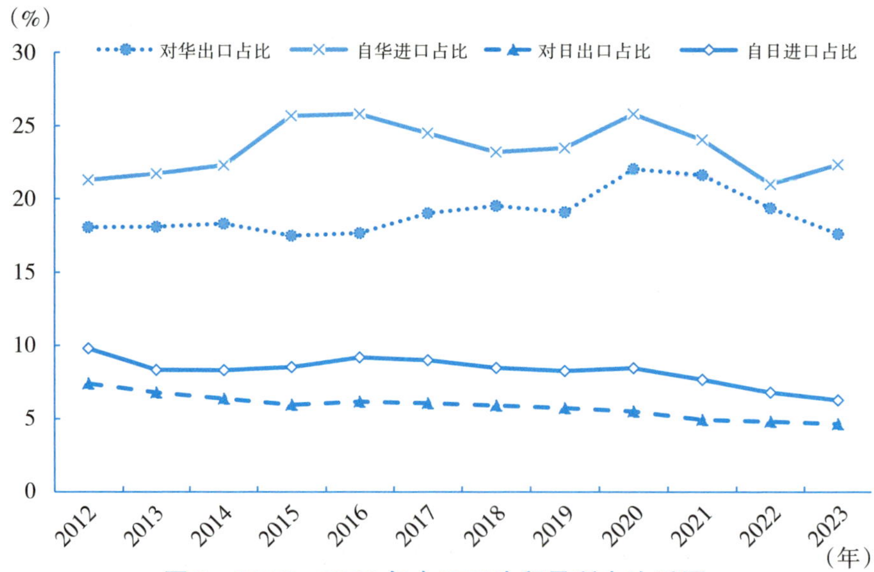

图3　2012—2023年中日双边贸易所占比重图

2. 贸易结构

中国海关总署在HS编码制度的基础上，将货物贸易分为

23类99章。[①]如图4所示，从类别存量的角度来看，2015年至2023年中日双边累计贸易额中，无论是进口还是出口，第16类机电产品均占据首位，占中日累计贸易额的44.2%，其中累计出口额为5438.3亿美元，占同期中国对日出口累计总额的40.9%，累计进口额为7195.6亿美元，占同期中国对日进口累计总额的47.0%。中日两国在汽车、电子信息等产业方面具有很大的互补性，双边产业链互补度高、贸易依存度大。这也体现在2015年至2023年中国机电产品累计贸易中，日本占机电产品累计出口额的5.6%，占累计进口额的13.7%。此外，第6类化工产品、第15类贱金属及制品、第11类纺织品及原料和第17类运输设备依次占据中日双边累计贸易额的第2位到第5位。

从类别流量的角度来看，如表1所示，2015年至2023年第16类机电产品在中日双边贸易中的份额基本保持稳定，同时在机电产品贸易方面中国始终出口小于进口，处于逆差地位。2023年受中日贸易总额下跌的大背景影响，中国对日机电产品出口额为645.2亿美元，同比下跌6.2%；对日机电产品进口额为788.4亿美元，同比下跌8.7%。未来随着中日两国企业研发制造能力的提升和制造业产业链的优化升级，中日贸易中高新技术产品的占比有望不断扩大。

表1　2015—2023年中日主要贸易商品分类所占份额（单位：%）

年份	出口类别						进口类别					
	16	11	20	6	15	7	16	6	17	18	15	7
2015	41.1	15.4	5.7	5.2	5.5	3.5	45.5	10.1	9.1	10.5	9.5	7.2
2016	41.1	15.2	6.1	5.1	5.4	3.6	46.4	9.9	9.8	10.2	8.7	7.0

① 具体分类对照表请参见海关编码查询https://www.hsbianma.com/，其中2023年起新增第23类跨境电商B2B简化申报商品。

续表

年份	出口类别						进口类别					
	16	11	20	6	15	7	16	6	17	18	15	7
2017	41.1	14.4	6.4	5.4	5.6	3.6	46.3	10.5	10.3	10.0	8.6	6.8
2018	41.1	13.7	6.1	6.2	6.1	3.5	47.2	11.2	10.4	9.1	8.3	6.3
2019	41.0	13.5	6.3	5.8	6.3	3.7	46.6	12.0	10.7	9.2	7.5	6.5
2020	41.4	14.6	7.2	5.3	5.6	4.1	47.5	11.7	9.7	9.6	7.9	6.6
2021	40.7	11.7	7.4	6.5	6.5	4.3	47.7	12.7	7.9	9.1	8.6	6.6
2022	40.0	11.3	7.3	7.9	6.6	4.2	46.9	13.2	8.6	7.8	8.9	6.5
2023	41.0	10.6	7.2	7.1	6.0	3.9	48.5	13.2	7.6	7.8	8.4	6.6

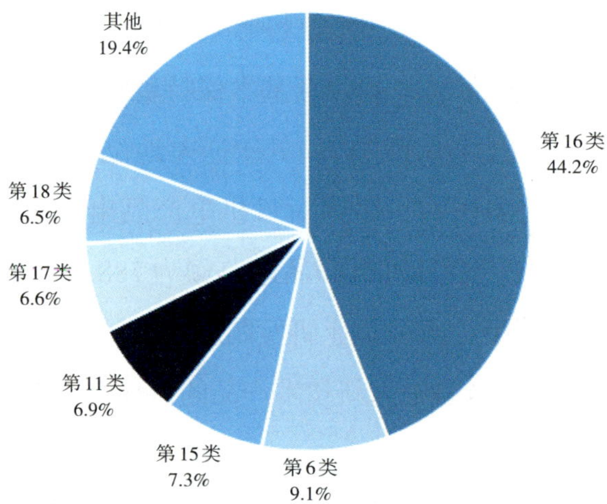

图4　2015—2023年中日累计贸易额分类比重图

第17类运输设备在进口中呈现明显的下跌趋势。这主要是由于近年来中国国产汽车技术水平不断提升，国内销量和市场份额不断提高，逐步改变了以往中国向日本出口运输设备零部件，而日本向中国出口运输设备整车的贸易分工格局。从出口方面来看，第11类纺织品及原料的出口占比逐年递减，运输设备出口所占份额不断提升，这表明中国正在加快转变产业结构和国际贸易优势产品，以新能源汽车为代表的中国国产运输设备出口势头正在逐步增强，将占据更多的国际市场份额，2023年中国出口汽车491万辆，首次超越日本位居全球首位。第6类化工产品的出口和进口份额持续增长，展现出显著的产业内贸易特性。中日在化工产品领域各自拥有综合比较优势，这为双方提供了广阔的合作空间和较大的发展潜力。

从货物贸易章分类的角度来看，如图5所示，2015年至2023年中国对日出口累计贸易额中，第85章（电机、电气设备及其零件；录音机及放声机、电视图像、声音的录制和重放设备及其零件、附件）、第84章（核反应堆、锅炉、机器、机械器具及零件）、第61章（针织或钩编的服装及衣着附件）、第62章（非针织或非钩编的服装及衣着附件）和第94章（家具；寝具、褥垫、弹簧床垫、软坐垫及类似的填充制品；未列名灯具及照明装置；发光标志、发光铭牌及类似品；活动房屋）依次位居前5位，分别占比23.9%、17.0%、5.2%、4.6%和3.6%。在进口贸易中，2015年至2023年中国自日本进口累计贸易额排名前5位的依次为第85章、第84章、第87章（车辆及其零件、附件，但铁道及电车道车辆除外）、第90章（光学、照相、电影、计量、检验、医疗或外科用仪器及设备，精密仪器及设备；上述物品的零件、附件）和第39章（塑料及其制品），分别占比26.3%、20.7%、9.1%、8.9%和5.8%。从贸易商品结构集中度的角度来看，无论是进口还是出口，中日双边贸易的集中度都比较高，排名前5位的品类合计占比均超过50%，占据中日双边贸易的半壁江山。

从贸易流量的变化趋势来看，如表2所示，中国对日出口贸易中第84章、第85章和第94章所占份额变化不大，呈现稳定发展状态；第61章和第62章所占份额缓慢下降。随着中国努力向全球产业链高端攀升和环保规制的强化，以服装类为代表的低附

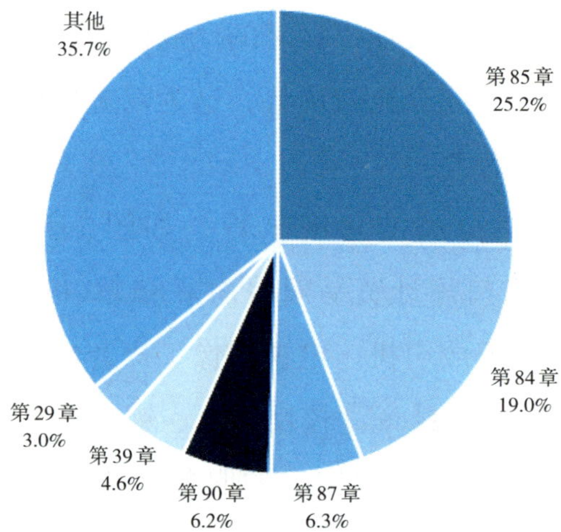

图5　2015—2023年中日两国累计贸易额分类比重图

表2　2015—2023年中日主要贸易商品分章所占份额（单位：%）

年份	出口章号						进口章号					
	61	62	84	85	94	其他	39	84	85	87	90	其他
2015	6.5	5.7	16.2	24.8	3.5	43.2	6.1	18.4	27.1	8.7	10.1	29.6
2016	6.3	5.6	15.9	25.2	3.7	43.3	6.0	18.7	27.8	9.5	9.8	28.2
2017	5.8	5.3	16.2	24.8	3.4	44.4	5.9	20.8	25.5	9.9	9.6	28.3
2018	5.4	5.1	17.1	24.0	3.3	45.0	5.4	22.6	24.6	10.1	8.8	28.5
2019	5.3	4.9	18.5	22.5	3.5	45.3	5.6	21.2	25.4	10.4	8.8	28.5
2020	4.8	4.3	18.7	22.7	3.9	45.7	5.8	21.0	26.5	9.5	9.3	28.0
2021	4.7	3.7	17.6	23.1	3.9	47.1	5.8	21.5	26.1	7.8	8.8	29.9
2022	4.5	3.7	16.6	23.5	3.6	48.3	5.7	20.0	26.9	8.5	7.5	31.4
2023	4.3	3.4	16.0	25.0	3.4	47.9	5.8	21.2	27.3	7.6	7.5	30.6

加值、高污染类商品出口量正在逐步下降，中国外贸出口结构呈现出从劳动密集型向技术资本密集型转变的趋势。在中国对日进口贸易方面，第85章和第39章所占份额基本保持稳定，第87章和第90章所占份额逐步下降，第84章所占份额逐步上升。主要原因在于中国国产汽车和精密仪器制造技术的提升，减少了对日本传统整车和精密仪器优势产品的进口需求，而机械器具及零件等商品属于制造业中间品，随着中国作为制造强国的崛起和国际竞争力的增强，对日产零部件的需求也不断扩大。这一进口趋势此消彼长的变化体现出中国正逐步从制造大国向制造强国转变。具体来说，中国对国际制造业中间品和零部件的需求在增加，同时对整车或整台等高附加值最终品的依赖在减少。

3. 贸易方式

从贸易方式的角度来看，中日贸易以一般贸易方式为主。如图6所示，2015年至2023年中日双边累计贸易额中一般贸易占比55.9%，为主要贸易方式。此外，进料加工贸易也是中日贸易的主要形式之一，累计占比28.9%，这一贸易商品分类与中国自日本大量进口机电产品器具及零部件有关。海关特殊监管区域物流货物和保税监管场所进出境货物也是中日贸易的重要方式之一，分别占比7.6%和3.2%。

从年度变化趋势来看，如表3所示，中日贸易方式中一般贸易所占比重在稳步提升，在出口贸易中所占比重从2015年的46.8%稳步提升至2023年的57.8%，在进口贸易中所占比重从2015年的50.5%稳步提升至2023年的61.5%。在出口贸易中，来料加工和进料加工贸易所占比重均不断下降，这表明中国正在逐步摆脱单纯的制造业组装工厂角色，一方面越来越多的核心零部件开始国产化，另一方面中国企业也努力向价值链“微笑曲线”

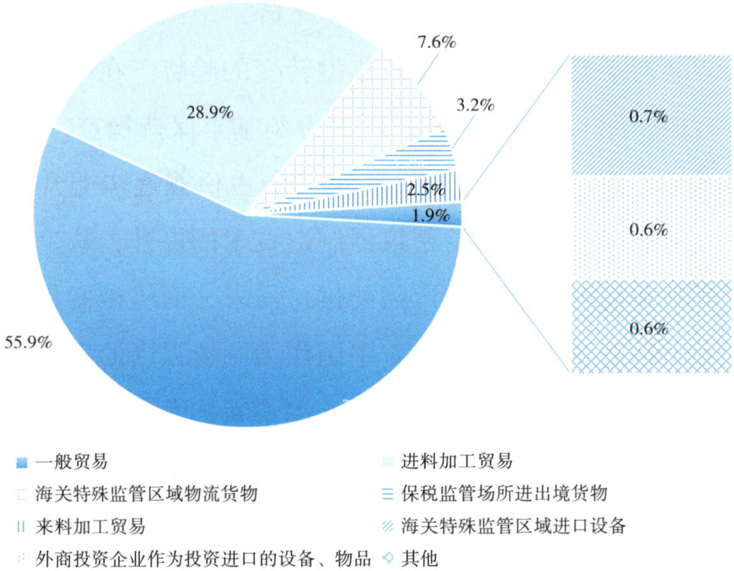

图6　2015—2023年中日累计贸易额按贸易方式分类比重图[①]

表3　2015—2023年中日贸易按贸易方式分类所占份额（单位：%）

年份	一般贸易		保税监管场所进出境货物		来料加工贸易		海关特殊监管区域物流货物		进料加工贸易	
	出口	进口	出口	进口	出口	进口	出口	进口	出口	进口
2015	46.8	50.5	1.4	2.2	6.2	2.8	3.6	11.0	41.8	30.8
2016	48.1	54.7	1.1	3.0	5.3	2.3	3.3	9.7	41.6	27.9
2017	48.6	57.4	1.6	2.5	4.9	2.4	3.5	10.1	40.7	25.1
2018	50.8	59.8	1.8	2.6	4.7	2.3	4.0	10.1	38.2	22.7
2019	52.2	59.1	1.7	3.2	4.2	2.3	4.5	10.3	36.5	21.4
2020	54.3	59.8	1.6	3.2	3.4	2.3	4.0	10.9	35.4	20.6
2021	56.6	60.3	2.4	2.8	3.0	2.6	4.2	10.8	32.3	20.6
2022	58.8	60.7	2.4	3.5	2.8	2.4	4.5	10.9	29.9	20.4
2023	57.8	61.5	2.4	3.8	2.7	2.4	6.1	11.6	29.6	19.0

① 此图中其他分类指的是除上述贸易方式外其他贸易方式的合计，与海关监管分类中的“其他”类别项有所区别。

两端移动，避免被锁定在中间最底端的生产制造环节。此外，得益于我国海关不断创新监管模式，提升海关通关效率和简化报关流程，加快资金链供应链流转速度，鼓励加工贸易向海关特殊监管区域和保税监管场所集中，加强口岸与海关特殊监管区域以及海关特殊监管区域间联动发展，中日贸易中无论是进口还是出口，海关特殊监管区域物流货物和保税监管场所进出境货物所占比重均在不断提升。中日贸易方式不断趋于多元化发展，贸易便利化程度稳步提高。

4. 贸易地区

中日贸易的地区分布呈现出明显的不平衡态势。如图7所示，2015年至2023年中日双边贸易累计金额占比排名前5位的地区依次是广东省（20.4%）、江苏省（18.4%）、上海市（17.3%）、浙江省（7.4%）和山东省（7.3%），这5个地区的合计进出口额达到21492.8亿美元，占比70.8%，贸易格局呈现出明显的集聚态势，其中改革开放先行者广东省和长三角地区在重要贸易领域占据了显著地位。

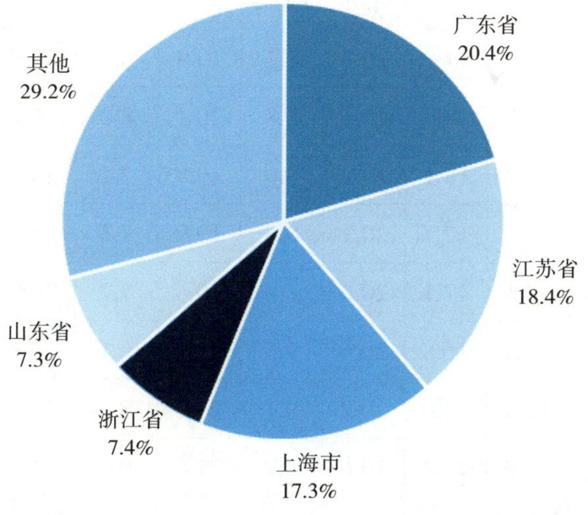

图7　2015—2023年中日累计贸易额按地区分类比重图

从分项来看，2015年至2023年中日累计贸易额中，进口占比排名前5位的地区依次为广东省（22.8%）、上海市（20.6%）、江苏省（16.9%）、北京市（8.0%）和浙江省（6.1%），出口占比排名前5位的地区依次为江苏省（20.0%）、广东省（17.6%）、上海市（13.5%）、山东省（12.1%）和浙江省（9.0%）。

从中日贸易主要省份占比变化来看，如表4所示，中国对日出口的传统前三强省份——江苏省、广东省和上海市的占比均有小幅下降，山东省和浙江省所占份额稳步提升，在进口贸易方面也呈现出类似的情形，诸如广东省和江苏省等传统贸易强省所占比重在缓慢下降，主要原因是中国经济分布格局发生了变化。长三角和珠三角地区作为中国传统的制造业和外贸优势地区，人口稠密、交通便利，在电子、精密仪器和信息产业方面展现出显著的优势，相关产业的集中促进了互补和协同效应，形成了强大的

表4　2015—2023年中日贸易按地区分类所占份额（单位：%）

年份	出口地区					进口地区				
	上海	山东	广东	江苏	浙江	上海	北京	广东	江苏	浙江
2015	15.6	10.9	17.9	20.7	8.7	19.9	6.7	26.6	17.3	5.6
2016	14.9	10.8	18.3	20.1	8.8	20.1	8.0	25.4	16.5	5.1
2017	14.1	11.7	18.1	19.9	8.6	19.8	7.2	23.0	17.4	5.9
2018	14.6	11.7	17.7	20.1	8.6	19.9	7.3	23.1	16.8	6.2
2019	13.8	12.1	17.1	20.6	8.8	19.8	7.7	24.0	17.2	6.1
2020	12.7	12.2	16.8	20.6	9.5	21.2	8.1	22.3	17.0	5.6
2021	12.3	12.9	17.0	20.2	9.1	21.2	8.0	21.0	16.6	6.0
2022	11.7	13.2	17.8	19.6	9.2	21.0	9.0	21.2	17.2	6.7
2023	12.9	12.6	17.5	18.7	9.1	21.9	9.5	20.3	16.4	7.2

产业集群。这一集群在中国的对外贸易中扮演着至关重要的角色。与此同时，随着中国对广阔而富有发展潜力的中部和西部地区的开发，许多重要的制造业产业开始向中部和西部地区搬迁，使中国国内产业布局变得更加均衡合理。传统长三角和珠三角地区的相对重要性开始缓慢下降，中西部地区的发展潜力不断得以释放，其对外贸易额逐步提升，逐渐占据了越来越重要的地位。

（二）服务贸易

1. 贸易规模

近年来，中日双边货物贸易增速回落、增长乏力，在此背景下服务贸易逐渐成为中日双边贸易发展的新动力，中日服务贸易规模不断扩大，贸易增速强劲。除在2008年全球金融危机和2019年新冠疫情影响期间出现下跌外，中日服务贸易在其余年份都保持了显著的正增长。

如图8所示，2005年中日双边服务贸易总额为86.3亿美元，新冠疫情前的2018年中日双边服务贸易总额为446.8亿美元，13年间扩大5.18倍，年均增速为13.5%，远高于同期货物贸易增速。2019年和2020年受新冠疫情影响，中日服务贸易总额明显下降，但需要注意的是，这段时期中日服务贸易总额的下降是因中国自日本服务贸易进口额下降引起的，同期中国对日本服务贸易出口额逆势增长，展现出中国经济的强大韧性。2021年，中日服务贸易总额为405.9亿美元，同比增长23.6%，其中中国对日本出口额为175.8亿美元，同比增长38.6%，中国自日本进口额为230.2亿美元，同比增长12.5%，中日双边服务贸易快速复苏。

从进出口分项金额来看，日本对中国的出口主要是机械设备、电子元器件等技术密集型的高附加值商品，而中国对日本的出口则主要是轻工产品、机电产品等劳动密集型的低附加值产品。自2005年起，中日双边服务贸易领域一直存在贸易逆差，中国的出口额始终小于进口额，且逆差额呈现逐年扩大的趋势。2005年中国对日本服务贸易逆差为9.8亿美元，2018年中国对日本服务贸易逆差为201.6亿美元，13年间扩大20.6倍，双边服务贸易发展不平衡的趋势愈演愈烈。这主要是由于中国在较长时间内以制造业为主，服务贸易起步较晚，核心竞争力和特色优势相对不足，而日本在文化产业、金融服务和旅游康养等服务业布局较早，具备明显优势，尤其是在附加值较高的新兴服务贸易领域，其竞争力强劲。长期来看，服务贸易是未来贸易发展的主要形式，而我国服务贸易逆差的愈演愈烈不仅容易导致资本外流、服务部门失业加剧，也不利于中日双边服务贸易的可持续健康发展。

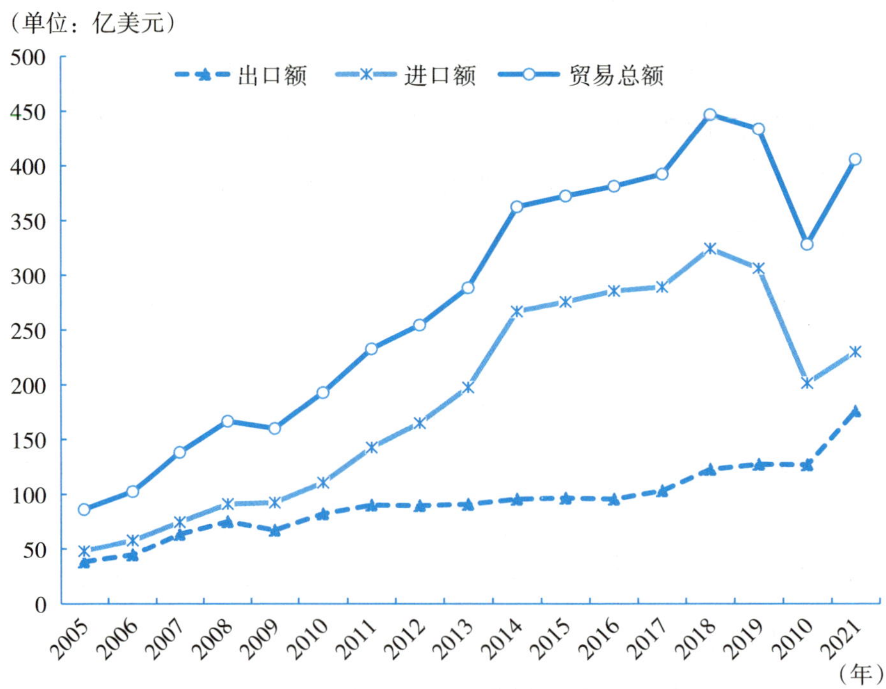

图8　2005—2021年中国对日本服务贸易额变化图

2. 贸易占比

从中日双边服务贸易占比的变化趋势来看（如图9所示），2005年初期中日双边占比基本维持平衡。2005年中日服务贸易总额占中国对外服务贸易总额的5.3%，占日本对外服务贸易总额的3.6%。此后多年间，无论是进口、出口还是总额，中日服务贸易在中国对外服务贸易中的占比一直维持平稳发展态势，并无显著变化。

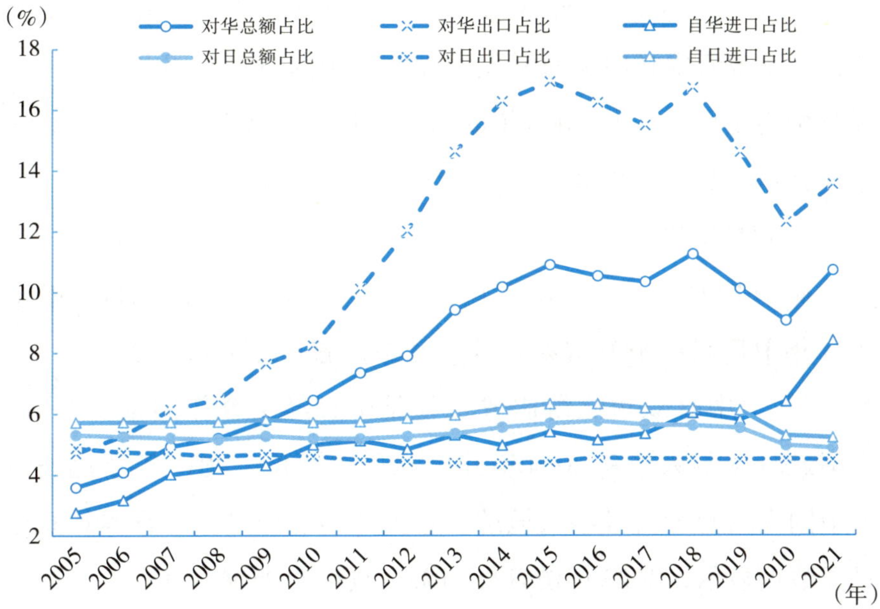

图9　2005—2021年中日双边服务贸易占比变化图

随着中国参与全球价值链的不断深化，中国对生产性服务业的需求不断增加，而同期中国自身服务业竞争力没有得到及时提升，双重因素叠加下中国对日本服务贸易的进口额不断扩大。随着中国成为日本第一大贸易伙伴，中国在日本服务贸易中的地位不断提升，2021年中国占日本对外服务贸易总额的10.7%，相较于2005年上涨约7个百分点。尤其是在出口服务贸易中，2005年中国占日本服务贸易对外出口总额的4.7%，2018年提升至

16.7%，2019年后有所下降，2021年再次上升至13.5%，上升趋势明显。

客观而言，尽管中国服务贸易规模居于世界第2位，贸易规模远大于日本，但是始终存在大而不强的问题，服务贸易逆差不断扩大，成为制约中国服务贸易良性发展的严重隐患。值得欣慰的是，近年来随着中国不断出台服务贸易、数字贸易创新发展政策，积极探索全面深化服务贸易创新发展试点总体方案，签署了《中日产业合作基金谅解备忘录》等多个服务贸易领域的政策文件，持续激活中日服务贸易发展动能，中国对日本服务贸易出口额开始稳步增长，从2005年的占日本服务贸易进口总额的2.8%稳步提升至2021年的8.4%，发展前景广阔。

3. 贸易结构

基于EBOPS 2010分类可知（如图10所示），2005年至2021年中日双边服务贸易累计金额中，旅行服务占比26.6%，占据首位。[①]中日双边旅游服务贸易是中日经贸合作的重要领域，中国赴日旅游人数从2014年开始井喷式增长，2019年新冠疫情前中国大陆游客占日本入境游客总人数的三分之一。日本观光厅最新数据显示，2023年访日外国游客数量为2506.6万人，入境游为日本带来了386亿美元的收入，对日本经济的贡献仅次于汽车

① EBOPS 2010和中国国际收支平衡表均将服务贸易按照BOP统计框架分成相同的12大类，其分类代码对应关系为：SA-加工服务，SB-维护和维修服务，SC-运输服务、SD-旅行服务，SE-建设服务，SF-保险和养老服务，SG-金融服务，SH-知识产权使用费，SI-电信、计算机和信息服务，SJ-其他商业服务，SK-个人、文化和娱乐服务，SL-别处未提及的政府服务。

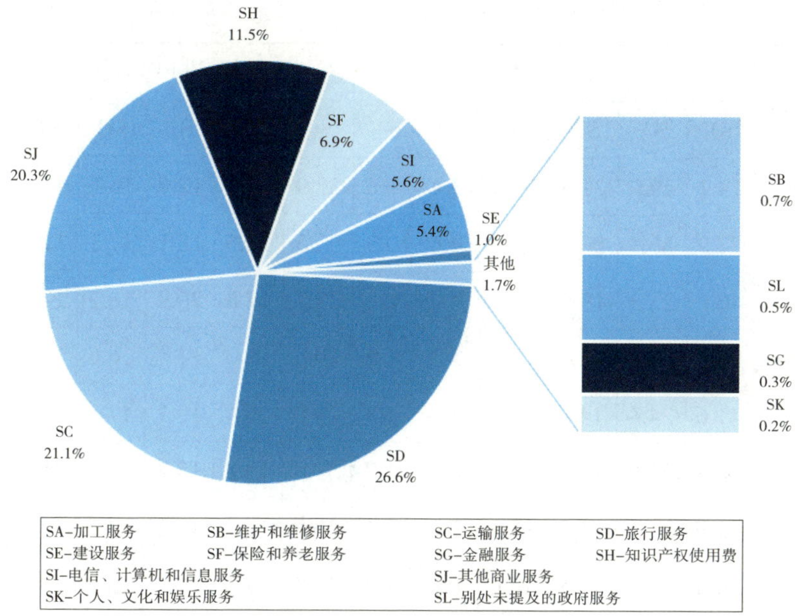

图10　2005—2021年中日双边服务贸易不同分类累计金额占比图

出口。[①]与此同时，日本来华旅游人数也在不断增多，国家统计局数据显示，新冠疫情前的2019年，日本是中国第一大国际游客客源地。此外，运输服务、其他商业服务、知识产权使用费、保险和养老服务贸易规模逐步扩大，依次占据2005年至2021年中日双边服务贸易累计金额的第二至第五位。

从年度变化趋势的角度来看，如表5所示，中国对日服务贸易出口中除了其他商业服务占比较高且保持稳定发展外，加工服务和旅行服务所占比重在缓慢下降，运输服务、电信计算机和信息服务所占比重上升趋势明显，尤其是电信计算机和信息服务。中国对日服务贸易进口中保险和养老服务、其他商业服务所占比

① 数据来源：潘寅茹．《日元汇率创38年新低！入境游对日本经济贡献高居第二》．第一财经．见于 2024年9月17日．https：//stcn.com/article/detail/1248856.html.

表5　2005—2021年中日服务贸易分类别占比（单位：%）

年份	出口分类						进口分类					
	SJ	SA	SD	SC	SI	SE	SC	SF	SJ	SH	SD	SI
2005	29.1	29.0	21.3	15.6	3.4	0.6	32.9	17.8	17.6	16.7	13.6	0.7
2006	28.9	26.5	20.3	18.1	4.6	0.5	32.5	18.6	18.1	17.1	12.4	0.7
2007	40.0	23.3	13.5	17.3	4.4	0.7	31.7	17.8	20.9	16.2	12.1	0.7
2008	38.8	23.4	12.4	18.0	5.3	1.2	29.8	18.0	21.7	16.6	12.5	0.8
2009	41.6	24.4	14.0	11.9	5.8	1.3	28.0	16.4	19.7	17.9	16.5	0.8
2010	38.8	23.9	13.2	14.6	6.6	1.7	31.0	18.8	15.2	17.0	16.6	0.5
2011	43.9	21.6	11.7	12.9	7.5	1.4	30.8	18.7	17.1	14.7	17.6	0.5
2012	39.4	21.8	12.5	14.6	9.0	1.2	29.2	17.5	12.9	15.5	23.8	0.5
2013	43.0	18.8	12.6	13.6	9.2	0.9	27.3	16.3	12.4	15.6	27.1	0.6
2014	48.7	15.4	9.8	12.7	10.1	1.3	21.7	13.1	8.4	12.7	42.5	0.8
2015	41.2	14.9	10.6	13.2	13.7	1.4	19.9	4.8	8.7	12.5	52.1	0.8
2016	40.2	13.9	11.4	11.8	15.1	1.9	17.0	6.3	8.2	12.8	53.0	0.9
2017	39.9	12.4	9.4	12.2	14.7	4.4	19.4	4.8	7.8	15.1	49.6	1.4
2018	37.0	12.3	7.7	11.4	21.1	3.9	20.1	5.0	7.5	16.8	47.2	1.6
2019	36.8	10.0	6.4	11.7	23.3	3.8	20.5	4.8	8.4	17.3	44.9	1.9
2020	37.6	8.3	2.9	14.8	25.7	3.0	25.0	7.7	11.5	27.4	22.6	3.3
2021	33.7	7.0	1.4	25.3	24.2	2.6	33.2	8.4	9.5	28.9	14.6	3.2

重在缓慢下降，而知识产权使用费所占比重在不断上升。中日双方服务贸易结构变化的深层次原因在于随着中国制造业逐步向数字化、科技化、高附加值方向发展，中国企业承担的单纯中间品加工的业务开始减少，在检验检测服务、信息技术解决方案服务、电子商务平台服务、物流运输服务等方面开始优化升级，国

际竞争力持续增强。这一系列成果推动了中国对日本在运输服务、电信计算机和信息服务等方面的出口额不断增加。同时，中国企业不断走出去，引进吸收国外先进技术，通过知识产权付费引进来增强自身科技实力。日本服务贸易体量位居全球前10位，知识产权服务、金融服务及政府服务都具有一定竞争优势，中国企业加大对日本知识产权服务进口力度，有利于增强自身实力，实现双方产业互补均衡发展。

但也要清醒认识到，中国在旅行服务方面同日本相比具有明显劣势，中日两国旅游市场发展并不平衡。2000年至2007年是日本来华旅游人数增长最快的时期，2007年入境旅游日本游客达到397.8万人，但此后受次贷危机、日本政府非法“购岛”闹剧、日元贬值带来日元购买力下降等多重因素影响，日本来华旅游人数不断下降。2018年中国赴日旅游人数达到838万人，是日本当年来华旅游人数的3倍之多。近年来，随着中日关系稳中向好，日本来华游客数量呈现恢复性增长趋势，但是与过去的高峰时期相比相差较大且增长乏力。

日本在旅游业发展方面积累了丰富的经验，其服务质量在国际上广受好评。日本政府很早就确立了“观光立国”战略，并借助《推进观光立国基本法》，以法律形式确认了以入境旅游为重心的旅游业国家战略地位，并积极推行《旅行业法》、《口译导游法》和《住宅宿泊事业法》等多部法律来保障入境游客权益，这让日本成为外国游客心仪的旅行目的地。2013年访日外国游客数量突破1000万人后，赴日外国游客人数每年都以超过百万的人数增长，2016年突破2000万人，2018年突破3000万人。相比之下，中国的旅游服务业还存在诸多短板和不足，亟须学习日本先进经验，并在签证、免税、通关以及航空网络等方面进行创新改革，提升游客体验，确保中日旅游交往保持平衡发展。

在养老服务方面，中日双方也有着广阔的合作空间。养老服务是未来需要重点发力的领域之一。据中国民政部数据，截至2023年底，中国60岁及以上的老年人口约为29697万人，占总人口的21.1%，中国处于人口老龄化早期阶段。但需要注意的是，中国老龄化呈现出数量多、速度快、差异大、任务重的形势和特点，预计到2035年，中国60岁及以上老年人口将突破4亿人，在总人口中的占比将超过30%，中国将进入重度老龄化阶段。而日本已经经历了较长时间的人口老龄化，65岁及以上老年人口占总人口的28.4%，已处于超老龄化社会，在医疗健康、养老护理产业的投资管理、人才培训和项目运营等方面积累了丰富的经验。未来中日两国在老年人口医疗护理、养老设施和健康旅游等领域具有较大的合作空间。

三、中日贸易合作的前景展望

回首往昔，中日贸易合作走过了波澜壮阔的70余年，在双方的共同努力下取得了丰硕成果，为两国人民福祉和世界经济发展作出了重要贡献。尽管从长期来看中日两国互惠互补、深度融合的贸易伙伴关系和日本经济发展动力不足而无法与中国“脱钩”的根本性格局没有发生变化，但从短期来看，中日经贸往来呈减速趋势，中美战略博弈升级，日本紧随美国参与制裁中国企业，俄乌冲突引致部分日本政客借机煽动扩军备战，中日经贸关系面临诸多不确定性，迟迟未能摆脱低潮徘徊的局面。在世界百年未有之大变局的背景下，为应对未来中日经贸合作可能遇到的挑战和风险，两国人民需要排除不利因素的干扰，同心同力、共谋发展，携手推动以下领域的务实合作。

（一）紧抓RCEP契机，稳定贸易环境

在RCEP框架下，中日两国首次达成双边关税减让安排，并承诺将大幅提高两国之间零关税产品覆盖率，促进区域累计原产地规则施行。这一协议的签署彰显了中日两国坚持自由贸易与多边主义的发展取向，也意味着中日两国将依托这一框架，形成深度融合的生产合作链，实现更大层面的互利共赢。RCEP 的生效实施，使得中日双方在诸多规则领域达成重要共识，为中日经贸关系进一步深化带来难得机遇。中日双方应紧抓RCEP生效契机，借助中日邦交正常化五十周年和《中日和平友好条约》签订四十五周年系列活动，努力推动中日两国领导层外交互访和沟通交流。双方应致力于深化战略互惠关系，构建契合新时代要求的趋稳向好的中日政治外交关系，消除双边贸易往来中的政治干扰和贸易摩擦等不确定性因素，为中日经贸合作提供稳定和平的内部环境。

受历史问题和地缘政治等多种因素影响，东北亚区域合作仍以次区域合作和双边合作为主。从符合东北亚区域整体发展利益的角度来说，参考RCEP协议，尽早突破中日韩 FTA协商过程中的诸多障碍难题，是未来东亚地区经济一体化的关键所在。

我国可以继续扩大中日两国的友好县市结对数量，深化成都、青岛等中日合作示范区的覆盖范围，充分发挥中日合作示范区的引领作用和示范效应，并将中日地方发展合作示范区的成功经验在全国范围内进行推广，推进中日两国文化交流和人员往来，鼓励两国地方友好城市以多样化的形式开展交流互动，增强彼此间的了解和信任，以民心相通来稳定双方贸易往来外部

环境。

日方也应尽早取消“全管制”（CATCH-ALL）最终用户清单制度，深刻认识到《经济安全保障推进法》对中国的技术封锁的巨大危害，尽早将中国90多家实体移除该清单，取缔对中国高性能半导体制造设备出口管制不合理措施，避免受美国“长臂管辖”的无理影响，保障中国企业的合法利益。中国是日本最大的贸易伙伴和出口产品市场，是富有活力的超大规模市场，大搞“小院高墙”“脱钩断链”只会两败俱伤。事实上，加强中日经贸合作是日本摆脱经济困境、实现经济稳定增长的不二选择。

中日两国作为区域内大国，理应重温初心、相向而行，积极参与WTO、G20、亚太经合组织等，开放包容、互利合作，共同发掘东亚地区经济的增长潜力，提升东亚地区在全球经济格局中的重要性，携手推进国际贸易秩序多样化发展和全球治理更加公正公平，用互利共赢来推动“后疫情时代”全球经济复苏和稳定增长。

（二）顺应产业变迁，优化贸易结构

自2010年中国超越日本成为全球第二大经济体以来，中国本土先进制造能力不断提升，加之中国拥有超大规模的市场优势、完备的工业体系和数智新兴产业发展优势，在全球产业链中不断向高端攀升，传统“日本研发+中国生产”模式难以为继，逐渐回落。当下中日产业在全球市场上重合度较高，电子、汽车等高端制造业面临相互竞争态势，部分日本国内右翼势力开始鼓吹叫嚣“中国威胁论”，导致双方贸易摩擦时有发生。

面对这一新时代新现象，中日双方都应该深刻认识到，从劳动密集型到资本密集型再到知识密集型的升级发展是世界各国产

业发展的共同规律，两国人民都应顺应这一产业变迁客观规律，正确认识中日贸易结构的变化，以及大国技术竞争长期存在，但“你中有我、我中有你”的全球化分工趋势不可阻挡。尽管中日之间“雁阵模式”确立的垂直分工模式已经不再适用，但同时包含“垂直分工”与“水平分工”的中日网络复合分工结构仍可以继续推动区域内资源高效配置，中日两国产业结构的非同构性和高端技术领域的互补性仍然存在，拥有较为坚实的合作基础和广阔的合作空间。

中日两国可建立互利共赢的规范和规则，不断调整优化亚太产业链、供应链布局，探寻互利共赢的多元化合作契机，努力寻求更多利益交会点。日本是世界高端光刻胶重要来源地之一，中日双边可联手向半导体、光刻机、工业机器人、商用飞机等更高端产业领域迈进，为两国产业共同升级和维护全球产业链、价值链稳定而努力。除商品贸易外，中日两国还应积极优化贸易结构，强化信息化技术、应用软件、污染防治、节能减排等新兴前沿领域合作，利用大数据、物联网、人工智能等新技术驱动产业升级与跨界融合，扩大双边服务贸易往来，拥抱跨境电商、数字贸易等新贸易业态。

（三）扩大综合保税区试点，创新贸易方式

现阶段环绕中日经贸关系的外部环境趋于恶化，挑战明显大于机遇，加之难以预料的“灰犀牛”“黑天鹅”事件随时可能发生，各种不确定性影响叠加。尽管中日在政治往来中波折不断，但市场行为的贸易往来却从未间断。有鉴于此，中日两国应该积极拓展创新贸易方式，通过加强跨境贸易本币结算、商业银行跨境经营、海关检验标准统一等方面的制度化合作，创新贸易合作

方式，尽可能地降低贸易成本和贸易不确定性。

综合保税区是当前我国海关特殊监管区域的最高形态，给予进出口企业在区域内从事保税贸易或保税加工业务的优惠政策，能够有效降低地区贸易成本，有力发挥促外贸、引外资、引领新业态和推动特殊监管区域综合性发展的积极作用。要在更大范围内推广“选择性征税”试点制度，允许区内企业在向区外销售应税货物时，可以比较原材料和成品的不同进口税赋，权衡利弊后选择对自己有利的方式缴税，赋予企业更大的选择自由权。

鉴于中日之间机电产品贸易比重大、互补程度高，我国海关可积极开展保税展示交易制度和保税维修制度，为中日两国企业产品展示宣传、设备维修检测、精密仪器维护保养等提供更大程度的便利。同时，允许更多的日本企业设立在综合保税区内，给予其区内一般纳税人资格，使其能够享受境内采购原料抵扣增值税、进口原料保税等税收优惠政策，让更多的中日双边之间来料加工贸易和进料加工贸易在综合保税区内完成。中日双方可针对跨境电商、数字贸易等新兴贸易方式，试点施行小额商品免除消费税和关税的优惠制度，推进数字证书、电子签名的国际互认，逐步从正面承诺清单转向负面承诺清单，深化跨境电商综合试验区建设，引导多元主体投入加快海外仓布局，为电子商务创造有利环境，更大程度释放中日双边贸易潜力。

（四）深化第三方合作，拓宽贸易空间

中日同为世界经济大国，经济上相互依存度高、利益交会点多、产业联系紧密，日本在精密仪器制造、高科技研发等方面具有领先优势，中国在产能资源、资本储备和项目执行效率等方面优势明显，双方在高端制造、基础设施建设和金融服务等领域具

有较大的合作空间。中日两国在多年的双边经贸合作中已经成功构建出“日本提供高端零部件—中国进行组装生产—销往欧美市场”的三角贸易结构，这种三角贸易结构为中日两国在第三方市场实现合作共赢奠定了坚实的基础。合则两利，斗则俱伤，中日两国加强深化第三方市场合作共赢，有机结合中国的产能优势、日本的技术优势和第三国的发展诉求，不仅有利于中日两国企业共谋共享发展成果，避免同质化竞争，也能为第三方市场带来更大经济利益，产生多赢的溢出效应。

我国企业要探索远亲近邻共同发展的新路径，积极落实《关于中日第三方市场合作的备忘录》有关安排，推动已确认项目尽快落地，并加大中国-东盟博览会的宣传力度和内容深度，推进中日企业通过中国-东盟博览会平台共拓共享RCEP第三方市场经贸合作新机遇。在金融投资方面，亚洲基础设施投资银行和亚洲开发银行等金融机构可采用银团贷款、联合融资等多种方式，或以股权参与形式共同设立第三方投资基金，为双方共同投资的第三方市场项目提供多元化融资渠道，实现合作共赢。中日两国也可利用中欧班列、中哈物流基地等通道，扩大在中亚、欧洲等地区的合作，联合投标、共同投资，共享有关第三方市场信息。

同时，日本应当深刻理解自身“印太战略”和中国“一带一路”倡议之间的互补性，消除不必要的战略疑虑。东亚地区未来发展潜力巨大，中国或者日本都无力独占市场以满足如此庞大的市场发展需求。“印太战略”和中国“一带一路”投资领域高度契合，产业互补程度高，中国共商共建共享与日本创建自由公正经济圈的本质目标相通。中日双方协调对接技术标准、立法互认以及市场准入机制，整合各自优势共同开展第三方市场合作，改善竞合结构，规避零和博弈，致力于增强互信、管控分歧，构建契合新时代新要求的中日经贸合作机制，是中日两国合作由“低政治领域”向“高政治领域”延伸的重要尝试。

来源：《日本研究》 2024年第3期，有改动

作者：余淼杰 路玮孝

第五篇

创新实践与人才培养

发展新质生产力归根结底要靠创新人才

新质生产力的关键在于新业态

记者：您怎么理解新质生产力？究竟“新”在哪儿？

余淼杰：作为中国经济增长的重要推手，新质生产力是符合新发展理念的先进生产力质态，源泉来自创新，尤其是基础研究方面的创新，主要目标是提升全要素生产率，关键在质优，以新促质、以新提质是新质生产力的核心。应加强科技创新，特别是原创性、颠覆性科技创新，加快实现高水平科技自立自强，打好关键核心技术攻坚战，培育发展新质生产力的新动能。

记者：现在各个代表团都在讨论发展新质生产力，怎么因地制宜？

余淼杰：发展新质生产力肯定要因地制宜，不能够一哄而上，要处理好传统产业与新质生产力、新兴产业的关系。就辽宁而言，未来产业如AI、高端装备制造以及现在所强调的22个产业集群，这些可以作为发展重点。也就是说，一个是未来产业，一个是新兴产业，都是发展方向。

对其他地方而言，要协调好实体经济和金融方面的关系，金融是服务于实体经济的。同时，要防止出现结构性问题。新质生产力是很重要的，通过新业态、新动能、新规模来引导生产力，要提升更高的目标，提升企业的全要素生产率。

记者：结合新质生产力的要求，辽宁大学的学科建设可能有哪些新的调整？

余淼杰：我们在持续加强学科建设，聚焦两个方面。首先是以经济学科为主线，经济学科是东北唯一的世界“双一流”学科，所以我们要继续发展长板。其次是要补短板，理工科原来是我们相对薄弱的学科，所以要加强理工科的建设。我校潘一山书记获得了中国工程院院士，之后还会有国家实验室获批，建设好国家实验室是具体的举措。我们“两条腿走路”，一方面继续加强“双一流”经济学科的强学科建设，包括以经济学科为基础的法学科、纪检监察学科方面的一个“支”的支撑。另一方面要把理工科的短板补上来。

加大东北引才政策支持

记者：聚焦东北而言，发展新质生产力如何引进人才、留住人才？

余淼杰：人才是第一资源，发展新质生产力归根结底要靠创新人才。结合以高水平开放促进东北高质量发展的背景，这次我提出了关于建立高端人才统一流动大市场的建议。我们要按照发展新质生产力要求，完善人才培养、引进、使用、合理流动的工作机制，实施更开放的人才政策，促进人才流动，助力东北加快实现全面振兴。

记者：您调研过东北三省人才的现状吗？

余淼杰：这几年，东北三省特别是辽宁在人才的“引育留用”上做了很多创新，“孔雀辽沈飞”已成燎原之势，但也应该看到，东北三省在吸引人才方面面临一些挑战，主要是在引进高层次人才，尤其是基础研究领军人才方面有一定难度，企业和科研院所在引进一些基础科研人员和高校毕业生时相对局限。具体来说，东北地区科技与研发人员相对不足，科研人员流入较少，高层次人才稀缺。

记者：在这种情况下，如果希望激活人才资源，东北还有哪些潜力可以挖掘？

余淼杰：激活人才要素资源，东北地区有着良好基础和独特优势。这主要得益于东北地区坚韧的产业基础、厚实的教育资源以及良好的医疗卫生条件。近年来，东北地区居民的健康水平和教育素质大幅提升，在全国具有明显的先进性。首先，东北地区居民健康状况较为理想；其次，东北高等教育毛入学率早于全国3年达到50%，东北地区居民受教育水平较高；同时，东北地区人口城镇化水平走在全国前列；等等。这些都是东北激活人才的优势所在。

记者：为促进东北吸引优秀人才落地，您有哪些建议？

余淼杰：第一，优化东北地区人才“引育留用”政策，理顺吸引优秀人才来东北就业的体制机制。第二，建议国家完善相关制度法规，当地的主管部门要依法依规行事，对有意来东北工作的人才不得以任何形式变相刁难卡留。第三，加强对高端人才的支持，以税收优惠等政策引才留才，释放人口素质提升“新红利”。

提升高铁服务，促进国内运输大循环

记者：您这次提出关于改善高铁服务的建议，是基于怎样的考虑？

余淼杰：这个建议全国人大很重视，已经在调研了。当前，乘坐高铁出行成为普遍优选。但目前，在服务手段数字化、服务意识人性化、服务场景立体化、服务流程简约化等方面，高铁服务仍然存在进一步提升的空间。例如，高铁车厢内旅客移动通信信号较弱、运力紧张时期的长短途供票配比遭受质疑、票据报销凭证及程序滞后于无纸化时代等。如果能改善高铁服务水平，从微观视角看，将提升旅客出行的便利性和舒适性，激励更多旅客将高铁作为第一出行选择，降低出行的时间成本；从宏观视角看，则能够更大限度地发挥高铁的交通可达性和便利性，从而促进国内运输大循环的畅通。

记者：针对这些问题，您有什么具体改善建议？

余淼杰：第一，全方位加强数字技术赋能，高精度优化运力配置和提升数字化服务水平。第二，大范围普及城际间高铁“月票”，加速推动都市圈融合。第三，持续优化高铁人性化服务，满足不同类型旅客差异化需求。第四，多层次提升“12306”APP交互体验，优化“接、送、乘”一体式服务。第五，简化优化报销凭证相关手续，加速推进高铁无纸化报销等数字化技术服务工作。

来源：21世纪经济报道　2024年03月10日，有改动

赋能新质生产力　彰显高校新担当

2024年的政府工作报告提出，坚持教育强国、科技强国、人才强国建设一体统筹推进，创新链、产业链、资金链、人才链一体部署实施，深化教育科技人才综合改革，为现代化建设提供强大动力。辽宁大学校长余淼杰在接受《光明日报》记者专访时表示，作为教育、科技、人才的交会点，高校承担着助力发展新质生产力的时代使命，更具有推动形成新质生产力的独特优势，尤其是东北地区高校，要聚焦谱写全面振兴新篇章的重大战略需求，深入思考如何回答好“发展新质生产力，高校何为”的崭新命题。

“高校服务新质生产力发展，主要把握两个基本问题，即做什么和怎么做。”余淼杰代表解释说，牢牢把握住人才和科技创新这两个关键要素，为发展新质生产力蓄势赋能，就是高校要做的事。

学科是高校发展的龙头，也是高校孕育新质生产力的先决要素。余淼杰代表表示，学科建设水平决定了高校为新质生产力服务的方向和潜力。应锚定改造升级“老字号”、深度开发“原字号”、培育壮大“新字号”的结构调整三篇大文章，深度聚焦补充、延伸和升级产业链的现实需求，有针对性地调整、优化学科布局，为发展新质生产力培厚土壤。辽宁大学学科门类齐全，能够全面对接东北产业转型升级和产业链布局的需要，从而更好适应东北新质生产力发展需求。特别是作为国家“双一流”建设高校，学校紧紧围绕服务国家重大战略和区域经济高质量发展凝练学科方向，聚力打造中国经济研究院、新结构经济学研究中心等高端智库平台，塑造东北经济内生动力。

“新质生产力的核心在于全要素生产率的提升，也就是技术进步与科技创新。”余淼杰代表说，从基础研究的角度来说，高校需要不断提升原始创新能力，大力推进有组织科研，加强科技创新特别是原创性、颠覆性科技创新，积极助力高水平科技自立自强。培育新质生产力应以强化产学研用为着力点，通过推动持续、密集的技术进步，提升产业技术水平和产品附加值。辽宁大学坚持以真实问题为导向，不断在提高创新平台能级、提升创新基础能力方面发力，积极打造技术创新策源地，深入推进“重大基础研究项目培育”等重点工程，着力解决东北特色现代化产业体系构建中存在的重大问题、突出问题和关键问题。

高校既是创新高地，也是人才中心。余淼杰代表表示，首先要切实提高人才自主培养能力，实现人才的有效供给。聚焦产业结构和产业发展需求，持续优化专业布局，不断提升人才供给与企业需求之间的匹配度，培养更多新质生产力发展急需的专业人才。大力加强基础学科拔尖创新人才选拔培养，支持研究生参与重大科研任务，为加强关键领域战略科技人才储备培养更多创新人才。其次要有效发挥人才集聚作用，实现人才的高质量供给。激活人才要素资源，需要政府和高校共同努力。从政府的角度来说，要理顺吸引人才来东北就业的体制机制，以预资助和专项资助等方式鼓励、支持高校毕业生和高端人才积极融入振兴东北战略。完善相关制度法规，对有意来东北工作的人才不得以任何形式变相刁难卡留。以税收优惠等政策引才留才，释放人口素质提升“新红利”。从高校的角度来说，要接好用好政策，抓住机遇大力推进高端人才队伍建设。双方要协同推动人才要素的充分流通，以人才“活水”为新质生产力提供发展之源。余淼杰代表介绍说，辽宁大学坚持引育结合，吸引了一大批专业领域的资深学者和海内外优秀青年人才汇聚辽大。同时，在校内深入挖潜，由中国工程院院士、国际经济学会会士领衔的一批杰出人才齐聚辽大、扎根东北、赋能振兴。在谈到进一步强化人才储备库作用时，余淼杰代表表示，辽宁大学将持续推动人才强校战略，继续完善人才服务保障机制，打造招贤纳才强磁场；全力搭建创新平台，垒建人才成长新高地，深挖人才蓄水池，为发展新质生产力提供有力的人才支撑。

来源：《光明日报》 2024年03月11日，有改动

记者：刘　勇

“文科大撤退”是一个短期现象 长期看不符合时代发展规律

辽宁大学校长、国际经济学会会士余淼杰在接受观察者网采访时表示，“文科大撤退”是一个短期现象，从长期发展的角度看，这不符合时代发展的规律。

余淼杰说，20世纪四五十年代，很多国家刚刚脱离半殖民地半封建社会，变成了新兴的独立国家。那时候，这些国家都特别重视发展理工科专业学科，因为大家认为，只有发展理工科，学好数理化，才能走遍全世界。因此，当时培养了很多理工科人才，因为培养得多，人才比例显著提升，所以他们之中走上领导岗位的人也比较多。

然而，到了全球化的高峰时刻，特别是金融危机来临的2008年之前，文科的重要性不断提升，包括经济、金融、财会这些应用型的、社科类的学科等。

“现在因为经济稍微受到了冲击，逆全球化思潮抬头，一些国家又特别强调科技方面的竞争，所以理工科的重要性有所上升。”余淼杰说，这是一个客观规律，但并不意味着文科不重要。

他举例说，如果我们现在想研究某一门语言，发现学的人特别少，就只有一个专家，那他就是“冷门绝学”“稀世之宝”。另外，某些学科可能因为设置过多且不是很实用而受到冲击。

余淼杰认为，从一个社会的发展规律来看，哲学社会科学是科学中的一颗明珠，发展程度越高的社会，越需要社会科学。“所以这并不是所谓的有用或者没用，而是没有更好地做到产学研用相结合。只要能做到更好地将产学研用相结合，一些文科专业其实在以后的发展中会发挥更加独特的、不可或缺的作用。”

来源：麦可思研究视频号　2025年03月21日，有改动

致北大国发院的四个关键词

2024年9月22日上午，北京大学国家发展研究院成立三十周年庆祝活动在北京大学百周年纪念讲堂举行。本文根据辽宁大学校长，国际经济学会会士，北大国发院原党委书记、副院长余淼杰教授的致辞内容整理。

尊敬的各位领导、各位老师、各位同学、各位校友：

大家上午好！非常感谢黄益平院长和雷晓燕书记的盛情邀请，让我在这个最重要的日子回到学院、回到母校。值此重要时刻，我想用四个词来表达对国发院的生日祝福。

祝　贺

祝贺国发院在过去三十年对中国教育界，特别是中国经济学教育界所作出的突出的甚至是不可替代的贡献。一个好学校或一个好学院的标准或使命是什么？在我看来有以下五点，而且国发院将这五点都做到了极致。

第一点，立德树人。国发院每年培养的学生大约有一千人，早年规模小一些，但三十年下来，也有两万多名校友。这些校友现在已经是各行各业的翘楚，在中国经济发展和中国经济学教育的发展中发挥着很重要的作用。以我们的经济学博士项目为例，国发院的博士生质量非常高，在学界是“靠谱”和“优秀”的代名词。

第二点，科学研究。国发院师生在国内外的顶刊发表了诸多有影响力的高被引论文，很多老师的著作成为研究中国经济的经典著作。比如林毅夫老师的《中国的奇迹：发展战略与经济改革》，是研究中国经济的必读书目之一。

第三点，智库建设。智库建设“两条腿”走路，既咨政又启民。国发院是国家认定的首批25家高端智库之一，国发院老师的很多政策建议被中央采用，对推动中国经济社会的发展作用不小。同时，国发院通过出版简报、举办讲座论坛等方式推动公共讨论，普及经济学、管理学等学科常识，对社会各方面产生了很大的影响，真正做到了“致君尧舜上，再使风俗淳”这样的境界。

第四点，社会影响。长期以来，国发院的每位老师在自己的研究领域时刻关注中国真实的经济问题。比如，林毅夫老师对社会主义新农村建设的研究，周其仁老师对电信改革的研究，易纲老师还有黄益平老师对金融强国的研究，海闻老师对加入WTO的研究，张维迎老师对国企改革和企业家精神的研究，卢锋老师对产业链贸易的研究，曾毅老师、赵耀辉老师、雷晓燕老师对人口和健康老龄化的研究，李玲老师、刘国恩老师对医疗改革与健康发展的研究，张帆老师对中美博弈的研究，陈平老师对历史大格局的研究等，从多个角度为推动中国经济发展提供了智力支持。由此，我想起我在辽宁大学2024年本科生毕业典礼中说过的一句话：“已识乾坤大，犹怜草木青。”国发院老师们的研究反映的都是他们对民生的关爱和对民族复兴的殷切期望。

第五点，国际交流。林毅夫老师担任院长的南南合作与发展学院，培养了一大批亲华爱华的国外精英。我们用自己的实际行动践行了习近平总书记所讲的“百花齐放春满园”的美好愿景。

过去三十年，国发院在以上五个方面都做了典范，值得敬佩。作为一名在国发院工作过的老师和北大校友，请允许我向国发院的每位老师致以深深的敬意。

感　谢

2006年，我被林毅夫老师招聘到国发院工作，2022年调任离开北大。在这十六年中，我的每一步成长都离不开国发院每一位老师的栽培、关爱、指导、帮助。由于时间关系我不能一一列举，但是我想特别感谢四位老师。我特别感谢林毅夫老师，我刚加入国发院的时候，在“如何讲好中国故事、如何发出中国声音”的课题研究与论文写作方面，林毅夫老师给了我非常多的指导和建议，让我受益终身。特别感谢周其仁老师，从他身上我学到了如何研究真实的经济问题。特别感谢胡大源老师，通过讲述朗润园的故事，让我学会了如何守正创新、如何继往开来。还要特别感谢邢惠清老师带领的学院行政团队，在国发院的十六年中，我的生活离不开邢老师团队的巨大帮助。

感　恩

非常感恩，我们非常幸运地生活在这个五千多年来最好的大时代。更为感恩的是，在国发院碰到了这一批中国最美的老师，正是他们的加持，我们在座的每一个人才有机会成为更好的自己。

在国发院，我们学到了知识，使得我们有可能“为往圣继绝学”；更为重要的是，我们学到了一种理念、一种精神，那就是“为天地立心、为生民立命”的家国情怀。因为有了这样的初心，所以我们做到了知行合一，去研究真实的世界，为了做事而入世。保持这样的初心，我们每个人都能够为推动中国的现代化贡献自己微薄的力量。

祝　愿

中国有一句古话叫“三十而立”，所以三十岁是好日子。祝愿北大国发院在三十岁这个美好的日子里继续保持朝气蓬勃的初心，保持一往无前的锐气，在新的三十年再创辉煌，为中国的教育界和国家发展作出更大的贡献。

同时，祝愿北大国发院的每位老师身体健康、吉祥如意，祝愿在座的每一位前程万里、心想事成。

来源：北京大学国家发展研究院成立三十周年庆祝活动

2024年09月22日

为民族复兴而读书
——在饶平县第二中学百年校庆上的讲话

敬爱的各位师长，亲爱的校友、同学们：

大家好！

很荣幸受邀参加二中百年校庆并作为校友代表发言。于母校而言，我只是万千毕业生中的一员。但于我个人而言，能够在阔别母校31年后的今天，与恩师、同窗、校友和学弟学妹们共同见证母校百年华诞，是我莫大的殊荣。有幸共同见证母校在潮州市委、市政府的亲切关怀下，在饶平县委、县政府的关爱指导下，在全校师生的不懈努力下，已成为国家级示范高中，我感到非常骄傲，此刻心情也非常激动。请允许我用三句话表达我的心声。

第一句话是感恩母校。

饶平是我的家乡，是生我养我的地方。古往今来，钟灵毓秀的饶平以其丰厚的文化积淀，培育、造就了一批又一批人杰英才，星辉璀璨，光耀史册。我为自己是饶平人感到骄傲，更为家乡有饶平二中这样一所百年名校感到自豪。丽泽湖畔，栖云山旁，巍巍学府，百年荣光。这里的每一处风景，都承载着我们共同的记忆，每一块砖石，都见证着世纪的辉煌。从1987年到1993年，我和在座的校友、同学们一样，满怀渴望与期冀，在这里度过了难忘的6年时光。如今重返校园，闻弦歌不辍，听书声琅琅，敬学脉相承，颂桃李芬芳，在感叹百年二中积厚流光的同时，仿佛“出走三十载，归来仍少年”，自己也回到了那蒸腾热烈的青春年华，回到了那蓬勃昂扬的美好时光。彼时“涑玉泉边，佳木正郁，阳光正好”；彼时“书山有路，学海无涯，希望无限”；彼时“潇洒恣意，指点江山，挥斥方遒”。六载苦读，石壁山的沉稳，涑玉泉的甘甜，见证了我年少的憧憬，揭开了我梦想的起点，承载着我一生的回忆。时至今日，二中依然是我魂牵梦绕的地方，梦境中时常出现我骑车快下大门斜坡，开启愉悦的一天。我十分感恩在人生的起步阶段，就读于如此底蕴深厚的学校，遇到如此乐教爱生的老师，帮我们扣紧了人生的第一粒扣子，塑造了我们崇德明理的价值导向，赋予我们求实创新的精神内核，更铺就了我们永不言弃的人生底色。对我来说，在过去三十年的每一点进步，都源于饶平二中的精神和文化给予我的灵魂浸染与升华。也正因如此，才让每一个走出二中的人都把二中当作自己永远的精神家园。在这里，请允许我代表广大校友，特别是1993届高三（五）班的毕业生，向母校致以最崇高的敬意和最深切的感恩，诚挚感激母校对我们的悉心栽培和无尽关爱！

第二句话是感谢教诲。

我最幸运的事，就是在人生每个阶段都遇到了好老师。我小学就读于海山镇美宅村小学，五年级时到饶平师范附小插班。美宅村小学的林吉亮校长是我的启蒙之师，正是因为林校长始终叮嘱我一定要志存高远、勤勉笃行，才让我从海边的小渔村一步步走到今天。1987年，得益于饶平师范附小各位老师，特别是班主任吴泽玲老师的悉心指导，11岁的我斜挎着单肩书包，坐着我姐姐余玩冰（1992届校友）的自行车，开心地迈入二中的校门，开启了我的中学生涯。我有幸在这里得到多位恩师的关爱与指导，特别是语文老师詹继武校长，政治学科余彬生老师、詹琳琛老师，历史学科詹国强老师，物理学科吴惠文老师、吴序强老师，初中班主任、数学学科林长鸿老师，高中数学学科陈祯智老师，英语学科杨晓红老师，地理学科张瑞顺老师，等等。特别值得一提的是，詹继武校长也是我姐姐余玩冰的班主任。这些老师为我们启智润心、精诚授业，为我们求学成才培厚了发展的根基。当时学到的知识，比如历史，到今天我仍然能倒背如流。还有负责学校后勤管理服务的郑国材校长，图书馆汤璧辉老师，欧惜练校长，都为我们提供了很大帮助。每每想起老师们对我们的无私栽培、对我们的好，我都非常感动，甚至可以用“泪目”来形容。正是因为有这些好老师的倾心传道、奋力托举，二中学子无论走到哪里，都唇齿相依、情感深厚。我在毕业之后，一直得到二中师兄和同窗们的关心与帮助，在工作中遇到二中的校友，心里也总觉得格外亲切。特别是北京大学黄道林老师、中山大学陈春声书记和余敏斌书记，是老学长，是大前辈，也是我的老师，无论是在我求学期间，还是在我走上学术道路之后，始终在我需要时施以援手，在我困惑时指点迷津，对我的成长给予了莫大的鼓励和扶持。借母校百岁生日的重要时刻，也向各位老师、各位学长、各位同窗表达我刻骨铭心的感动和铭记终生的感恩！

第三句话是感怀成长。

带着二中师长们的谆谆教诲，我本科在中山大学求学，之后在北京大学读研，后来在美国加州大学读了博士，第一份工作在香港大学，之后在北京大学工作了16年，2年前到辽宁大学工作，成为一名老师，接过了母校二中“敷教育才”的接力棒。一路走来，有些心得与感悟，想借今天这一难得的契机，与学弟学妹们分享。周恩来总理13岁时就立下了“为中华之崛起而读书”

的宏伟志向，同样青春年少的你们，处在五千多年来最好的时代，更要志存高远，厚植家国情怀，勇担时代使命，为民族复兴而读书，修身齐家治国平天下，将个人成长与国家发展紧密相连，将自身涵养的情怀、修炼的品行、汲取的知识、掌握的本领，融入国家所需、时代所求，在风云变幻中始终头脑清醒、步履坚定，尽少年之义，全天下之责。

首先，立志当如山，登高以望远。“海纳百川，有容乃大；壁立千仞，无欲则刚。”格局和视野比习得的知识和技能更为重要，无论身处人生哪个阶段，都要打开视野、把握方向，因为方向和趋势比速度与激情更为关键。你的格局和视野决定了人生的高度。人生的意义，不在于名禄，而在于个人的存在能不能给社会创造价值、带来进步、作出贡献。人生最大的快乐，也不在于财富的积累，而在于知识的获取。只要你今天比昨天多收获了一点，那你今天就过得很有意义。就我本人而言，之所以选择从事教育，就是因为教育能让人看到光，“受光于庭户见一堂，受光于天下照四方”，这是功德无量的工作，更是利在千秋的事业。当然，你们今后不一定要从事教育工作，因为你们的未来有无限可能，但是无论选择哪一种行业，希望你们能记住一句话，那就是青春从来系家国。个人发展若不能与国家发展、民族复兴同向而行，则“皮之不存，毛将焉附”。自古以来，我国知识分子就有“为天地立心，为生民立命，为往圣继绝学，为万世开太平”的志向和传统。要顺时代浪潮而行，深刻洞察人类发展进步潮流，在把握规律、熟悉规则中，抓住时代带来的机遇，然后再努力成为助推时代的人。“致君尧舜上，再使风俗淳。”只有志存高远，才能以铁肩担道义，以热血报家国，以奋进蓄动能，以正气领先声。

其次，求知当如竹，思新以图强。“新篁才解箨，寒色已青葱。”知识的更迭如同草木枯荣、笋破成竹，唯有独立思考、批判继承，才能在原有基础上不断探索新规律，催生新认知。我们常讲老师要传道授业解惑，实际上还需靠自己不断领悟，解开心中疑惑。这就要求我们必须有独立思考的能力，只有不断思辨，才能实现道正、业精。无论哪个阶段的教育，其关键都在于培养学生思考的能力，使学生成长为具有科学精神、批判思维、学术素养和创新能力的卓越人才。这也是未来大家应对各种复杂局面、处理各种棘手问题、提出各种创新方案的核心能力。我常告诫学生们，只要是对的，即使只有你一个人在坚持也要坚持。如果连自己的信念都无法坚持，那么这个世界又怎能期待更多的独立和创新呢？大家要学会质疑和分析问题，发展独立思考的能力。“暮色苍茫看劲松，乱云飞渡仍从容。”只有脚踏实地地做，海阔天空地想，保持“常打问号”的清醒，才能始终保持内心的丰盈与坚定，保持追逐梦想的自信与决心，胸有丘壑，自信前行。

最后，奋斗当如水，源远以流长。“不积跬步，无以至千里。不积小流，无以成江海。”我们要向古代的法家学习，学习他们弃易行难，明知不可为而为之的精神，自强不息，厚德载物。如果说人生是一场马拉松，我觉得重要的只有两步：一是开始；二是继续。因为往往不是看到希望才坚持，而是坚持下去才有希望。不要执着于一时的得失，人可能会失败一次两次甚至更多次，但是不会失败一万次，只有内心强大的人才能走到最后。同样，成功的关键也不在于一时的成就，而在于持续的努力和自我提升。每个阶段的学习和挑战都是个人职业生涯的宝贵资产，一定会在未来的某个时刻让你受益。寒窗远不止十年，考上心仪的大学也只是万里长征的第一步，要一辈子活在自己的“大学”中，以谦虚的心态勤于学习，以“常无”的心态善于学习，以求真的心态乐于学习，把学习作为永恒的主题和毕生的追求，坚持“学一生，一生学”，学习中华优秀传统文化，学习儒释道墨兵法，学习各种先进知识，锲而不舍、驰而不息。没有比人更高的山，没有比脚更长的路，只要不忘初心、坚持不懈，你就会发现，天其实并不高，海其实也不远。“历尽天华成此景，人间万事出艰辛。”只有向下扎根、向上生长，才能用坚持铺就人生底色，用努力创造锦绣未来。

同学们，正如习近平总书记指出的，当今世界正经历百年未有之大变局。当前，国际环境风高浪急，国内改革艰巨繁杂，你们会面临前所未有的挑战，也会面临千载难逢的机遇。正如毛主席教导我们的，“世界是你们的，也是我们的，但归根结底是你们的”。作为祖国的未来、民族的希望，你们要立时代之潮头，领时代之先声，始终保持“舍我其谁”的勇气与担当，破晓而生，载梦起航！

学弟学妹们，青绿相接，薪火相传。今天的你们，正如30年前的我们，踌躇满志，意气风发，但与时代浪潮同频共振、与二中发展同向而行的你们，必将踏上更加波澜壮阔的璀璨征程，创造更加熠熠生辉的美好未来。作为学长，我衷心祝福你们一路繁花、前程似锦，更希望你们未来无论是“居庙堂之高”，还是“处江湖之远”，都能怀揣“已识乾坤大，犹怜草木青”的大义与良善，学以致用、赤诚报国，兼济天下、造福苍生。

再次感谢母校邀请我共襄百年盛典。一百年栉风沐雨，一百年奋楫争先。在这个重要的历史交汇点上，我衷心预祝饶平二中在第二个百年征程上继往开来、再续华章，为国家发展培育出更多的杰出人才，为时代进步贡献出更大的二中力量。愿我们的母校在未来的岁月里，桃李满园、英才辈出；愿每一位老师身体健康、工作顺利；愿每一位同学学业有成、知行合一，破晓而生、光芒万丈！

谢谢大家！

来源：饶平县第二中学百年校庆　2024年11月23日

已识乾坤大，犹怜草木青

——在辽宁大学2024年本科生毕业典礼暨学位授予仪式上的讲话

亲爱的同学们，尊敬的各位嘉宾、校友、老师们：

大家上午好！

今天，我们相聚蒲河之畔，隆重举行辽宁大学2024年本科生毕业典礼暨学位授予仪式，共同见证本届4112名本科毕业生圆满完成学业。在此，请允许我代表潘一山书记及学校其他党政领导班子，代表全体师生员工，向全体毕业生表示最热烈的祝贺！向所有奋战在立德树人岗位上的老师表示最崇高的敬意！向始终关心和支持学校建设发展的家长、校友以及社会各界朋友表示最衷心的感谢！

同学们，四年前，你们带着梦想与希冀来到辽宁大学。这一路走来，你们与母校“并肩行”。因为有你们，学校“双一流”建设目标圆满达成。这一路走来，你们与时代共成长。因为有你们，今天的中国比历史上任何时期都更接近、更有信心和能力实现中华民族伟大复兴的目标。这一路走来，你们看到了大学之美、乾坤之大。在这四年里，你们奋发图强、斗志昂扬，共同见证了“你我向上，家国向前”的璀璨征途；在这四年里，你们同窗并椅、焚膏继晷，共同谱写了“芝兰之交，有志竟成”的青春芳华；在这四年里，你们以书为伴、教学相长，共同绘就了“令公桃李满天下，何用堂前更种花”的师生情谊。

今天，你们将从辽宁大学出发，奔赴下一段旅程。你们中的部分同学选择在国内升学，有的留在母校深耕，有的将赴北京大学、复旦大学等高校继续深造。部分同学选择了“三支一扶”“西部计划”等项目，立志服务人民、扎根基层。部分同学选择去国外求学，打开视野看世界。还有更多的同学将发挥所学，从事自己热爱的职业，融入国家建设洪流。“鹤鸣于九皋，声闻于天。鱼在于渚，或潜在渊。”无论大家作出何种选择，相信都是基于对人生的审慎思考和对未来的无限期许。

亲爱的同学们，母校感谢你们！感谢你们在校四年点点滴滴的努力，你们不负自己，更荣耀辽大！感谢你们数载持之以恒的拼搏，你们不负未来，定征途远大！今天你们将离开母校，赶赴新征程。临别之际，我有千言万语却不知从何说起。在反复思考后，我想到了每次读到、念到、想到都达观入心、温暖满怀的一句诗，“已识乾坤大，犹怜草木青”。这句诗出自儒学大师马一浮的《旷怡亭口占》，诗的本意是即便是经历世事沉浮，阅尽人间沧桑，当俯下身子看到草木生发，春风又绿，依然能够生出喜悦之情。同学们即便已见识过世界的辽远壮阔，依然要对弱微的生命个体保持怜爱与关心。也就是说，只要天下有一个人在受苦，我们也感同身受，如同自己在受苦；只要天下有一个人在受难，我们也如身临其境，就像自己在受难一样。走向社会，大家既要有铁肩扛大义的担当，又要有怀揣世间大爱的情怀；既要意气风发、纵横天地，也要以仁存心、博爱苍生。

习近平总书记指出，人类应该和衷共济、和合共生，朝着构建人类命运共同体的方向不断迈进，共同创造更加美好未来。“已识乾坤大，犹怜草木青”所蕴含的格局与意境，与习近平总书记所首创的构建人类命运共同体理念高度契合。这两句话体现的是一种兼济天下的情怀，是一种质朴醇厚的人生态度，更是一种以爱己之心爱人、爱天下苍生的良善。因此，在同学们即将赶赴人生新征程之际，我重点分享我对这两句话的理解，和大家共勉。

一要望远，识乾坤之浩瀚

“已识乾坤大，犹怜草木青”，需要我们在前行的路上不断望远同行。亲爱的同学们，四年前，你们带着“春风得意马蹄疾，一日看尽长安花”的释然与兴致，意气风发地来到辽宁大学。四年后，你们将从这里蓄力同行。这同行，便是与家国同向，与时代同频，与人民同心。正如梁启超先生在《少年中国说》里提到的“天戴其苍，地履其黄。纵有千古，横有八荒。前途似海，来日方长”，希望你们在这“来日方长”的五千年以来最好的时代，“继往圣之绝学”，报国家，泽万民。

青春从来系家国，青年勇挑重担、勇克难关、勇斗风险，中国就能充满活力、充满后劲、充满希望。大学四年，你们走进院士讲堂、会士课堂，与科学巨匠、名家大儒交流对话，体会真理愈辩愈明；你们依托“宋则行名家大讲堂”等高端学术平台，由时事洞察原理，深入理解中国式现代化；你们用自己的脚步丈量白山黑水，发现辽宁之巨变，感受东北这个好地方，在国家振兴东北的战略中成长自我，根植家国。

从辽宁大学走出的你们，热血且理性，向上而通达。在这场欢愉的相送中，作为师长的我们竟和你们一样激情满怀，因为从这一刻起，4112个独立的你们，将以“已识乾坤大”的襟怀和气度，成为“受光于庭户见一堂，受光于天下照四方”的人；将以“犹怜草木青”的感知与良善，成为“冀以尘雾之微补益山海，荧烛末光增辉日月”的人。强国建设、民族复兴的接力棒传递到了你们的手中，接好这一棒，是青年之责任，也是青年之使命。要顺时代浪潮而行，深刻洞察人类发展进步潮流，在把握规律、熟悉规则中，抓住时代带来的机遇，然后再努力成为助推时代的人。要胸怀“国之大者”，积极投身中国式现代化建设，助力辽宁全面振兴，在打造新时代“六地”的火热实践中展现青年作为，贡献青春力量。

二要俯身，藏济民之良善

“已识乾坤大，犹怜草木青”，需要我们在前行的路上不断俯身济民。“君子于仁也柔，于义也刚。”辽宁大学拥有红色基因和深厚底蕴，我们培养的学生也是仁义并存、刚柔并济的。在你们当中，也不乏见义勇为、扶贫帮困、支教助学的杰出代表，用自己的实际行动践行了中华民族的传统美德，向社会展现了辽大青年心存大爱、挺膺担当的精神风貌，谱写了不畏艰辛、无私奉献的新时代正气之歌。不管身处何地，身处何境，我们都要心怀悲悯之心，深藏济民之良善，带着同理心去关爱身边的人，关注身边的事。鲁迅先生曾经说过：“无尽的远方，无数的人们，都与我有关。”这一句“有关”，有仁有德，有情有义，是人性的担当，也是生命的意义。同学们，此去前行，你们会迈入大千世界，会融于人间烟火，希望你们“心怀悲悯关苍生，深藏大爱济良善”。

愿你们成为谦谦君子，摒弃傲慢骄矜，常怀感恩之心，做到谦和大气、虚怀若谷、容载万物。追逐梦想可立凌云之志，为生民则俯身于地，感受青青草木之芬芳，体悟广袤大地之温度，带着同理心与时代同频共振，与人民同心共情。

愿你们成为仁人君子，长存“仁人恻隐”之情，但行“民胞物与”之志。无论走得多远，始终保持赤子初心，不计较个人得失，勇于担当、甘于奉献，无愧于心、无畏于行，以君子对正义的坚守和对仁爱的坚持，传播真善美，传递正能量。有一句话这样说，“生命的意义是如此厚重，无论我们怎样全力以赴，都不为过，因为我们生而为人，生而为众生”。

愿你们成为大雅君子，有道德、有修养、有才华、有学识，无论求学深造还是走向社会，都有“不忧一家寒，所忧四海饥”的悲悯之心，都有“但愿苍生俱饱暖，不辞辛苦出山林”的豪情壮志，都有“安得广厦千万间，大庇天下寒士俱欢颜”的高尚情怀。

三要昂首，书胸中之丘壑

“已识乾坤大，犹怜草木青”，需要我们在前行的路上不断昂首自信。“胸中元自有丘壑，盏里何妨对圣贤。”胸中丘壑，是我们在辽宁大学读过的那些书、上过的那些课、做过的那些实验所累积的厚重，是我们在理性认知的基础上对事物的判断与看法，更是我们走过路、历过事、阅过人后，心藏静气与定力的自信。希望同学们胸有丘壑，胸生层云，坚守本心，坚持自我。

要保持独立思考与清醒辨别的能力，乱云飞渡仍从容，尤其当前我们身处浪潮奔涌的AI时代，难以避免被信息包围，被大数据投喂，被算法解读，面对现实，拥有独立思考和自我表达的能力，显得尤为宝贵与重要。希望同学们不人云亦云，不随波逐流，不役于物，不受外界因素影响，始终保持清醒的辨别能力。只要是对的，这世界上即使只有你一个人在坚持，也要坚持。

要保持不为繁华易匠心，不因盲从失本心的能力，始终坚定自信。“己不自信，何以信于人。”辽大学生从来不输于人，也不逊于人。在我心目中，辽大就是中国最好高校之一。因为建校76年来辽大培养的30余万名毕业生，秉承着辽大人“明德精学”的精神，奋战在各行各业，为校之荣、家之兴、国之强、民之富“笃行致强”。以他们为榜样，今天的你们更应自信前行，始终保持内心的丰盈与坚定，保持追逐梦想的自信与决心，以自强之姿担当时代大任，因为成功的机会总是给那些勇于开始，并执着坚持的人准备的。希望你们静守丘壑，以赤子之心明真理、担大义。

四要登高，振凌云之双翼

“已识乾坤大，犹怜草木青”，需要我们在前行的路上不断登高蓄力。登高是攀学术之高峰，跃人生之高度，更是见世界之高远。每个人的理想抱负不同，每个人的选择和机遇不同，每个人的起点和征程也不同。今日离别母校，希望同学们以登高的心态，再立青云之志，再振凌云之翼。无论你们做何种选择，作为师长，作为母校，我们都坚定地支持你们，衷心地祝福你们！

希望继续深造、勇攀学术高峰的你们，“知不足而奋进，望远山而前行”，既如饥似渴读有字之书，也孜孜不倦读无字之书，在持之以恒的学习中，淬炼挺拔的精神，增强真正的本领。希望你们始终保持对真理的探知，不慕荣利，不务虚功，以“板凳要坐十年冷，文章不写半句空”的求实与执着，持续产出有思想高度、理论深度、文化厚度的学术成果，坚定地把论文写在祖国的大地上。

希望步入社会、血性打拼的你们，尽展辽大风骨，勇做中流砥柱，因为你们的母校在风雨兼程的76载征程里，书写了筚路蓝缕，以启山林的发展华章。你们的血液里、骨子里当有这份血性和韧性。不论前行的你们遇到怎样的挫折，请记得坚定如你、自信如你、勇敢如你，就没有什么能够轻易打倒你，因为你们是辽大人。

希望走出国门、融入世界的你们，坚定地传播好中国声音，自信地讲好中国故事，让世界看到你们的样子，就知道“何以辽大”；让世界看到你们的样子，就知道“何以中国”。希望你们树立人类命运共同体的理念，不仅让中国人民能够享受安居乐业、繁荣富足的美好生活，而且让世界上其他国家的人民同样过上幸福而有尊严的生活。

亲爱的同学们，知者不惑，仁者不忧，勇者不惧，“于道各努力，千里自同风”。此一行天辽地大，请自信前行，敢闯敢干识乾坤，为己修身，为国立业。愿大家万里归来颜愈少，忧怜草木心赤诚。祝福同学们载梦起航，青云相望！

来源：辽宁大学2024年本科生毕业典礼，《人民日报》，有改动

致君尧舜上，再使风俗淳

——在辽宁大学2024年研究生毕业典礼暨学位授予仪式上的讲话

亲爱的同学们，尊敬的各位嘉宾、校友、老师们：

大家上午好！

今天，我们相聚在这里，隆重举行辽宁大学2024届研究生毕业典礼暨学位授予仪式，共同见证本届研究生圆满完成学业、拨穗礼成。在此，我谨代表潘一山书记及学校其他党政领导班子，代表全体师生员工，向获得博士学位的163名同学、获得硕士学位的2870名同学表示最热烈的祝贺！向始终奋战在教书育人一线、躬耕不辍、乐教爱生、启智润心的老师们表示最崇高的敬意！向长期以来倾心相助、鼎力支持辽宁大学建设发展的家长、校友和社会各界朋友表示最衷心的感谢！

天辽地大，鱼跃鸢飞。亲爱的同学们，从你们选择辽宁大学的那一刻起，你们的身上就有了一生不灭的辽大印记。这印记，是辽大人独一无二的闪亮标识；这印记，是辽大人共克时艰的如磐勇气；这印记，亦是辽大人走到哪里都是一家人的情感纽带。你们在校的这几年，正是辽宁大学标志性成果频出、突破性进展频现的重要时期。在我们的共同努力下，学校“双一流”建设阶段性目标圆满完成。我们共享学校“双一流”建设取得的可喜成果，在大张大合的辽大气派中开启学校高质量发展的历史新篇，在创新求变的辽大节奏中厚植复合型人才培养的成长沃土。你们在学校创办的“宋则行名家大讲堂”“唐铎格政讲座”“校长讲坛”等顶级学术平台上与名家对话，与经典碰撞；在中国工程院院士、国际经济学会会士、国际计量经济学会会士等国内外大家的亲身教诲中提升思维层次，增强全球胜任力。你们深稽博考、潜精研思，在核心期刊发表论文364篇；你们自强不息、担当作为，涌现出全国高校“百名研究生党员标兵”等杰出代表；你们勇于创新、敢于争先，在“挑战杯”等国家级赛事中屡获殊荣；你们才德并进、尽展风范，有127名同学荣获辽宁省优秀毕业生。凡此种种，不胜枚举。一句话：你们就是辽大精神的坚定传承者！你们就是辽大气质的最好彰显者！你们就是辽大发展的实力代言者！

日月既往，不可复追。今天，是你们惜别母校、互道珍重，以青春为笔、续写华章的日子。此一别，乘风好去，鸿鹄翱天宇；此一别，长空万里，直下看山河。毕业，是结束亦是开始，是对离别的惆怅，亦是对重逢的期待。我们此刻的心情，充满了不舍，但更多的是祝福，就像那首歌唱的一样：“当离别开出花，伸出新长的枝桠……孩子放心去飞吧，在你的身后有个等你的家。”辽宁大学就是那个永远守护你、永远不辜负你的期待的家。面对离别，我想借用唐代“诗圣”杜甫的“致君尧舜上，再使风俗淳”这句诗，与同学们共勉。这一名句表达了诗人要辅佐君主达到唐尧和虞舜的治国境界，使社会风俗再次归于醇厚朴实的宏伟抱负。杜甫在《可叹》一诗中曾感叹：“死为星辰终不灭，致君尧舜焉肯朽。”这进一步表达了他忠贞报国的政治理想。同学们，希望你们能够胸怀“致君尧舜上”的雄心壮志，拥有“再使风俗淳”的忧民之心，以担当成大义，以热血报家国，以奋进蓄动能，以正气领先声。

一要向外共生，担天下之大义

“致君尧舜上”，不仅是对杜甫理想抱负的最好诠释，也是我们对同学们的深深期许。大义，是正义、公理、道义，是社会文明的基石，更是人类精神的灯塔。做一个担天下之大义的人，首先要能够担起国家之大义，这就是我们所说的家国情怀。正如习近平总书记指出的：“爱国，是人世间最深层、最持久的情感，是一个人立德之源、立功之本。”我们中国人骨子里就流淌着爱国的精神血脉。《礼记·大学》有言，古之欲明明德于天下者，先“修身、齐家、治国、平天下”。凡成大义者，均有超越小我的气量，有超越功名的非凡，有超越得失的胸襟，有超越生死的赤诚。今天的我们，生活在五千多年来最好的时代，每个人的命运都与时代共生，与国家共存。家国情怀，是与国家民族休戚与共的壮怀，将我们与国家紧紧地联系在一起，无论我们身处何方，都激励我们勇往直前。家国情怀，是一颗深埋在心中的种子，萌芽于我们的根与魂，无论遭遇何种困境，都给予我们强大力量。

同学们，当前我们面临世界百年未有之大变局，身处推进强国建设、民族复兴伟业的时代浪潮，恰逢东北谱写全面振兴新篇章、辽宁打造新时代“六地”的历史机遇。你们要视野“向外”，着眼于外部环境，敏锐洞察社会变化，准确把握时代脉搏，时刻关注国家发展。你们要寻求“共生”，将自我发展与国家发展紧密结合，秉承“走出去、走进去、走上去”的理念，将你们在辽宁大学涵养的情怀、修炼的品行、汲取的知识、掌握的本领，融入国家所需、辽宁所求，以涓滴“小我”成就澎湃“大我”，乘时代风云，全天下义责。

二要向内求己，养浩然之正气

《孟子》有言，“穷则独善其身，达则兼济天下”。研究生毕业的你们，是高等教育体系中的精英，在品行、学术和技能等方面都有了更深的造诣，具备了影响他人、引领社会风尚的能力，更意味着需要承担起更大的社会责任。要始终保持向内求己的自律态度，涵养浩然正气，进而带动整个社会风气，真正达到“再使风俗淳”的理想境界。

南宋文天祥在《正气歌》中这样表述：“天地有正气”“于人曰浩然”。浩然正气就是天地间的一股堂堂正气，它赋予万物变化，表现为山川河岳、日月辰星。我们所说的浩然正气，就是在个人所成能够影响他人时，更多地去关注、关爱、怜惜弱势群体，对人间苦难感同身受；拥有忧国忧民的悲悯之情，虽身着白衣，但心有锦缎，主动担起“但愿苍生俱饱暖”的重任，以己之力为社会带来“天下归仁”的幸福感。就像我们的优秀校友们，在今年的全国两会上，有9位校友担任全国人大代表和全国政协委员。他们中有政界领袖，有学者精英，有商业才俊，还有在祖国偏远地区扎根奉献的耕耘者。他们为发展建言、替群众发声，以辽大人的底蕴与风骨，诠释辽大人的正气与担当。

浩然正气源自内心。养浩然正气就要向内求己，就要修炼内心。同学们，希望你们拥有“民胞物与”的广阔襟怀和“上感九庙焚，下悯万民疮”的忧民之心，将人民的利益放在首位，用心倾听人民心声，用内化于心的良好品德和卓越能力赢得社会认可。希望你们带头弘扬正气，敢于为公平正义呐喊，用所学知识和技能为弱势群体提供帮助，让阳光普照到社会的每个角落，让每个人都能感受到温暖与关爱，使社会风俗更加醇厚朴实。

三要向下扎根，待破土之萌发

任何理想抱负的实现，都是脚踏实地、一点一滴干出来的。路虽远，行则将至；事虽难，做则必成。正所谓“刀在石上磨，人在事上练”，只有不断“向下”，夯实基础，才能厚积薄发，破茧成蝶；只有向下扎根，汲取营养，才能破土而出，生出枝芽。这就是一个努力和坚持的过程。古人云，十年磨一剑，方能一朝试锋芒。法国思想家、文学家罗曼·罗兰说：“任何努力决不落空，或许许多年都会了无音信；却突然有一天你会发现，你的思想已经有了影响。”我想与大家分享的是，人活着就要努力。这是我们克服恐惧的最好办法、挑战未知的最佳途径、抵御风险的最大底气和赢得竞争的最优方案。你努力的程度，代表着你对人生的态度，更决定了世界对你的态度。今天，当你们迈出校园，大家的起跑线被再次拉齐。就像你坐飞机去找工作，不管你来的时候坐的是头等舱、商务舱还是经济舱，到达目的地后，别人看中的不是你坐什么来的，而是你能做什么。因此，能够决定今后走得多高、多远的，是你是否有足够的努力和恒久的坚持。

“历尽天华成此景，人间万事出艰辛。”同学们，前路漫漫，我们仰望的是星辰大海，面对的是宇宙苍穹。佛系，应该是历尽千帆、夙愿得偿后的淡定自若，是囊萤映雪、功成名就后的宽厚平和，是安邦定国、壮志已酬后的豁达洒脱，而绝不应该是尚未与这个世界交手，就把自己困在不悲不喜、无欲无求的牢笼中。正值创新创造的最美年华，希望你们有“不畏浮云遮望眼”的洞察力和辨别力，不从众、不跟风，锤炼强大的内心，练就过硬的本领，勇于亮剑，敢于斗争，笑对人生道路上的各种考验。相信你们一定能够破土萌发、向阳而生、向上生长，用坚持铺就人生底色，用努力创造锦绣未来。

四要向上生长，领时代之先声

研究生阶段的学习，不再局限于知识的积累。我们更加希望的是，通过3年左右的培养，帮助你们成长为具有科学精神、批判思维、学术素养和创新能力的卓越人才。研究生顺利毕业，意味着在社会上你们会被尊认为知识分子。既然是代表先进生产力的有识之士，你们就要时刻走在时代的前列，勇担知识分子使命，立时代之潮头，领时代之先声。作为新时代的有识之士，你们必须突破自我、执着“向上”，用所学、所思、所为，为服务国家、奉献人民创造实实在在的业绩，才能无愧于新时代知识分子的责任与担当。这也正是我们实现“致君尧舜上，再使风俗淳”远大抱负的不竭动力。

我们辽宁大学76载躬耕树蕙，走出了许多引领创新的典范。他们淡泊名利、笃行求实，择一事终一生，追求真理、勇攀高峰，在各自领域取得了许多原始创新性成果，为推动社会发展和时代进步作出了重要贡献。在他们的感召和影响下，你们中的许多人，在学期间就聚焦现实场景，解答真实问题，释放出创新创造的潜能。有的同学在硕士阶段就加入院士团队，参与重大科技创新项目，为服务国家能源安全作出努力。有的同学潜心科研、苦心孤诣，在《经济研究》等顶级国内期刊发表高水平学术论文。有的同学参与“考古中国”等重大项目，以考古人的坚韧和毅力，扎根田野，探究历史，在中华文明保护与传承中彰显担当。

引领创新是知识分子的应有品格。我们的天职，就是要引领人类与社会进步。如果跟在别人后面亦步亦趋，人云亦云，不去主动求新求变，那么，我们就可能陷入战略被动，错失发展机遇，甚至错过整整一个时代。希望你们做引领者，勇闯创新“无人区”，推动技术攻关和产业变革，助力新质生产力发展，在科技创新的大赛场迎头赶上、奋起直追、力争超越，为实现高水平科技自立自强贡献力量。希望你们做先驱者，拓展全球视野，积极参与文化交流与国际传播，在世界的大舞台构建中国理论、解读中国实践、讲好中国故事、贡献中国智慧，让世界了解更加真实、立体、全面的中国。

亲爱的同学们，“有笔头千字，胸中万卷，致君尧舜，此事何难”。今日一别，未来可期，无论你们是“居庙堂之高”，还是“处江湖之远”，都希望你们能将格物求是、思辨革新的态度贯穿始终，学以致用、赤诚报国，兼济天下、造福苍生。祝你们踏浪前行、不惧惊涛，破晓而生、光芒万丈！

来源：辽宁大学2024年研究生毕业典礼暨学位授予仪式上的讲话